Gorgades
OCEANVS AE
THIOPICVS
Biafar
Melli
20
10
40
50
60

L'Antarctide des origines

réflexions sur les origines des peuples

D'où vient l'étrange attirance de ces régions polaires,
si puissante, si tenace, qu'après en être revenu, on oublie toutes les
fatigues morales et physiques, pour ne songer qu'à retourner vers elles ?
D'où vient le charme inouï de ces contrées pourtant désertes et terrifiantes ?
Est-ce le plaisir de l'inconnu,
la griserie de la lutte et de l'effort pour y parvenir et y vivre,
l'orgueil de tenter et de faire ce que d'autres ne font pas,
la douceur d'être loin des petitesses et des mesquineries ?
Un peu de tout cela, mais autre chose aussi.

J'ai pensé pendant longtemps que j'éprouvais plus vivement,
dans cette désolation et cette mort,
la volupté de ma propre existence et de ma propre vie.
Mais je sens aujourd'hui que ces régions du bout du monde
nous frappent, en quelque sorte, d'une religieuse empreinte…
L'homme qui a pu pénétrer dans ce lieu sent son âme qui s'élève…

Commandant Charcot

ISBN : 2-84567-157-1

Publié par Richmond Editions
Éditeur : Danièle Juncqua Naveau
Directeur de rédaction : Nick Easterbrook
Secrétaires de rédaction : Chris More, Jenny Finch
Directeur de production : Sophie Chéry
Assistants de production : Arvind Shah, Ludovic Pellé
Recherche iconographique : Jane Lowry, Muriel Moity

Reprographie : Periplus Publishing London Ltd
Imprimé et relié en Italie par Graphicom

L'Antarctide des origines

réflexions sur les origines des peuples

ROBERT ARGOD

Richmond Editions

Toute ma reconnaissance va à Franck Goddio
sans qui ce livre n'aurait pas vu le jour.

Un remerciement tout particulier
doit aussi être adressé à Jean-Marie de Campredon, petit fils de Robert Argod,
pour avoir, avec patience et intelligence, rassemblé et mis en ordre les documents
qui ont permis d'établir le manuscrit de ce livre.

Mme Elisabeth Argod, 2003

SOMMAIRE

Les grandes théories naissent parfois d'interrogations simples ou d'observations élémentaires de phénomènes naturels perceptibles par tous. L'histoire abonde d'exemples en ce sens ; le plus célèbre n'est-il pas que de l'examen de la chute d'un corps, naîtra l'exposé des règles universelles qui, pour des siècles, expliqueront le fonctionnement de la mécanique céleste ?

D'où viennent les Polynésiens ?

Cette question sur l'origine d'un peuple, maintenant isolé sur des îles de l'océan Pacifique, a attiré l'attention de savants et a suscité maintes théories. D'aventureuses expéditions maritimes ont été lancées afin de les valider, comme celles de Thor Heyerdahl sur le *Kon-Tiki* et d'Éric de Bisschop sur les radeaux *Tahiti-Nui*.

Vouloir répondre à cette interrogation fut, pour Robert Argod, le point de départ d'une étonnante quête aux fascinantes ramifications. La mythologie polynésienne lui servit d'abord de fil conducteur. La terre originelle y est décrite avec poésie, puis vinrent une grande nuit et un froid sans fin. Ce peuple s'aventura alors à grandes expéditions sur l'océan, afin de découvrir des terres plus hospitalières. L'épopée fourmille de détails d'un réalisme saisissant.

Robert Argod alliait à une connaissance encyclopédique des mythes et légendes des peuples, une qualité certainement essentielle à qui veut réfléchir aux migrations maritimes : c'était un grand marin. À quels étonnants paradoxes nautiques, la méconnaissance de la navigation n'a-t-elle pas mené certains savants qui ne se sont jamais aventurés sur un navire, mais ont voulu étudier ces problèmes !

Ni l'Amérique ni l'Asie ne lui semblaient correspondre, pour de nombreuses raisons, au berceau de ce peuple.

Nourrie par l'accumulation du savoir et des expériences, l'intuition est souvent génératrice de fructueuses découvertes. Un nom s'imposa à lui comme une évidence maritime, tout d'abord difficilement crédible : l'Antarctique.

Hors la raison nautique, tout semblait initialement militer contre une telle hypothèse. Il fallait cependant approfondir cette piste avant que de l'abandonner. Curieusement, à mesure qu'il explorait les divers domaines de la cartographie, de la climatologie, de la théorie de la dérive des continents et de la tectonique des plaques, de nouveaux éléments, loin d'invalider son hypothèse, venaient souvent la renforcer. Des faisceaux convergents d'indices se constituaient qui répondaient peu à peu à ses interrogations pluridisciplinaires.

J'étais lié à Robert Argod par une profonde amitié et j'éprouvais à son égard une grande estime. J'ai eu ainsi le privilège de pouvoir suivre, pas à pas, le long et patient cheminement de ses réflexions. Il explorait avec minutie chaque domaine qui pouvait avoir un rapport avec son sujet. La recherche du paradis originel d'un peuple ne conduit-elle pas à s'interroger sur l'origine des autres ? La boîte de Pandore était ouverte, les directions des études étaient multiples. Il m'en exposait avec enthousiasme les résultats, au fil des années, lors de passionnantes conversations que je n'oublierai jamais. C'était une lente, méticuleuse et formidable enquête, dont les rebondissements me passionnaient.

L'exposé de ces recherches présente au public une séduisante hypothèse dont l'aspect novateur parait tout d'abord bien audacieux. À la lecture de cette somme, les objections initiales spontanées s'estompent. Les arguments développés surprennent, portent et convainquent.

L'idée est belle et majestueuse ; ce continent couvert de glace serait-il la terre originelle de civilisations passées ?

Après une plongée dans cet ouvrage, une question hantera le lecteur : et si tout cela était vrai ?

Pour ma part, je souhaite de tout cœur, que dans l'avenir, un archéologue, devant de mystérieux vestiges exhumés des glaces de ces régions maintenant désolées, éprouve la même émotion que celle que j'ai un jour ressentie quand, plongeant loin en mer sur les côtes d'Égypte, j'ai pu contempler dans l'eau glauque une extraordinaire stèle intacte de granite noir. Cet étonnant message du passé donnait, en hiéroglyphes, le nom de la ville engloutie que j'avais découverte et qui fut il y a bien longtemps, aux dires d'Hérodote, visitée par la belle Hélène lors de son retour vers la cité de Troie.

La vérité n'est probablement accessible qu'aux mathématiciens ou aux poètes, mais le destin offre parfois la chance aux observateurs attentifs de percevoir de bien curieux signes qui leur permettent de voir au-delà des horizons lointains.

Franck Goddio
Archéologue
Mer de Chine, février 2003

Combien de siècles aura-t-il fallu attendre avant que les Européens découvrent cet océan gigantesque, démesurément grand, qu'est le Pacifique ? Ce n'est qu'au XVIe siècle que ces nouveaux univers se profilent à l'horizon des habitants du vieux monde. Sur chaque continent bordant cette incommensurable étendue d'eau, surgissent des civilisations hautement développées depuis des millénaires : aux frontières orientales, le Mexique, le Pérou ; aux franges occidentales, la Chine, le Japon et l'Indonésie.

La découverte du Pacifique révélera que l'Europe et la Méditerranée ne sont peut-être pas le centre et le foyer – géographiques et culturels – du monde. Près de deux siècles après le choc de cette révélation, les mers du Sud sont enfin visitées.

On découvre alors que des hommes vivent sur toutes sortes d'îles formant des archipels, et que ceux-ci représentent près de quatre fois la superficie de l'Europe. Le peuple polynésien est seul à occuper un territoire contenu dans un vaste triangle dont les sommets sont : au nord, l'archipel des Hawaii, possédant des sommets à plus de 3 000 m, et trois volcans en activité ; au sud-ouest, la Nouvelle-Zélande, avec deux grandes îles qui s'allongent entre 34° et 47° sud soit 1 200 km de sommets élevés ou de glaciers descendant dans la mer ; enfin, au sud-est, la minuscule île de Pâques.

À l'intérieur de ce triangle, l'océan et une poussière de petites îles, hautes et basses, volcans éteints et atolls, formant des archipels : Société, Marquises, Tuamotu, Australes, Tonga, Samoa, Fidji... Tous vont bientôt attirer les convoitises des grandes puissances d'hier : États-Unis, Grande-Bretagne, Allemagne, France...

Les Polynésiens sont beaux, vigoureux, gais, généreux et désintéressés : aussi remplissent ils à merveille un rôle conforme à notre suffisance, et qui leur est aussitôt généreusement dévolu, celui de bons sauvages.

Peu à peu, on s'apercevra avec surprise qu'ils débordent largement de ce cadre anthropologique pour le moins restrictif : les Polynésiens sont d'excellents marins ; ils franchissent des rouleaux formés par les récifs malgré des creux de 5 m ou plus, et ce sur des baleinières lourdement chargées. Ils pratiquent l'agriculture avec science, sont de fins artistes, passant des journées à sculpter bois et pierres, construisent des mégalithes.

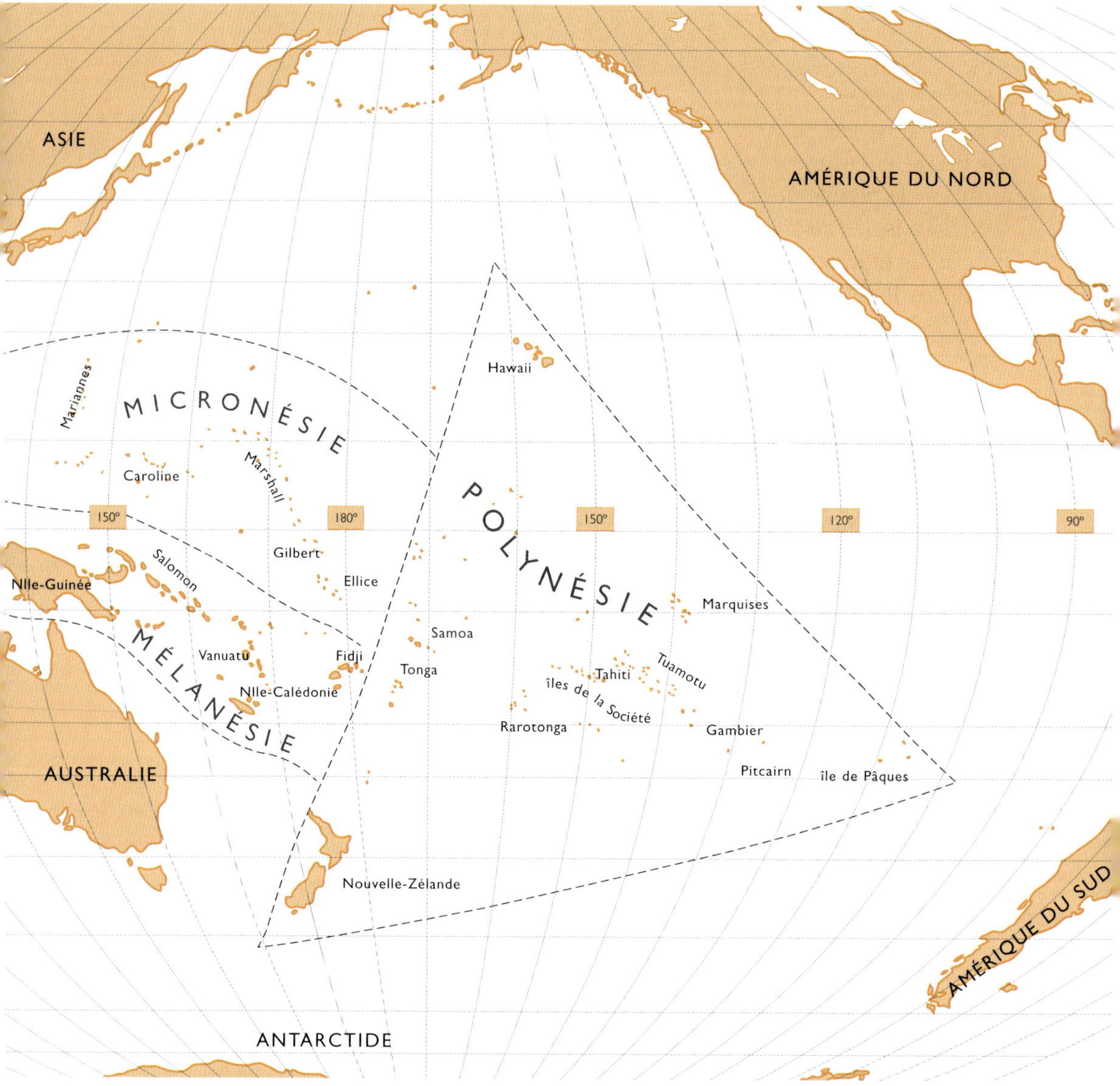

Figure 1. *Carte de l'océan Pacifique montrant le triangle polynésien et des pays voisins.*

Ils aiment à conter des histoires, jouer la comédie, chanter à plusieurs voix des mélodies, des mélopées, des hymnes et autres couplets rythmés, parfois violents et guerriers.

La Polynésie exerce une authentique fascination, facilement explicable par la beauté et la variété de ses paysages mais aussi en raison d'un mystère qui entoure le peuple polynésien : celui de son origine.

En effet, isolés au milieu d'une immensité océane, les vestiges de leur culture nous montrent quantité de points communs avec toutes les autres civilisations. Il est donc bien tentant de leur trouver une origine dans un de ces centres de culture. Nous allons voir que ce n'est vraiment pas aussi simple qu'il paraît au premier regard…

On a qualifié les Polynésiens de néolithiques attardés : ils ignoraient en effet le métal, si merveilleusement travaillé sur les deux rives du Pacifique. Par contre, ils excellent dans le travail de la pierre. Le travail des pendentifs en jade maoris, nommés *hei-tiki*, atteint une telle finesse qu'on ne peut trouver pareille perfection que dans le pré-dynastique égyptien. De même, au pied du mont Duff, aux îles Gambier, un bénitier géant sculpté en ovale dans une bombe volcanique montre que les pierres les plus dures étaient travaillées avec soin et rigueur, et toujours sans instrument métallique. L'aqueduc des Menehune à Oahu, aux Hawaii, ou le mur de Mehetia, à l'est de Tahiti, ou encore celui de Vinapu, sur l'île de Pâques, constituent autant d'assemblage de pierres avec plusieurs pans s'emboîtant avec soin et rigueur, sans recours au moindre mortier. Tous rappellent les édifices des Incas qu'on admire sur les sites de Cuzco, Machu Pichu ou Sacsahuaman.

À titre d'exemple, le trilithon en forme de portique de Tonga-tabu possède une traverse en pierre volcanique dont le poids doit atteindre les 30 à 40 tonnes. À l'évidence, celle-ci a été charriée depuis fort loin sur pirogue, pour atteindre sa place actuelle.

Ailleurs, des alignements de menhirs, de base circulaire ou carrée, rappellent là encore ceux du Pérou. Des statues massives se trouvent aux Marquises et aux Australes ; celles de l'île de Pâques, géantes et connues du monde entier, atteignent 18 m. Les pupilles de leurs yeux étaient en obsidienne et l'iris en corail. Elles évoquent les statues ou certaines stèles

Figure 2. *Herminette polynésienne de chef à lame de jade.*

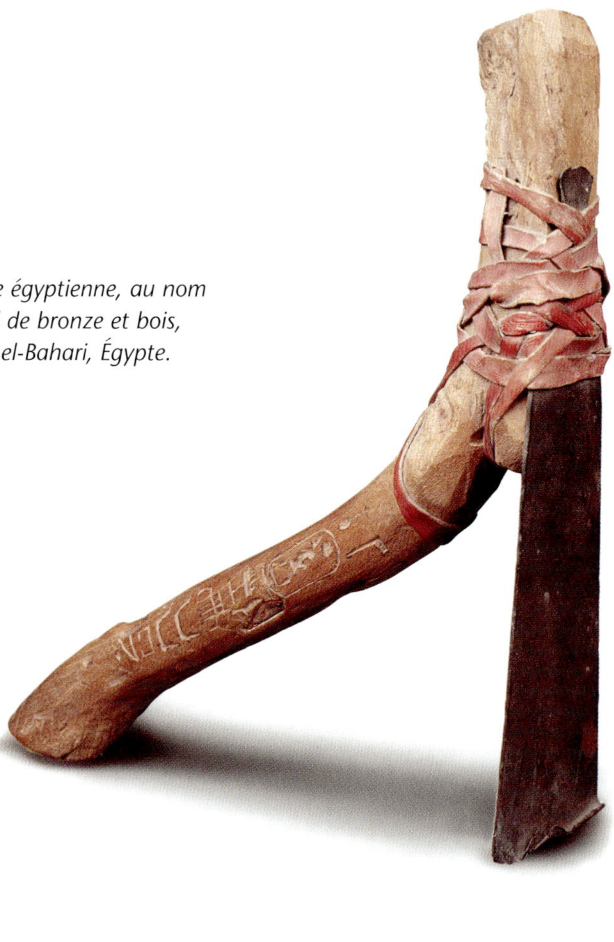

Figure 3. *Herminette égyptienne, au nom d'Hatshepsout. Outil de bronze et bois, XVIIIe dynastie, Deir-el-Bahari, Égypte.*

péruviennes. Des constructions en grosses pierres taillées ont donné, par exemple, des cales de halage, pour hisser à terre de grosses embarcations, des plates-formes (*pae-pae*) ou encore des *marae*, qui sont des enclos sacrés en pierre ou en corail, contenant un autel rectangulaire en forme de pyramide tronquée à étages, servant d'autel de sacrifices.

Caractéristique étonnante, la roue était inconnue par la civilisation polynésienne. La voûte l'était également. Les constructions à impluvium rappellent celles mésopotamiennes ou mycéennes.

Les armes qu'on a retrouvées sont, elles aussi, très intéressantes. Les casse-tête, javelots, boucliers, casques, tout comme la quasi-absence d'arcs et de flèches, font penser au Mexique. De même, l'instrument de travail essentiel était l'herminette en bois à manche coudé, d'une grande richesse de variétés, avec pierre dure polie encastrée et ligaturée. Elle permettait de tailler le bois pour les constructions et les pirogues. Mais comment se fait-il qu'on retrouve le modèle de cet objet en Égypte, sur le mur de Deir-el-Bahari, destiné à la construction des navires de la reine Hatshepsout ? Et comment expliquer qu'avant d'être remplacées par la hache, ces herminettes néolithiques existaient il y a trois mille ans en Chine ?[1]

Toutes sortes d'objets comme les battoirs conçus pour travailler l'écorce, hameçons, filets de pêche, vêtements de fibres, échasses, baldaquins, chasse-mouches, mais aussi divers instruments de musique, en particulier des flûtes à nez, flûtes de Pan et des tambours, ont permis au professeur Rivet, dans *Les origines de l'Homme américain*, et à Thor Heyerdahl, dans *American Indians in the Pacific*, d'établir une cinquantaine de similitudes rigoureuses entre la Polynésie et l'Amérique.

L'os, le bois, la nacre, étaient minutieusement travaillés pour le moindre objet, depuis les proues et poupes des pirogues, jusqu'aux écopes, aux manches de chasse-mouches, aux baguettes de commandement et à quantité de récipients. On y retrouve des lignes ondulées et spiralées, ou surtout stylisées à la Grecque, des représentations de faces, avec de larges yeux plats comme les figurines « à lunettes » mésopotamiennes ou crétoises,

1 Voir R. Suggs, *Les Civilisations polynésiennes*, La Table ronde, 1962.

mais aussi avec des nez et des bouches stylisés de façon comparable aux représentations des bronzes Chang, ou bien aux fresques et poteries égéennes, caractéristiques par leurs motifs : langue tirée, un œil fermé, deux têtes accolées, figures complexes placées autour d'un axe de symétrie.

L'agriculture était pratiquée avec l'irrigation en terrasses. Le maïs, connu en Amérique depuis les plus hautes époques, était ignoré ainsi que le riz, pourtant courant pour ne pas dire essentiel en Asie. Le cocotier existait en Amérique, mais il ne semble apparaître en Asie méridionale qu'au début de notre ère. De plus, les Polynésiens n'en tiraient aucun alcool, contrairement aux Asiatiques. La patate douce, appelée *kumara*, existe au Pérou presque sous le même nom, *kumar*. Le coton américain, sauvage ou cultivé, possède 13 petits chromosomes, l'asiatique 13 grands quand le polynésien en présente 13 petits et 13 grands, ce qui suppose une origine commune.

La société polynésienne était de type patriarcal, contrairement à la Mélanésie où le matriarcat était usuel. Elle était structurée en castes héréditaires aux limites infranchissables.

Les chefs-prêtres-instructeurs, les *tahua*, venaient en premier. Leur pouvoir reposait sur des interdictions respectées de tous ; enfreindre ces lois entraînait automatiquement la lèpre ou la mort. Ils vivaient isolés, possédaient des pouvoirs pour lesquels ils se mettaient en disponibilité par le jeûne, une ceinture qu'ils serraient aidant à le supporter, par la veille, la solitude et l'abstinence : une force pouvait alors les envahir et révéler le dieu qui les possédait : c'était le *mana* qui leur permettait de lancer une expédition, escalader des pics vertigineux, construire une pirogue ou un temple. Toute une petite population aidait, après avoir vérifié la réalité du mana.

Les *tahua* enseignaient la mythologie, les généalogies, la médecine, l'art de la navigation, la cosmographie, la géographie, l'agriculture, la musique, la sculpture, l'art du tatouage. Surtout ils enseignaient les éléments du culte, comportant le baptême, la circoncision pour tous ou réservée à l'élite, les cérémonies religieuses ou *marae*, avec costumes, rites variés, prières, offrandes, sacrifices de plantes, d'animaux (le chien) ou d'humains : pour cela, on engraissait et sacrifiait des hommes ayant perdu leur âme, c'est-à-dire battus à la guerre et refusant la chance qu'on leur offrait de fuir sur un voilier de fortune. Le cannibalisme était naturel, réservé à de grandes fêtes, mais parfois dégénérant en massacres organisés par esprit de vendetta, ou même gratuitement.

Les *tahuas* organisaient les mariages et les funérailles, longs et compliqués. Les corps des défunts étaient desséchés sur des plates-formes, ou dans des grottes, ou vidés de leurs viscères et cervelle, traités avec des plantes, et embaumés avec une telle science qu'un roi pouvait garder son aspect vivant plus d'un an, malgré la chaleur tropicale humide. Pour les Polynésiens, il existait une forme de survie après la mort.

Les malades étaient confessés, ce qui les guérissait souvent. Sinon, ils étaient soignés avec des plantes, certains bains d'herbes permettaient de sauver un enfant ayant fait une chute avec fractures. La trépanation était fréquente pour guérir d'un coup de casse-tête : on ouvrait la boîte crânienne en dégageant le cuir chevelu arrosé d'eau de coco verte pour arrêter le sang, on utilisait des dents de requin pour clarifier la fracture, on retirait les esquilles d'os glissées sous le crâne avec l'ongle du petit doigt, on plaçait un morceau de noix de coco ou de calebasse pour boucher le trou, on perçait avec des os des trous fins pour coudre la prothèse, on rabattait le cuir chevelu. Et le guerrier était bon pour de nouveaux combats.

Les rois, ainsi que les nobles, étaient les *arii*. Ils n'avaient aucune fortune, aucune garde, étaient respectés, car ils avaient des pouvoirs de vie et de mort sur les humains mais aussi sur les plantes. On rapporte qu'une race royale s'étant éteinte aux Gambier, plusieurs espèces végétales dépérirent.

Les rois étaient portés sur des chaises à porteurs, sans toucher le sol des terrains qu'ils venaient à visiter, sinon ceux-ci devenaient leur propriété. Un petit groupe de suivants les accompagnait, avec parasol. Une petite île pouvait avoir plusieurs rois.

Il ne semble pas qu'il y eut des tentatives hégémoniques sur de grands territoires, en fait sur plusieurs îles. La famille royale travaillait à sculpter des outils, des bijoux, des pelles de pirogue, des coiffures, des colliers. Ils constituaient des cadeaux potentiels, en principe gratuits. Cependant, celui qui acceptait un cadeau sans pouvoir le rendre avec un délai raisonnable, faisait en cela une sorte d'acte de soumission. Tout ce qui touchait aux *arii*, même leur nom, était frappé d'interdits, devenait *tapu*, mot qui nous vient de Polynésie et dont nous avons fait « tabou ».

Les guerriers, les petits chefs, étaient les *raatira*. Une partie importante de la vie polynésienne était orientée vers la guerre. L'espionnage, la ruse, l'audace, la témérité, la résistance, l'adresse des guerriers, avaient pour but l'attaque par surprise d'un voisin.

Les armes étaient en bois et en os : casse-têtes, lances, épieux, armures en fibres avec boucliers de peau, casques ; des fortins étaient sur des hauteurs, avec fosses cachant des trappes et des pieux. Une case recelait tout un arsenal sur lequel on pouvait bondir pour s'armer. Arcs et flèches étaient méprisés, permettant de tuer à distance sans danger.

Un certain sens chevaleresque existait : quand les Anglais conquirent la Nouvelle-Zélande leur avance s'arrêta. Le chef maori envoya un messager pour s'enquérir de la cause, et les Anglais avouèrent attendre un bateau chargé de munitions. Les Maoris cessèrent les hostilités, invitèrent leurs adversaires à des fêtes. Le bateau arrivé, les combats reprirent avec violence, jusqu'à la capitulation des Maoris.

Le peuple, les *manahune*, était constitué d'hommes libres, cultivateurs, artistes. La tradition polynésienne les décrit parfois avec mépris : petits, sales, noirs, fainéants, peureux, faux. Peter Buck[2] démontre que ces préjugés de castes étaient absolument erronés.

Le Polynésien a plusieurs mérites rares : Le goût de la propreté, bains et lavages quotidiens sont pour eux nécessité, ce qui est un point commun avec les Japonais, la discrétion vis-à-vis des voisins, la retenue empêchant de se mettre en colère ou de s'injurier, la bonne humeur, le sens de la plaisanterie et de l'ironie, les échanges rapides de regard pour observer finement ou se moquer.

La monnaie était inconnue, l'échange de même. Concernant l'écriture, environ 25 tablettes couvertes d'une écriture pictographique précise ont été collectées, comportant environ 300 signes différents, gravés à la file, en boustrophédon, sans ponctuation ni césures, suivant des lignes parallèles.

2 P. Buck, *Les migrations des Polynésiens : Les Vikings du soleil levant*, Payot, 1952.

Un des rares survivants de l'île de Pâques fut invité à lire ces « bois parlants » appelés *kahau rongo rongo*. Il chanta chaque ligne en la lisant de droite à gauche, et en retournant la tablette une fois arrivé en bout de ligne pour continuer sur la suivante. Ce Pascuan lisait-il ? Ou interprétait-il ? Les textes furent transcrits. Mais le même Pascuan à qui l'on demanda une deuxième lecture, plusieurs années plus tard, sembla chanter un texte tout autre.

Le Dr Thomas Barthel, de l'université de Tübingen, étudia pendant des années ces tablettes. Il y vit une écriture idéographique comparable à plusieurs écritures dites primitives, et trouva environ 130 signes pascuans assez apparentés à la vallée de l'Indus, dont la civilisation disparut à la fin du deuxième millénaire avant notre ère. On nota par ailleurs plusieurs pictogrammes très comparables à des signes relevés dans des tableaux parlants péruviens.

Les Polynésiens utilisaient en outre des méthodes mnémoniques : faisceaux de petits bâtons à encoches, bambous à nœuds, et surtout cordes nouées très semblables à celles que l'on utilisait en Chine ancienne, auxquelles Confucius conseillait de revenir, malgré l'usage de l'écriture, pour retrouver la sagesse ancienne.

Des cordes nouées en laine de vigogne étaient d'un grand usage au Pérou, pour comptabiliser les humains et les récoltes de maïs. Les cordes nouées polynésiennes permettaient d'envoyer des messages au loin grâce à des oiseaux familiers, servant de pigeons voyageurs.

La langue est dite agglutinante, avec préfixes, suffixes et infixes. Elle diffère des langues à tons, monosyllabiques, chinoise, malaise ou Munda du Sud-Est asiatique, ainsi que des langues indo-européennes. De nombreux mots sont de même souche en Amérique, comme s'efforce de le montrer T. Heyerdahl, dans *American Indians in the Pacific*. Aucun mot sanscrit indien n'est décelable.

Le professeur Rivet[3] trouve quantité de racines fondamentales voisines entre ces deux langues. Il conclut : « Une comparaison plus poussée du

3 P. Rivet, *Sumérien et Océanien*, Collection linguistique, la Société de linguistique de Paris, 1929.

vocabulaire sumérien et de l'océanien m'a révélé des identités si nettes et si nombreuses, que je suis maintenant convaincu que des liens étroits unissent ces deux langues, et que le sumérien doit être classé dans le groupe océanien ». Pour lui, la langue la plus répandue au monde est la langue « océanienne », couvrant le Sud-Est asiatique, la Mélanésie, la Polynésie, toute l'Amérique du Sud, et la moitié méridionale de l'Amérique du Nord.

Après ce rapide tour d'horizon de la culture polynésienne, nous pouvons maintenant étudier les différentes possibilités qui ont été explorées pour expliquer l'origine de ce peuple. Il faut pour cela tenir compte du régime bien particulier des vents.

Si l'on contemple une carte de l'océan Pacifique, on est frappé de voir qu'une large moitié de sa superficie est parcourue par les alizés. Les hautes pressions intertropicales expulsent en permanence d'énormes masses d'air vers des latitudes supérieures à 30° où les pressions sont relativement basses.

L'accélération de Coriolis, due à la rotation de la terre, dévie les trajectoires de l'air vers la gauche dans l'hémisphère Nord, vers la droite dans l'hémisphère Sud. Il en résulte un mouvement permanent de l'atmosphère vers l'ouest, d'Amérique en Asie, cela dans une zone de beau temps perpétuel avec une température clémente.

Les Polynésiens n'occupent leurs îles que depuis une vingtaine de siècles, ou un peu plus. Leur civilisation présente des parentés avec l'Amérique. Il était logique de les faire venir de ce grand continent oriental, du Pérou ou de Colombie Britannique, pour prendre les alizés vent arrière et gagner la Polynésie : c'est la thèse de Thor Heyerdahl avec le radeau *Kon-Tiki*.

Heyerdahl pensait que l'on avait tort de jeter aux oubliettes les affinités ethnologiques entre Polynésiens et d'une part les Péruviens Ica et Paraca, d'autre part les Indiens établis entre Vancouver et l'Alaska (Haïda, Tlimgit, Isymsian, Nootca, Bella Coola, etc.) : voiliers, dérives, instruments de pêche, modes de construction, herminettes, totems à figures superposées, groupes sanguins A1 Rhésus + et enfin vocabulaire.

Il eut l'idée d'attirer l'attention du monde par une expédition spectaculaire sur un radeau à voiles, le *Kon-Tiki*. Avec un engin de qualités nautiques nulles, il a montré qu'on pouvait gagner la Polynésie en partant du Pérou : il suffisait de ne pas se comporter comme une simple épave, car vents et courants auraient entraîné le radeau vers les Galapagos, mais grâce à un bout de remorque lui permettant de sortir du courant de Humboldt et grâce à des dérives permettant de gouverner à 30° du vent arrière, il put aller atterrir aux Tuamotu.

Heyerdahl eut le mérite d'écrire *American Indians in the Pacific* où il ressuscita les affinités indéniables entre Polynésie et Amérique, dont parlent Rivet, Bosch-Gimpera, Mendes-Correa et une multitude de spécialistes des problèmes américains.

Thor Heyerdahl tenta d'échafauder une thèse indéfendable : une expédition de pêche au large de Vancouver aurait été prise par des tempêtes, allant atterrir aux Hawaii. Ce serait le point de départ de la colonisation des îles de Polynésie. C'est à l'opposé de toutes les traditions hawaiiennes qui parlent d'une arrivée aux Hawaii de marins polynésiens venus des Marquises ou de Raiatea.

Thor Heyerdahl suggère aussi qu'une expédition de Tupac Inca au Ve siècle aurait apporté à l'île de Pâques une haute civilisation, qui aurait de là gagné toute la Polynésie : or, le récit péruvien parle de trésors rapportés alors en Amérique : deux esclaves noirs, un trône en bronze, et une tête de cheval empaillée ! En outre, cette expédition est bien trop récente pour expliquer tout ce que l'on trouve à l'île de Pâques et qui est deux fois plus ancien au moins.

La culture du maïs, très ancienne au Mexique, existe au Pérou depuis env. 1800 av. J.-C. Elle est à la base de l'alimentation en Amérique depuis les plus hautes époques. Il est absolument impossible qu'un petit groupe d'individus ait l'idée de profiter de vents favorables pour s'embarquer à l'aventure vers l'inconnu, abandonnant un pays riche et en plus sans emporter une provision de maïs, qui pousse à présent sans difficulté dans les îles.

Enfin, comment les Polynésiens seraient-ils venus d'Amérique sans apporter les légumes, le bâton à planter, le lama, la vigogne, l'alpaga, le tissage, l'or et l'argent sous forme de quelques bijoux, sans oublier la balance servant au commerce ? Comment auraient-ils pu oublier des dieux tels que Quetzalcoatl ou Viracocha, ou les motifs du lama-serpent à taches comme des yeux, du serpent à tête massive, crinière bouclée et yeux excentrés, ceux-ci n'étant que quelques exemples parmi beaucoup d'autres ? Que dire des oreilles percées portant des objets circulaires ou de l'écriture et des chiffres à numérotation par vingt ?

Pourtant, un fond commun au Mexique et au Pérou est indéniable avant la différenciation qui s'est affirmée entre ces deux grandes cultures d'Amérique : et précisément, ce fond commun se retrouve en Polynésie, mais sous de nouvelles formes originales.

Une sorte de consensus officiel affiche la nécessité pour les Polynésiens d'avoir leur origine en Asie, sans que ne soient jamais précisé la position ni la date de leur départ vers l'est.

Depuis la Chine jusqu'en Indonésie, il y a vingt-cinq à trente siècles que de magnifiques civilisations se sont épanouies, avec des trésors artistiques présentant de nombreux points communs avec le Mexique et le Pérou – et de telles différences et particularismes qu'il est à la fois impossible de nier une parenté, et d'émettre l'idée d'un foyer unique originel.

La Polynésie possédant bon nombre de traits culturels communs avec les civilisations d'Amérique occidentale et d'Asie orientale, on a imaginé une transmission d'influences culturelles d'une rive à l'autre du Pacifique : les Polynésiens, bons marins, avaient dû servir à véhiculer ces connaissances.

Mais le problème maritime et psychologique se pose. L'océan Pacifique représente un obstacle trois fois plus insurmontable que l'Atlantique. Celui-ci a dû être traversé d'est en ouest avant Colomb par des Africains partis de la région de Dakar pour aboutir en Amérique centrale : Ivan van Sertima le démontre dans *Ils y étaient avant Christophe Colomb.* [4] Une ou deux expéditions ont dû traverser l'Atlantique vent arrière. Ils n'ont jamais fait l'inverse.

Les Péruviens sous Tupac Inca ont peut-être traversé tout le Pacifique sur leurs radeaux de balsa, vent arrière dans les alizés, sans rencontrer d'îles polynésiennes. C'était possible. S'ils ont réussi le voyage de retour, il fallait qu'ils aient eu connaissance du régime des vents dans le Pacifique Sud : ils

4 I. van Sertima, *Ils y étaient avant Christophe Colomb*, Flammarion, 1976.

auront pour le retour gagné une latitude avoisinant le quarantième sud, et regagné le Pérou avec des vents d'ouest.

Une telle aventure a pu se produire une fois en mille ans.

Il est possible, et sans doute probable, qu'une jonque chinoise soit partie à l'aventure du bassin à l'embouchure du Hoang-Ho, foyer des Chang, qu'elle ait longé les côtes de Corée, du Kamtchatka, passé au large des Kouriles, des Aléoutiennes, des archipels de Colombie britannique, du Mexique ; qu'elle ait suivi les côtes d'Amérique centrale, et soit allée finir au Pérou, pour ne jamais revenir, évidemment. Cela a pu se produire une ou deux fois en deux millénaires, et expliquerait des signes chinois sur des poteries péruviennes, ou sur des tombes en Alaska, supposant alors que le climat était beaucoup plus chaud.

Pour ces cas exceptionnels, l'expédition maritime n'était pas irréalisable, bien qu'étonnante. En outre, il fallait un mobile puissant et la volonté d'un chef pour décider de tels voyages :

- la prédiction du devin Yupanqui incitant l'empereur des Incas à partir à la recherche de deux îles aperçues en rêve ;
- le désir d'un Chinois d'ouvrir une nouvelle voie commerciale ;
- la volonté d'un empereur noir de Bamako s'embarquant avec toute sa cour vers le continent américain dont parlait une tradition ancienne.

Mais que des courants d'influence aient permis de relier les deux rives du Pacifique est franchement inconcevable. Cette idée est irréalisable. Traverser l'immensité du Pacifique, large comme trois fois l'Atlantique, est déjà invraisemblable dans son sens favorable, d'Amérique en Asie.

En sens inverse, il est parfaitement insensé de se lancer contre les vents dominants pour une expédition qui aurait pris plusieurs années, sans côtes à longer, avec de minuscules îles difficiles à déceler, et pauvres.

L'idée de faire venir les Polynésiens d'Asie est donc déraisonnable. Deux voies ont pourtant été suggérées. Peter H. Buck, dans *Les Migrations des Polynésiens : les Vikings du soleil levant*, pose le dilemme : seraient-ils passés par la Mélanésie ou par la Micronésie ?

La première possibilité à été rejetée par Peter Buck et tous les ethnologues. Les Polynésiens ne sont pas noirs, n'ont pas un régime matriarcal, ignorent le commerce et même le troc, n'ont ni poules, ni vaches, ni cochons dans les temps anciens, et leurs traditions mythologiques sont d'une richesse croissante si l'on gagne les Cook, Raïatea, les Gambier, les Marquises.

On a renoncé à imaginer un transit des Polynésiens via la Mélanésie. Reste l'idée d'un transit à travers la Micronésie.

Les ethnologues ne se prononcent pas sur cette thèse, pourtant affichée officiellement par les vulgarisateurs parlant des origines polynésiennes. Questionné sur le sujet, le professeur Emory, chef de l'équipe hawaiienne du Bishop Museum de Honolulu, disait en 1951: « *We know nothing about it !* » (« Nous n'en savons rien ! »).

Pourtant, il est insensé qu'un petit groupe culturel évolué ait traversé l'Indonésie, quelques siècles avant notre ère, sans emprunter au Sud-Est asiatique :

- le riz, capital pour l'alimentation,
- le béthel que mâchent les indigènes,
- la roue, si commune et pratique, ainsi que le motif si fréquent de la roue,
- le tissage, ignoré des Polynésiens qui tressaient,
- le principe de la construction en voûte,
- les représentations de l'oie Hamsa de Brahma, de l'aigle Garuda de Vichnu, du taureau Nandi de Shiva, de la fleur de lotus sur lequel on fera reposer plus tard Bouddha assis,
- les motifs végétaux avec le figuier et l'arbre de Bodhi, avec l'extrême complication de lignes ondoyantes,
- les motifs animaux : oiseau de paradis, lion, cheval, buffle, serpent mythique (*näga*), l'éléphant Ganeça, les lions-taureaux opposés se faisant face,
- le *linguam*,
- les différentes figures *wayang*, sortes de marionnettes à base de cuir mues par des tiges minces,

- le bronze, l'argent, l'or constituant bijoux, colliers, bracelets, boucles d'oreilles, encensoirs, grelots, plateaux de sacrifice, récipients à eau bénite,
- des armes telles que le kriss,
- des tissus de soie à fils d'or et d'argent,
- des statues *Raksasa* avec des géants aux lourdes masses,
- les *stupas* aux silhouettes si étranges,
- l'incinération des morts,
- les panthéons shivaïstes et hindouistes,
- les langues indo-européennes, en particulier le sanscrit,
- le groupe sanguin B et la prédominance du N sur le M.

Rien de tout cela ne transparaît en Polynésie.

Il faut ajouter que ce voyage demande qu'ils soient partis en aveugle contre les vents dominants, à travers des immensité marines quasi vides, avec une chance pratiquement nulle de tomber sur un minuscule îlot de corail sans terre et sans eau, et cela pendant des mois à travers la Micronésie.

L'instinct pousse certaines races animales à partir en file pour se noyer : peut-être ont-ils hérité d'une habitude migratoire ayant cessé d'être viable. Mais les humains ne sont pas soumis à des instincts animaux aveugles. Que les Polynésiens aient quitté un jour le Sud-Est asiatique sans rien emporter de ses habitants, qu'ils aient transité peu à peu via Mélanésie ou Micronésie relève de l'abstraction pure.

Plutôt qu'une origine asiatique, les traces de civilisation polynésienne en Asie pourraient-elles provenir à l'inverse d'une immigration des Polynésiens ? *Vers Nousantara* d'Éric de Bisschop[5] propose l'idée simple suivante : après des combats dans les îles Polynésiennes, les vaincus avaient le choix entre la servitude et le départ. Étant marins, ils construisirent des radeaux et partirent vent arrière. Ils apportèrent dans les îles de la Sonde tout un vocabulaire concernant la mer, les poissons, les coquillages, le corps

5 E. de Bisschop, *Vers Nousantara*, Éditions de la Table ronde, 1962.

Marae Tetiiroa, Moorea. *Édifice en pierre : ancien lieu de culte, de sacrifices et de rites funéraires.*

humain, les chiffres. Partis sans *tahua* et sans *arii*, ils adoptèrent les religions asiatiques. Découvrant la régularité de la mousson bisannuelle, ils gagnèrent l'Inde occidentale, amenant à Sumatra et à Java des princes indiens, mercantiles et aussi peu marins que possible, ainsi qu'il apparaît dans le Baghavat Gita. Quelques expéditions, dans l'océan Indien, gagnèrent Madagascar avec des Munda, dans les alizés, et ne purent de ce fait revenir aux îles de la Sonde : d'où cet apport typiquement polynésien dans l'île de Madagascar, avec développement de cette influence par liaisons maritimes jusqu'en mer Rouge.

Le mystère de l'origine des peuples polynésiens est bien au cœur du vaste problème posé par les civilisations limitrophes du Pacifique. Il est très surprenant que, dispersé loin des grands continents sur des archipels perdus, un peuple fort différent de ses lointains voisins amérindiens ou asiatiques se soit installé en omettant de leur emprunter des éléments culturels élémentaires apparus chez ces riverains depuis environ trois millénaires.

L'originalité des Polynésiens laisse donc penser qu'ils n'ont sans doute pas eu le moindre contact avec l'Amérique ou l'Asie depuis quelque trois mille ans. Il est alors anormal de découvrir en Polynésie tant de points communs avec toutes les premières grandes civilisations du globe, jusqu'en Inde, en Mésopotamie ou en Égypte. Un patrimoine commun est aussi indéniable qu'une aussi longue absence d'échanges culturels.

Puisque les Polynésiens ne viennent, nous l'avons vu, ni d'Amérique ni d'Asie, il convient d'étudier la possibilité d'une origine commune et différente de ces deux possibilités.

On considère facilement que les mythologies qui nous sont parvenues ne comportent pas beaucoup de vérités historiques exploitables. Pourtant elles représentent notre seule source de témoignages humains des évènements passés. Il est donc très important de ne pas en faire l'impasse et nous allons voir maintenant à travers les récits polynésiens que leur étude est la source d'une mine d'informations. La vérité, aussi fantastique qu'elle pourrait être, ne peut que nous apparaître et nous étonner.

1.1 La Polynésie

La mythologie polynésienne offre une importante masse de souvenirs originaux et inédits. Conservés religieusement, ceux-ci sont demeurés sans contact avec les grandes civilisations frontalières. Pendant plusieurs millénaires, les Polynésiens sont en effet restés préservés et isolés des peuples étrangers. Leur mythologie a donc été privée d'informations et d'ajouts allogènes jusqu'à l'arrivée des missionnaires et des grandes vagues de conversions chrétiennes au XVIIIe siècle. Mme Martha Beckwith, du Bishop Museum, a ainsi repéré et isolé les ajouts tardifs d'origine biblique.

On y retrouve des traces d'Adam, du déluge, de la tour de Babel... au beau milieu d'une mythologie à nos yeux totalement inattendue et insolite. Les Polynésiens ont bien sûr imaginé des fables, des images, ils ont interprété des histoires. Mais ils n'ont pas spéculé ni bâti de symboles, d'abstractions, de systèmes philosophiques ou métaphysiques. Leur mythologie révèle un peuple de nature très concrète, presque terre à terre.

Les récits anciens étaient conservés avec soin et se transmettaient de manière orale. Le récitant restait debout et clamait les mythes sans s'arrêter mais en se balançant sur ses jambes. Cet exercice oratoire et physique durait parfois toute la nuit. Si le récitant se trompait dans le texte, il pouvait être banni de son clan ou même puni de mort. Il fallait de grandes circonstances pour que s'organisent de telles preuves d'éloquence publique.

L'immense mérite de la mythologie polynésienne est d'avoir été conservée intacte, sauf ajouts bibliques tardifs facilement reconnaissables. Dès lors, les descriptions présentes dans cette littérature extrêmement imagée sont souvent impensables, inimaginables pour un peuple vivant sous les Tropiques !

Une nuit sans fin

Le dieu polynésien peut-être le plus célèbre, grand navigateur connu dans tous les archipels, est Tangaroa, l'« homme grand » ou « lointain », dont le nom se dit Ta'aroa à Tahiti, Kanaloa aux Hawaii. Les récits de la création, aux îles de la Société, décrivent l'aventure incroyable de ce chef, qui vécut seul, enfermé dans l'obscurité d'une caverne, comme un poussin dans un œuf.

Figure 4. *Statue en basalte* (Moai) *de l'île de Pâques nommée « Hoa Hakananai'a », env. 1000 apr. J.-C.*

Tangaroa, le Créateur…
Se tenait dans une coquille en forme d'œuf, appelée Rumia [Bouleversé]
Et ceci pendant des temps infinis, dans l'espace sans bornes,
Où n'existaient ni Ciel, ni Terre, ni Mer, ni Lune, ni Étoiles.
Ce fut l'époque de la Nuit, continuelle et incalculable,
Et de l'Obscurité épaisse et impénétrable.

Tangaroa se tint dans sa coquille, et dans les Ténèbres
Pendant des millions d'années.
La coquille était comme un œuf, qui tournait dans l'espace infini,
Sans Ciel, sans Terre, sans Mer, sans Lune, sans Soleil, sans Étoiles.
Tout était dans les Ténèbres, c'était une Obscurité épaisse et permanente.
Rumia était le nom de cette coquille de Tangaroa.
Tangaroa était tout à fait seul dans sa coquille.
Il n'avait ni père, ni mère, ni frère aîné, ni sœur.
Il n'y avait pas de gens, pas d'animaux, pas d'oiseaux, pas de chiens.
Mais il y avait Tangaroa, et lui seul !
Il y avait l'espace du Ciel, il y avait l'espace de la Terre,
Il y avait l'espace de l'Océan, il y avait l'espace de l'eau douce.

Mais à la fin, Tangaroa donna un coup à sa coquille,
Qui provoqua une fissure semblable à une ouverture pour fourmis.
Il en sortit alors, et se tint debout sur sa coquille,
Et il regarda, sur sa coquille, et constata qu'il était seul.
Il n'y avait pas un son, au dehors l'obscurité était totale.
Et il s'écria: « Qui est là au-dessus, oh ? » – Pas de réponse.
« Qui est là en-dessous, oh ? » – Pas de réponse.
« Qui est là devant, oh ? » – Pas de réponse.
« Qui est là derrière, oh ? » – Pas de réponse.
Il y avait l'écho de sa propre voix, et c'était tout. [1]

1 H. Teuira, *Tahiti aux temps anciens*, Sté des Océanistes, 1951, p. 344.

Tâtonnant dans le noir, ne trouvant rien, Tangaroa se réfugie dans un abri plus étroit, Tumu-iti, sans retrouver son ancienne grotte, Tumu-nui, et il « resta là, tout à fait confiné et dans l'Obscurité épaisse ». Mais il « se fatigua de cette coquille, et se glissant dehors », il parvint à regagner l'ancienne.

Le dôme du Ciel des dieux était un Ciel confiné
Enfermant alors le monde en formation.
Alors Tangaroa demeura dans le Ciel confiné,
Dans l'Obscurité totale et ignorant la lumière extérieure. [2]

La nuit, interminable, épaisse et impénétrable, est récurrente dans les anciens écrits des îles du Pacifique.

L'attente du jour

Des dieux avaient trouvé refuge dans une *ana* (grotte, caverne). Des sentinelles en surveillent l'entrée, guettant le retour de la lumière, tandis que les chefs ordonnent la fin de la nuit :

Les messagers faisaient des pas de vingt mètres, avec des ordres
pour faire cesser les honteuses millions de nuits !
Il y avait des ordres venant de la Terre,
Des ordres venant des multitudes réunies,
Des ordres venant de ceux qui étaient assemblés dans le ciel confiné,
Des ordres provenant des prudents et des anxieux.

Plusieurs dieux se succèdent, luttant pour arracher le Ciel obscur de la Terre dont il est le prisonnier pour que la lumière et la chaleur reviennent vivifier plantes et humains :

La grande pieuvre qui retenait le ciel à la terre fut examinée.
Ru décréta la mort de la grande pieuvre qui retenait le ciel à la terre,

2 H. Teuira, *op. cit.*, p. 344.

Mais elle ne mourut pas à cause de lui !
Ensuite Ru… décréta la mort de la grande pieuvre,
Et il était le magicien qui causa la mort de la grande pieuvre Tumu-ra'i-fenua,
Tumu-ra'i-fenua est mort ! Il est mort ! Il est mort !
Cela fut répété du sud au nord, de l'est à l'ouest,
Mais elle s'accrochait toujours au ciel !
Tranchez les tentacules de la pieuvre, dit Ru, séparez l'œuf du monde,
Qu'il puisse être tout à fait séparé ! – Mais il était seulement soulevé !
Et l'érection du ciel n'était accomplie ni par Ru, ou Tino-rua, ou Maui ![3]

Les premières lueurs du jour

La nuit qui s'attarde [Na-po-titi], la nuit attardée [Na-po-tata] furent créées par Tangaroa […]
La longueur de la nuit diminuait,
Il y avait des progrès rapides, il y avait des progrès lents.[4]

L'obscurité glisse pour devenir lumière,
La longue nuit avance en glissant.[5]

C'est tout à fait inimaginable sous les Tropiques. Dans cette région, le soleil monte chaque jour presque à la verticale et seulement au plus une heure et demie s'écoule entre la nuit noire et la disparition comme le lever du soleil.

Les hommes commencent à sortir des abris, « se bousculent [...] par centaines » au-dehors, et applaudissent « à la prouesse d'un dôme du ciel » lequel est « fixé sur de bons piliers […] soutenu […] soulevé ». Ils encouragent les efforts du soleil qui tente de revenir. Ces hommes sont « les enfants de la nuit qui se dissipe, de la nuit qui s'en va en rampant ».[6]

3 H. Teuira, *op. cit.*, p. 417.

4 *Ibid.*, p. 358.

5 M. Beckwith, *The Kumulipo*, University of Hawaii Press, 1972, I, 37.

6 *Ibid.*, VII, 598, 643.

La nuit est enceinte du jour. Il faut attendre l'accouchement et la naissance du soleil pour qu'il fasse jour de nouveau. L'obscurité totale laisse place à une lueur qui se devine à travers les nuages au nord, au sud, à l'est et à l'ouest. C'est l'annonce du soleil, encore invisible, Rongo dans les archipels du Sud, Ro'o à Tahiti ou Lono aux Hawaii. Cet enfant est attendu avec amour :

Tu es le petit Lono, tu es le grand Lono,
Mes yeux ! Mon amour ! Ô Lono ![7]

Il voltige comme une chauve-souris et regarde avec ses deux yeux dans les quatre directions cardinales. Ainsi des mythes hawaiiens évoquent « la chauve-souris aux huit yeux ». On attribue huit yeux au soleil dans un autre mythe, celui où il est le fils de la déesse lune, Hina. Il fouine comme un cochon aux quatre coins de la terre.

Sois attentive… quand tu donnes naissance, Hina :
Les yeux du cochon, ils jettent un regard vers les cieux
Et jettent un regard vers la montagne !
Le fils de Hina est un cochon aux huit yeux ![8]

La lune n'a pas d'yeux pour voir, autrement dit, elle n'émet pas de lumière. Par contre elle mange la lumière du soleil. Elle se montre aussi bien au nord qu'au sud. Il est souvent dit d'elle qu'elle « mangeait par-devant et par-derrière » (*Hina maha'i tua mea*).[9] Le soleil glissant sous l'horizon tant au nord qu'au sud montre son visage dans des directions opposées, ce que l'on voit dans des têtes sculptées à deux faces :

Dans les profondeurs de l'océan,
Naquit un monstre gigantesque à deux visages,

7 M. Beckwith, *Hawaiian Mythology*, University of Hawaii Press, 1970, p. 211.

8 H. Teuira, *op. cit.*, p. 430.

9 *Ibid.*

Comme un dieu pour ces régions :
Il n'avait pas d'arrière à sa tête,
Mais il avait un front devant et derrière,
C'était une tête à deux visages ! [10]

Enfin l'aurore

Pour les Polynésiens, le soleil était un enfant qui n'est pas encore né. Il porte en lui l'espoir que l'on chérit. Un messager porte la bonne nouvelle : le retour du jour. Ce messager est la lueur qui glisse au bord du firmament obscur et colore successivement les nuages au bord du ciel, comme si un nuage lumineux voyageait inlassablement :

Puis fut créé un messager pour Tane.
Il y a un nuage, un nuage qui grossit.
[Il] vole au-dessus de la mer tempétueuse.
Oh ! Les nuages ! Le sombre nuage de minuit !

Oh ! Le nuage ! C'est un nuage qui s'étend au loin !
Ce n'est pas un nuage immobile !
Oh ! Le nuage ! C'est un nuage qui vole !
Vole jusqu'au ciel qui s'abaisse !

Le nuage de minuit, le nuage gelé et doré !
Enfant chéri caressé [Faurourou] est le nuage
Qui voyage, grandit et voyage !
Le nuage gelé est enceint de Rongo !
Le grand messager de Tane
Le grand Rongo dort dans le nuage
Tout en voyageant !
Rongo tourne, se nourrit du nuage.
[Il] est nu dans le nuage,

10 H. Teuira, *op. cit.*, p. 367.

Tandis qu'il voyage, grandit et voyage !
Rongo provoque de vives douleurs dans le nuage,
Les douleurs de l'enfantement saisissent le nuage avec Rongo.[11]

La bordure brillante de la prime aurore est étroite et longue. Le reste du ciel demeure sombre et forme une sorte d'arche qui encercle l'horizon. C'est « l'arc-en-ciel de Rongo », vénéré aux Gambier. Après l'obscurité sans fin, la première aurore fut une merveille. La lumière n'avait donc pas disparu à jamais. Elle revêtait les couleurs vives et transparentes des aurores australes.

L'aurore était merveilleuse et bonne,
Ornée de richesses très grandes !
L'aurore était belle, riche et douce ![12]

Le soleil

Le soleil restait toujours bas sur l'horizon. Ce comportement étrange est à l'origine de nombreux mythes. Pendant la longue nuit, le ciel est retenu à la Terre par une grande pieuvre et quand l'obscurité cède la place à la lumière, les dieux à tour de rôle tentent sans y parvenir de soulever le ciel, pour que le soleil monte assez haut et puisse réchauffer.

Soutiens ! Soutiens maintenant le guerrier
Avec le pilier de l'ami des cieux !
Soulevés par enchantement seront les cieux !
Le grand Ru, l'homme, soutient le ciel
Qui est soutenu maintenant par le guerrier !
Reste en l'air, maintenant, Ciel !
Sur le « pia », « teve » et l'arbre ombrelle ![13]

11 H. Teuira, *op. cit.*, p. 380.

12 A. Fornander, *An account of the Polynesian race*, Tuttle Cy, 1969, p. 215.

13 H. Teuira, *op. cit.*, p. 359.

Pour observer une longue nuit suivie d'un retour du jour très progressif et ne laissant pas le soleil monter franchement dans le ciel, il faut se situer dans une région polaire, à au moins 85° de latitude ! La période éclairée est alors d'une dizaine de mois. Il semble donc que les Polynésiens aient vécu dans de pareilles conditions et pas seulement le temps d'un voyage !

Les années successives portent le nom des héros qui ont combattu contre le ciel pour soutenir le soleil. Les courses annuelles du soleil au ras de l'horizon ou à faible hauteur ont été symbolisées sur les pirogues des marins, représentant le soleil naviguant sur sa propre embarcation. La pirogue, stylisée, est relevée symétriquement à ses deux extrémités.

Le soleil repose au milieu, représenté par une tête ronde avec un simple point au milieu. On représente le soleil de la même manière dans la cosmographie occidentale : deux points pour les yeux, un dessous pour le nez et, en bas, un trait horizontal pour la bouche. Les rayons émanant du soleil deviennent ses cheveux. En dessous, se trouvent les pagaies des pirogues. Le soleil navigue sur l'océan dans sa barque solaire. Une suite d'hommes les uns à côté des autres représente les positions successives du soleil à quelques minutes d'intervalle. Leurs avant-bras tendus vers le bas indiquent que l'astre reste sous l'horizon, tendus vers le haut pour signifier qu'il est au-dessus. Cette représentation montre la nécessité de soutenir le ciel pour qu'il reste le plus haut possible.

Cette attitude d'imploration est traditionnelle. C'est celle de l'orant. Enfin, les bras seront vite arrondis pour former avec les avant-bras une courbe incurvée vers le haut, l'orant se transformant en barque solaire.

René La Bruyère rapporte un conte populaire où une pierre est lancée vers la Nuit des temps. Il s'agit du soleil Oro.

Lance la pierre au-delà de notre archipel,
Pour atteindre les îles lointaines du Continent Perdu !
Alors ! ce n'était pas une plaisanterie !
Oro longeait l'horizon et plongeait dans les abîmes marins !
Le froid l'engourdissait ! Et lorsqu'il s'absentait,
Alors c'était les ténèbres et la Grande Nuit !

Figure 5. *Pétroglyphes des îles de la Société. Ils pourraient représenter un bateau situé sous un soleil rayonnant, ou bien un visage surmonté d'une coiffe en plumes, selon différentes interprétations.*

En ce temps-là, le soleil qui se montre si fidèle envers notre terre chérie,
Etait un dieu capricieux et malin !
Il lui arrivait parfois de s'éloigner
Pendant de longs mois de nos archipels !
Alors, son disque rouge n'apparaissait plus
Que très bas au-dessus de l'horizon !
Ses rayons pâles étaient sans lumière
Et ne tardaient pas à s'abîmer
Dans les profondeurs mystérieuses de l'océan !
Pendant les journées glaciales, les hommes des districts
se laissaient aller au découragement !
Ils craignaient qu'Oro ne désertât définitivement leurs rivages,
Les plongeant dans les ténèbres éternelles ![14]

Le style, moderne, ne rappelle en rien le rythme lent, et les répétitions typiques des vieux récits soigneusement conservés. Le souvenir est si ancien

14 R. La Bruyère, *Contes et légendes de l'océan Pacifique*, Éd. Pierre Roger, 1930, p. 98.

Figure 6. *L'orant – bande de pyrogravures sur un carquois de bambou de Tahiti.*

que les caprices du soleil ne concernaient évidemment pas la terre des archipels. Mais la crainte subsiste des conditions connues dans les temps anciens.

Les Polynésiens sont connus pour leur courage au combat et leur témérité. Ils ont cependant gardé un reste de cette « crainte terrifiante de la nuit qui s'approche ». Quand on connaît la nuit des îles et son parfum, cela demeure surprenant.

La peur me tombe dessus,
Sur le sommet de la montagne,
La peur de la nuit qui passe,
La peur de la nuit qui approche,
La peur de la nuit qui est enceinte.[15]

En effet, après le jour continu, la nuit noire ne revient pas d'un coup, mais peu à peu, en glissant. La peur précédera et suivra cette épouvantable obscurité.

Le climat du continent originel

Toutes les mythologies du Pacifique nous apprennent que leur origine est sur une terre lointaine, proie d'un froid saisissant. Évoquant la terre de leurs ancêtres, les Hawaiiens parlent d'une terre « sans chaleur », « froide », « grelottante ».[16] Les peuples du Pacifique indiquent qu'ils proviennent d'un pays où le vent était glacial.[17]

Les habitants des Tonga gardent le souvenir d'un océan couvert de glace. Ils le nomment *Tai-fatu*, qui signifie « épais comme de la graisse » ou congelé. Leurs ancêtres y vécurent avant de gagner les îles.[18]

Le continent originel des Polynésiens était recouvert par une boue

15 M. Beckwith, *The Kumulipo*, *op. cit.*, VII, 566.

16 M. Beckwith, *Haiwaiian Mythology*, *op. cit.*, p. 533.

17 J. Macmillan Brown, *Peoples and problems of the Pacific*, Fisher & Unwin, 1931, p. 113.

18 P. Smith, *Hawaiki, The Original Home of the Maori*, Whitcomb & Tombs, 1976 (4e éd.), p. 177.

étrange et épaisse. Son nom est *Kumulipo*, d'amoncellement (*kumu*) et de boue (*lipo*). Il n'y a pas de mot pour désigner la neige sous les Tropiques. *Kumulipo* en est l'équivalent.

Aux îles Tuamotu où les plages coralliennes sont faites de sable blanc comme neige, les récits évoquent ce sable, *one*, pour parler de la boue inhabituelle. Ce sable présente des caractéristiques insolites. Il est collant, recouvre les humains, les rivières, les arbres, les montagnes. Les hommes doivent s'en débarrasser en le balayant pour retrouver la terre susceptible d'être fertile. Sur le sol ensablé, aucune plante ne poussait. Il fallait secouer le sable qui se trouvait dessus. En traduisant *one* par la neige, les récits prennent sens. On trouvera un homme des neiges, *Tiki-one*, une femme sortie d'une pile de neige ou vêtue de neige, *Hina-one*.[19]

L'homme qui se nomme *Tupetupe-one-i-fare-one* devient le flâneur dans la maison de neige, autrement dit celui qui s'attarde dans son igloo. Toutes sortes de neiges tombent sur Hawaiki, le continent originel : « de la neige volante, de la neige fine, et de la neige boueuse ! Hawaiki devint remplie de neige ! »[20]

Une faune bien étrange dans la mémoire polynésienne

Les légendes parlent en abondance de *moko* ou *molo* qui pullulaient sur les rivages et que l'on traduit par lézard bien que ceux-ci n'aient pas de larges dents pointues et brillantes. Par ailleurs, sur les archipels polynésiens, aucun reptile n'est plus gros que le margouillat, le lézard commun des maisons. Or le moko polynésien est *moko-kala, -kaula, -pelo, -olelo, -make-a-kane* (vigilant, prophétisant, vagabond ou errant, parleur, mortel ou mangeur d'hommes). Les légendes hawaiiennes parlent fréquemment de *mokos* de taille extraordinaire, de nature amphibie, qui vivaient dans des cavernes et terrorisaient les populations.

Qui demeure dans l'océan ?
Nous, créatures vivantes, qui courons çà et là,

19 H. Teuira, *op. cit.*, p. 415 et M. Beckwith, *Haiwaiian Mythology*, *op. cit.*, p. 294.

20 H. Teuira, *op. cit.*, p. 349.

Qui rampons et nageons de tous côtés.
Un grand esprit est enfermé dans la mer,
Son nom est Guerrier-qui-ne-cède-pas,
Il a une voix tonitruante ![21]

Un dieu des îles de la Société est Oropa'a.

Source de myriades fécondes
Apparut à l'incantation de Tangaroa
Il était le dieu de la mer à l'odeur déplaisante
Roi de l'océan, rejeté,
Ce dieu a un corps d'homme,
Terminé par la queue d'un espadon…
Les eaux calmes à l'intérieur des récifs
De la mer-à-l'odeur-déplaisante étaient ses miroirs,
Et ces eaux calmes étaient ses lieux de sommeil…
Un enfant leur naquit, nommé intrépidité !
Ce dieu existe toujours dans l'océan à travers le monde.
Il n'a pas de langage lui permettant de nous dire ce qu'il veut.
Il est étendu avec sa tête dressée lorsque viennent les brises,
Les brisants blancs et écumants sont ses mâchoires,
Il avale des humains tout entier…
La baleine était la messagère de Oro-pa'a.[22]

Ce ne sont donc pas des lézards mais des colonies de manchots, des lions de mer rugissants, des phoques dressant leur poitrail ou se chauffant au soleil sur les glaces, accompagnés de l'odeur de leurs excréments. Il n'y a pas de phoques en Polynésie même si on peut exceptionnellement en trouver un égaré à Rapa ou dans les Australes.

Un motif artistique s'est perpétué jusqu'à nos jours chez les sculpteurs

21 H. Teuira, *op. cit.*, p. 352.

22 *Ibid.*, p. 366.

maoris de Nouvelle-Zélande. Il représente un corps à la face d'homme et la queue d'un animal marin. Il ressemble à une sirène avec cette particularité : « deux longues défenses sortent de leur gueule, appelées *ngo-ngo* (tubes) par les Maoris, assez longues pour aller de leur gueule à leur taille ». On reconnaît le morse. Un vieil indigène, questionné sur cette représentation inattendue chez des Maoris venus des archipels tropicaux polynésiens, « avait clairement en tête » qu'il s'agissait du *maraki-hau*, et que cet animal « habitait dans cette région mystérieuse d'où leurs ancêtres étaient venus ».[23]

Gravé sur les rochers d'Orongo, en face des trois îlots célèbres Motu Nui, Motu Iti et Motu Kaukau, on trouve une silhouette élégante et pleine de charme, une sorte de sirène ensorceleuse, au charme féminin. Il est facile de reconnaître l'aspect si curieux du manchot, avec ses nageoires pendants lorsqu'il marche en se dandinant, et si agiles quand il plonge. La queue bifide est celle d'un phoque, Ruahatu, le roi des mers, ce poisson-lézard-serpent à formes multiples, portant poils et crocs, plongeant au plus profond de l'océan, aimant dormir sur les plages, d'aspect humain mais avec la queue d'un espadon *rua* (double).

Une idée vraiment surprenante

Les noms du continent originel sont révélateurs. On l'appelait La Nuit, Pô. C'était le nom le plus employé. En outre, Pô fut l'île de la Mort, ou l'île des Morts. L'âme des défunts était censée retourner chez les grands ancêtres. La Terre d'en bas ou d'en dessous, Rarofenua,[24] sont également des termes fréquemment utilisés.

Caillot dit que les habitants des Tonga nommaient Lolofonua leur lieu d'origine, situé « dans la partie la plus reculée de l'hémisphère inférieur », une « immense région placée en dessous, et entourée par les eaux fangeuses de l'océan ».

Les Néo-Calédoniens appelaient d'une manière très comparable Lolonn

23 P. Smith, *op. cit.*, p. 176.

24 H. Teuira, *op. cit.*, p. 420.

Figure 7. *Représentation de Ruahatu gravée dans un rocher trouvé à Orongo sur l'île de Pâques.*

« un pays sous-marin », servant de demeure aux âmes des morts. Le « Lolofonua n'était pourtant pas plongé dans une obscurité complète : il était un peu éclairé par un demi-jour mystérieux ».[25]

Le « Grand Sud », ou le « Sud éloigné », Tonga-mamao, sont des désignations courantes dans le Pacifique. Dans les îles Tonga, à l'ouest des Australes, les traditions parlent d'une « Terre mystérieuse », que l'on croyait très éloignée (*mamao*). On lui donnait le nom de Toga, qui veut dire sud. Mais dans la pensée des indigènes, sud était l'équivalent d'en bas, en dessous, et souvent ils disaient l'un pour l'autre.[26]

La terre originelle était souvent désignée comme le paradis, Purutu. Il était synonyme de beauté, de bonheur, de perfection. Dans ce cas, il ne désignait pas cette terre où régnaient tant de maux : l'obscurité, le froid, la peur, la solitude, la maladie, la lutte, mais une partie plus reculée (sur le continent ou dans le temps) sur des régions élevées, jadis heureuses.

Avec le christianisme, Pô devint l'enfer et Purutu le paradis. Au paradis, l'homme est immortel. L'immortalité des habitants du continent originel est très souvent évoquée. Le pays possédait une « eau », et des « feuilles », rendant la vie à celui qui l'avait perdue : ce qui est une autre façon d'exprimer l'idée d'une sorte d'éternité attachée à un rythme de vie spécial où l'année se métamorphose en un jour de plusieurs mois, et une longue nuit.

Ces conditions de vie ne se trouvent qu'au voisinage d'un pôle !

Christophe Colomb voulait lui-même découvrir cette terre où les hommes ne meurent pas. Il connaissait cette citation de Pline selon qui les pôles sont habités par des « gens heureux qui ne meurent que quand ils sont fatigués de la vie » :

25 E. Caillot, *Mythes, légendes et traditions des Polynésiens*, Leroux, 1914, p. 244.

26 *Ibid.*

Au-delà du Tropique du Capricorne [dans l'hémisphère Sud],
se trouve la plus belle région habitée
parce qu'elle se trouve sur la partie la plus digne et la plus noble,
à savoir le Paradis terrestre.[27]

Le froid glacial, la nuit sans fin, les animaux évoqués par les textes fondateurs des îles Polynésiennes sont autant de descriptions d'une vie au voisinage d'un pôle !

Il existe bien sûr un grand continent, au sud, placé au carrefour des trois océans : l'Antarctique... Est-il possible d'envisager de faire venir les premiers Polynésiens de cette région ?

On trouve un rivage, au fond de la mer de Ross, qui, par 86° de latitude, pourrait correspondre aux descriptions que nous ont laissées les anciens. Cette côte est située en face de la Polynésie, avec des vents d'ouest pour aider toute l'année les navires qui voudraient aller de l'une à l'autre et inversement.

Les grands voyages à travers les mers dont la mythologie polynésienne est riche consolident, nous allons maintenant le constater, notre hypothèse.

27 Cité dans J. Favier, *Les Grandes Découvertes*, Fayard, 1991, p. 273.

En quête d'une île située sous la bonne étoile

Le professeur Emory, du Bishop Museum de Honolulu, avait remarqué que les Polynésiens connaissaient beaucoup plus de noms d'étoiles que nous. Les légendes de nombreuses îles associaient à un lieu particulier une étoile qui lui semblait propre. Il se révéla que la latitude de l'île était voisine de la déclinaison de l'étoile : en sorte que cette dernière venait à passer à la verticale du lieu.

Des récits indiquent que, pour atteindre telle île, il fallait gouverner sur telle étoile : c'est une façon de parler, car n'importe quel astre se lève quelque part vers l'est, et se couche quelque part vers l'ouest, son azimut variant toute la nuit. Eric de Bisschop nota qu'en général ladite étoile était zénithale pour l'île, ou devait l'être il y a deux à trois millénaires, compte tenu de la rétrogradation du point vernal (lente et faible variation du mouvement terrestre).

Les Polynésiens, pour gagner une île, cherchaient à gagner une position au vent, à l'est, où l'étoile associée passait à la verticale, ce qui est loin d'être évident sur une pirogue. Puis ils filaient vent arrière vers l'ouest pour tomber en principe sur le but. Un seul degré d'erreur donnant une erreur de plus de 100 km (60'), il devait falloir l'aide de quelque volcan en éruption pour ne pas manquer l'atterrissage !

Les marins appellent cette méthode ne nécessitant pas de chronomètre : « l'atterrissage en latitude ». Entre parenthèses, les Polynésiens n'avaient bien sûr ni montre, ni compas (boussole). C'était donc un grand art que de naviguer !

Une légende dit :

J'ai choisi une étoile,
Et sous cet astre se trouve une terre
Qui nous procurera un foyer paisible ![28]

28 P. Buck, *Les migrations des Polynésiens : Les Vikings du soleil levant*, Payot, 1952, pp. 99-100.

Une autre dit :

Partir à la voile – pour aller où ?
Pour faire route au nord, sous le Baudrier d'Orion ! [29]

Mais comment pouvait-on bien garder un bon cap ? De nuit, ce n'était pas si facile avec les étoiles, d'autant que leurs courses se modifiaient selon la latitude. De jour c'était pire, avec le soleil qui, même en un lieu fixe donné, modifiait déjà sa course tout au long de l'année. Et par temps bouché ? En se guidant sur la houle, en souhaitant qu'elle ne change pas, pour tenter de garder un cap initialement obtenu par les astres. Et de nuit, sans lune, avec un ciel couvert ! Il ne restait plus qu'à amener les voiles !

Ô Tangaroa, dans l'immensité de l'espace,
Chasse les nuages le jour,
Chasse les nuages la nuit,
Pour que Ru puisse voir les étoiles du ciel,
Et qu'elles le guident vers la terre de son désir ! [30]

Comment douter que les Polynésiens étaient d'étonnants marins ?

Aotea est la pirogue,
Turi est le chef,
Te Roku-o-whiti est la pagaie.

Voici ma pagaie !
Elle est appuyée contre le bord de la pirogue,
Maintenue tout contre le bord de la pirogue.
Maintenant elle est en l'air, ma pagaie !

29 P. Buck, *op. cit.*, pp. 99-100.

30 *Ibid.*, p. 100.

Prête à plonger, ma pagaie !
Maintenant que nous bondissons en avant !

Regarde ma pagaie, Te Roku-o-whiti,
Voie comme elle vole et luit !
Elle palpite comme une aile d'oiseau,
Ma chère pagaie !

Ah ! Son envol et sa fougue impétueuse !
Ah ! La poussée rapide et le glissement lent !
Les remous sifflants et tourbillonnants !
Le blanc sillage d'écume !
Et la poussière d'eau qui s'envole de ma pagaie ![31]

Les grandes épopées maritimes des Polynésiens évoquent, avec lyrisme, non le goût de la domination, la soif du gain, ou l'attrait des profits commerciaux – contraires à leur nature. Leur passion essentielle, surtout dans les temps anciens, sera l'océan immense, avec ses vagues écumantes, sa houle puissante, ses tempêtes, ses richesses secrètes : les poissons et les îles.

Ici, Peter Buck fait connaître un chant maori, de Nouvelle-Zélande. Le nom de la pirogue, celui du chef de bord, et même celui de sa pagaie, resteront dans les mémoires à jamais.

Tentative d'expédition à travers la mer polaire

Durant la période d'obscurité, les femmes entretenaient des feux pour s'éclairer et se chauffer. Elles confectionnaient des vêtements de plumes pour se protéger du froid. Pendant ce temps, les hommes coupaient des arbres pour construire de grandes pirogues. Les expéditions pouvaient commencer.

À cette époque, Ru était un vaillant guerrier. Nous avons déjà constaté plus haut ses efforts pour soutenir le ciel.

31 P. Buck, *op. cit.*, pp. 252-3.

Ru, qui souleva le ciel de sur la terre, prépara sa pirogue…
Pour faire le tour de la terre, avec sa sœur…
Tout en préparant sa pirogue, Ru regarda autour de lui,
Et observa l'aspect du monde, dont il marqua les limites.
Une grande natte fut utilisée comme voile,
Ainsi que des cordages pour fixer la natte au centre de la pirogue.
Et Ru et sa sœur s'embarquèrent sur leur pirogue…
Hina s'installa à l'avant, pour annoncer la terre, et ils voguèrent ainsi.
Ru mettait en panne la nuit, et naviguait pendant la journée.
Ils voguèrent vers l'est, et arrivèrent à Petit-Tahiti,
Mo'orea frappé par le vent, et à Grand-Tahiti…
Ils firent le tour des îles.
Ru et sa compagne continuèrent à naviguer,
Les îles furent toutes repérées par eux,
Du Sud au Nord, de l'Est à l'Ouest.
Elles furent toutes repérées par Ru, le cher Vaillant,
Ru le grand Vaillant, Ru qui explora la terre.[32]

L'épopée de Maui

Un des explorateurs les plus connus est Maui. Tout un aspect de cet héros est austral. Ainsi, il est le petit dernier d'une famille, le sixième. Il est élevé dans une grotte sous-marine. De plus, « l'enveloppe de ce dernier Maui était semblable à une méduse ».[33]

On peut y voir le jour polaire qui dure, près du pôle, environ six mois, ou lunes : le soleil reste visible au-dessus de l'horizon tout ce temps, mais à la sixième lune, commence à s'enfoncer sous l'horizon. Il est alors déformé par les brouillards : au lieu d'être tout rond, il est affaissé comme une méduse.

Maui quitte sa femme, laquelle retourne vivre dans le Pô, la Nuit. Il poursuit une aventure malheureuse avec sa fille : on peut voir là le soleil polaire s'élevant au-dessus de l'horizon, alors que son épouse classique, la

32 H. Teuira, *op. cit.*, p. 478.

33 *Ibid.*, p. 423.

pleine lune, disparait alors pendant des mois dans la nuit, sous l'horizon. Sa fille, le premier croissant de lune, s'élève seule pour tourner sans se coucher, mais ne rejoint jamais le soleil, devenant de plus en plus fine à son approche.

Maui Atalaga est souvent accompagné par son fils, Maui Kisikisi. Dans une légende des Tonga, rapportée par Caillot (*op. cit.*), le père se met en colère contre ce dernier enfant : « Qui a donc dit à ce gamin désobéissant de venir ici ? Cesse donc tes malices ! Mais va me chercher du feu. » Alors l'enfant dit à son père : « Qu'est-ce qu'on appelle du feu ? ». Son père lui réplique : « Va vers cette case, où il y a un vieillard qui se chauffe ; tu en rapporteras du feu pour cuire nos aliments ».

Maui Kisikisi va donc chercher du feu, à l'endroit où le vieillard se chauffe… « Le vieillard prit du feu et le lui donna. Et l'enfant s'en alla avec le feu. Mais en route, il jeta de l'eau par-dessus pour l'éteindre, et le feu s'éteignit. » La même scène se renouvelle.

La troisième fois, il ne restait dans le foyer qu'un énorme tison, une souche de bois de fer, avec lequel le vieux se réchauffait. Car l'enfant a emporté tout le reste, pour l'éteindre en chemin. Le vieillard lui parla donc avec colère : « Si tu peux soulever cette bûche, tu peux l'emporter ». Le vieux était le grand-père de l'enfant, et ils ne se connaissaient pas.] Le vieillard Maui se disait à lui-même : « Il n'y a personne capable de soulever ce tison. Seul peut-être Maui Atalaga en serait capable… ».

Maui Kisikisi va donc, et soulève d'une seule main la bûche. Il s'en suit une lutte. Le petit « soulève en l'air » le vieux, « le secoue fortement et le terrasse ; le vieillard est tout contusionné et perd connaissance. Maui Kisikisi prend alors le feu et va le porter à son père », lui contant la lutte et déclarant : « Je l'ai terrassé et il en est mort. »

Alors Maui Atalaga devient furieux, car il est plein d'affection pour son père. Il « prend donc sa bêche et en frappe Maui Kisikisi. Le coup porte sur la tête, et Maui Kisikisi en meurt ». Le grand-père retrouve ses esprits, apprend que l'enfant était son petit-fils, et fait des reproches à son fils : « Pourquoi as-tu tué Maui Kisikisi ? C'était bien inutile, car il a agi par bêtise ! Nous n'avions pas fait connaissance. Va donc chercher une feuille de nonu. C'est avec ces feuilles qu'on recouvre les morts, et ils revivent. »

Maui Atalaga alla donc détacher des feuilles de *nonu* et en recouvrit Maui Kisikisi, qui revint à la vie… « C'est seulement cette espèce de nonu qui rend la vie, et cet arbre ne se trouve pas sur la terre, mais seulement dans le Ciel (*lagi*), et aussi dans le Lolofonua. »

Fioritures et digressions interminables agrémentent cette légende, se faisant l'écho d'un temps interminable caractéristique du jour et de la nuit polaires, qui duraient une année, dans le Ciel (*te rangi*) d'où venaient hommes et dieux. Tantôt il est question d'une eau, tantôt la feuille d'un arbre, n'existant pas sur Terre, mais seulement au Ciel ou encore dans cette « Terre-d'en-bas », Rarofenua, « Sous la Mer », ou « Sous la Terre ».

Il faisait si froid pendant la moitié de l'année où le soleil circulait sous l'horizon qu'il fallait se battre pour réussir à se chauffer. Les sentiments familiaux ne résistaient pas à la dispersion des foyers, au point que l'on ne se connaissait presque plus, et la violence était naturelle pour tenter de survivre. Mais tout change le jour où le père Maui déclare à ses enfants :

Pour moi, je ne veux plus rester à cette Terre-d'en-bas [Rarofenua]
Je veux monter là-haut et séjourner à la lumière.
Je m'en irai donc avec mon fils, Maui-le-petit,
Afin de séjourner dans le monde ;
[…]Mais je reviendrai vous rendre visite.
Alors les Maui montèrent, ils vinrent habiter le pays de Vavau,
Et la partie du pays où ils arrivèrent s'appelle Koloa,
Et c'est ce pays de Koloa qu'on appelle Haafuluhao. [34]

Haa signifie « la race » et *fuluao*, « échappé avec le poil ». Le nom composé peut se traduire « la race des gens échappés du naufrage sans autre chose que le poil de leur corps ». [35] Dans les hautes latitudes, le jour et la nuit n'ont pas la même durée. Maui passe pour celui qui dompte le Soleil :

34 E. Caillot, *op. cit.*, pp. 260-1.

35 *Ibid.*

Le soleil avait une jambe longue et une jambe courte.
Au moment où il s'élançait à grande allure avec sa jambe longue,
Maui s'en saisit et la brisa,
Pour rendre de dimension égale à l'autre,
Et ainsi il obligea le soleil
À marcher à la fois régulièrement et doucement.
Le monde fut alors changé ![36]

C'est en montant vers l'équateur que Maui réalise cet exploit. En gagnant la Polynésie, le premier souci de Maui est de bâtir des marae, et d'installer en chaque île un collège de prêtres qu'il avait formés.

36 H. Teuira, *op. cit.*, p. 488.

Figure 8. *Proue d'un canoé de guerre maori (*tuere*), XVIIIe siècle apr. J.-C., North Auckland, Nouvelle-Zélande.*

Lorsqu'ils arrivèrent dans une région, lui et ses hommes
Construisaient des marae *et les confiaient aux prêtres.*
Ils s'en furent aux frontières, ils allèrent au sud,
À Tupuai [Toubuai], à Rurutu, aux îles des perroquets [Australes],
À Rimatara, et Mangaia, et à Rarotonga [îles Cook],
Et à Longue-Terre-Blanche [Te-ao-tea-roa] des Maoris [Nouvelle-Zélande].
Ils s'en furent dans toutes les directions.
Ils s'en furent à l'ouest, à Tutuila, Upolu, Sava'i [Samoa],
Et à Vavau Atiu [Cook], Ahu-ahu et Ma'atea [Makatea],
Ils s'en furent au nord, aux Marquises éloignées,
Et au brûlant Aihi *[les Hawaii aux volcans actifs].* [37]

De multiples contes précisent avec force détails de quelle façon Maui envoie sa ligne au fond des mers, sent une prise, et remonte à la surface une île nouvelle. Le mythe n'est pas sorcier. De jour, pour voir apparaître à l'horizon une terre, il faut promener le regard à droite et à gauche pour déceler une ombre, une accumulation anormale de nuages, une coloration tirant sur le vert : on devine alors un sommet montagneux ou le reflet d'un lagon sur les cumulus de beau temps.

On fait glisser la ligne de pêche, le regard au ras de l'eau : le poisson mord. Une fois l'île « ferrée », on va la voir monter peu à peu de derrière l'horizon, et elle va « sortir de l'eau ». Ainsi Maui va-t-il pêcher les îles.

Comme appât, il utilisera son nez : quand on passe de nuit sous le vent d'une île, comment ne pas sentir l'odeur sucrée du corail, ou parfumée des plantes aromatiques ? Maui, encore, arrachera une oreille pour l'accrocher à son hameçon : toujours de nuit, comment ne pas entendre la houle brisant sur le récif, brisant comme un roulement de tambour !

Ru et Maui étaient allés tous deux pêcher en mer.
Ils avaient mis comme appâts, au bout des hameçons
De leur ligne, des oreilles humaines : ils tirèrent leur ligne,

37 H. Teuira, *op. cit.*, pp. 483-4.

Et sentirent quelque chose de très lourd : c'étaient des terres...
Qu'ils amenèrent successivement à la surface des eaux. [38]

C'est ainsi qu'il atterrissent sur « une terre nommée Tokelau », occupée par trois hommes. Les Ta'aroa sont en effet déjà passés par là :

« Y a-t-il des femmes dans votre pays ? »
Ceux-ci répondirent à ceux de la pirogue : « Il n'y a pas de femmes ici ! »
Les Maui dirent encore : « D'où êtes-vous donc sortis ? »
Ceux-ci leur répondirent : « Ce sont les dieux qui nous ont créés ».
Les Maui interrogèrent à nouveau : « Quels sont ces dieux ? »
Ceux-ci dirent : « Ce sont les Tagaloa [Ta'aroa] ». Alors les Maui ajoutèrent :
« Restez ici, pendant que nous irons faire notre pêche de terres,
Puis nous irons au Pays-d'en-bas [le Rarofenua]
Chercher trois femmes, une pour chacun de vous ». [39]

Maui laisse son nom à l'île juste au nord-ouest de Hawaii, dans l'archipel du même nom. Mais aussi à la grande île nord de la Nouvelle-Zélande, appelée Le-Poisson-de-Maui (*Te-ika-a-Maui*), la plus grosse pièce qu'il ait remontée avec sa ligne du fond des mers. Sa dernière aventure part de là.

> Le mythe raconte que Maui laissa ses frères sur le « Poisson », lorsqu'il repartit pour la terre natale, afin de chercher un prêtre devant accomplir les rites requis, sur la terre nouvelle... Bien des gens restent persuadés que les tout premiers habitants de la Nouvelle-Zélande descendaient de la famille de Maui. [40]

Quelles pouvaient être les routes maritimes logiques, pour aller du continent antarctique jusqu'en Polynésie ?

38 E. Caillot, *op. cit.*, pp. 257-8.

39 *Ibid.*

40 P. Buck, *op. cit.*, p. 246.

Pour sortir du fond de la mer de Ross, et monter vers le soleil, il n'était guère possible de s'orienter, avec un pôle céleste si voisin du zénith : il était donc logique de longer la côte ouest, bordée par les monts transantarctiques, et de passer entre l'île Ross et la terre. Il est probable qu'était là ce passe, séparant deux mers souvent évoquées, et nommées : Tai-koko, et Ragi-riri.

La première était encaissée, enfermée, à proximité du rivage, avec des rafales qui faisaient fumer une mer courte ; la seconde était parcourue par une houle puissante qui se brisait, avec des vagues énormes. En outre, ce passage avoisinait le mont Erebus, toujours actif, qui servait de phare, visible au loin, pour les atterrissages. Le nom de ces deux mers pourrait être traduit par : « La mer resserrée », et « Ciel en rage ».

Avec les vents dominants d'ouest, selon le passage des dépressions, il suffisait de chercher ensuite à faire du nord, en gros, jusqu'à la rencontre des alizés. Si l'on était quelque peu déporté vers l'est, passé le tropique, on était rabattu vers l'ouest. Il n'y avait pas de difficulté majeure, sauf bien sûr l'immensité de la traversée sur des mers dangereuses, sujettes à des sautes de vents, et parcourues par des familles de dépressions : on ne devait guère espérer échapper à une ou deux tempêtes déchaînées.

Pour le retour vers la terre natale, il eut été risqué de mettre dès le départ de Polynésie, cap au sud : on risquait fort d'être décalé vers l'est, et de manquer le continent austral pour aboutir du côté du cap Horn. Le plus simple n'était pas de chercher la route la plus courte, mais la plus facile. Se laisser porter grand largue avec les alizés vers l'ouest, avec escales possibles aux Cook et Tonga et de là, mettre le cap au sud-sud-ouest jusqu'au Poisson-de-Maui pour longer les côtes est des deux grandes îles de la Nouvelle-Zélande. Il ne restait plus alors que 1 400 milles en gros, en essayant de conserver une route vers le sud, pour atterrir sur le continent austral qui longe là le cercle polaire. C'est alors que restait le plus dur : il convenait de longer la côte ouest de la mer de Ross, embouquer le détroit entre l'île Ross et la grande terre, et continuer jusqu'au fond de l'immense baie. Les deux mers à traverser, Ragi-riri et Tai-koko, réservaient les plus rudes épreuves : le froid, les terribles vents catabatiques, la banquise en formation !

Un chant, dit de Kahu-koka, indique précisément la route qu'il fallait alors suivre pour aller des îles à l'Antarctique :

Voici maintenant que je dirige la proue de ma pirogue
Vers l'ouverture d'où monte le dieu-soleil
[...] Ne me laisse pas dévier de ma route,
Mais dirige-moi directement vers la terre, la Terre-Patrie.
Souffle ! Souffle ! Ô Tawhiri-matea *[vent tournant], dieu des vents !*
Eveille ton vent d'Ouest pour qu'il nous pousse directement
Par le chemin de la mer jusqu'à la Terre-Patrie, à Hawaiki !
Ferme, ferme ton œil qui regarde vers le Sud,
Afin que ton vent du Sud puisse dormir !
Laisse-nous naviguer sur la mer de Maui,
Et n'entrave pas notre course.
Elle remue ! Elle avance ! Elle vogue !
La noble pirogue de Kahu-koka !
Jusqu'aux baies de Hawaiki-Nui !
Jusqu'aux baies de Hawaiki-nui, jusqu'à la Terre Natale ! [41]

Au sud de la Nouvelle-Zélande, on tombe dans les vents tournants (*Tawhiri-matea*), des dépressions avec des vents d'ouest fortement dominants. Les vents de sud étaient les seuls à craindre, car face au navigateur. Enfin, en partant à la meilleure saison, vers le solstice d'été austral, on gagnait sûrement la mer de Ross en faisant cap sur le soleil se levant vers le sud-est au départ, mais se rapprochant du sud, d'autant que les latitudes augmentaient.

Mais Maui cessa là ses travaux.
Il laissa ses prêtres dans le nouveau marae,
Et rentra à Havai'i avec ses flottes,

41 P. Buck, *op. cit.*, p. 69.

Pour y conférer avec les dieux et les populations
Sur les moyens de prolonger le jour.[42]

Aucun doute n'est possible : Maui, avec ses flottes, retournait à Havai'i, la terre des dieux, pour conférer avec les hommes restés sur le lointain continent austral. Pour leur dire qu'il savait capturer le soleil, prolonger le jour, c'est-à-dire connaître les régions heureuses où le soleil chauffait et où la végétation fructifiait.

Arrivé dans la terre natale :

Maui-le-père [Atalaga] et Maui-le-petit [Kisikisi] leur dirent :
Venez donc habiter votre pays,
Et y faire vos plantations en toute sécurité.
Abandonnez vos bois et vos cavernes où vous vous cachez ![43]

Enfin, son ultime expédition fut fatale. Maui voulut « assurer l'immortalité à la race humaine qui n'avait pas encore connu la mort » : il repart vers la terre de la vie sans fin, paradis devenu enfer, glacial et mortel. Il y trouve Hina-nui-te-Po, « Grande-Déesse-de-la-Nuit », la déesse de la Mort, et meurt étouffé dans ses bras puissants.

Tupa le bienfaiteur

L'expédition menée par Tupa part de la Terre-d'en-dessous, Rarofenua. L'équipée atteint Marutea, Aukena, Akamaru et n'y « trouve[nt] rien à manger ». Aux Gambier, Tupa est bien accueilli par les deux rois Tavere et Taroi. Il leur offre des plants d'arbre à pain, de cocotier et de figuier. À cette époque, l'archipel était pauvre en grands arbres. Tupa enseigne « la pêche et l'agriculture », ainsi qu'une « foule de choses utiles ».

Il promulgue quelques lois et fait ériger plusieurs *marae* dans différentes îles. Les plus grands étaient en pierre et les petits faits seulement de corail.

42 H. Teuira, *op. cit.*, p. 445.

43 E. Caillot, *op. cit.*, p. 300.

Il en existait des privés à l'usage de ceux qui se destinaient à la profession de prêtre. Les candidats à la prêtrise vivaient dans le recueillement et la solitude pendant assez longtemps, jusqu'à ce qu'ils fussent ordonnés prêtres de Tu.

Tupa a expatrié les coutumes du continent perdu. « Civilisateur » et « bienfaiteur », il quitta les Gambier avec les siens, « en présence de toute la population qui ne pouvait s'empêcher de pousser des cris de douleur » par la tristesse que provoquait son départ. Avant de partir, il révéla qu'il y avait :

Au loin, en bas, par-dessous,
Une Terre très vaste, qui se nommait Avahiki,
Et le Fondement-de-la-terre [Tekere-no-te-henua],
Que sur cette terre, il y avait des peuples nombreux,
Sur laquelle régnaient des rois puissants,
Et que c'était d'elle qu'étaient venus tous ses ancêtres.
[…] Il partit bientôt en pleine mer, hors de vue de l'archipel […]
Pour retourner au Pays d'en-bas. [44]

Ce souvenir est caractéristique des voyages fabuleux entrepris pendant les quelques années qui ont suivi les premiers établissements. Les conditions de vie étaient certainement pauvres, des plants étaient apportés d'Antarctique, ainsi que des prêtres. Infatigables, ces marins-civilisateurs retournaient à travers les mers australes jusqu'au continent ancestral, pour repartir vers les archipels ensoleillés et désolés.

44 E. Caillot, *op. cit.*, pp. 174-6.

Tane

Tane semble avoir monté plusieurs expéditions pour retourner à la terre ancestrale où continuent à vivre des dieux, habiles et maîtres en tant de connaissances.

Mais là, le dôme d'Atea, qui couvre la voûte céleste, empêche la pleine lumière et la vraie chaleur d'atteindre la terre.

Tane et Rua-nu'u, ainsi qu'Aruru, femme de Tane,
Avec les deux artisans, Promptitude ['Oina] et Sentir [Tafa]
S'embarquèrent pour un voyage divin.
Ils voguèrent dans la pirogue Rapide-comme-un-poisson [Fa'a-tere-apu][...]
Ils passèrent à travers tous les cieux,
Sans difficulté, jusqu'au dôme d'Atea,
Et là, le voyage fut retardé,
Et la pirogue immobilisée et accidentée.
Ils voguèrent alors de biais,
Mais furent repoussés par la présence d'Atea.
Des enchantements furent mis en œuvre pour naviguer,
Mais des flammes moqueuses apparurent dans le Ciel d'Atea !
Les artisans, Promptitude et Sentir, furent consultés,
Et les artisans frappèrent l'oreille droite extérieure d'Atea,
Pour le faire bouger – sans résultat !
Alors Tane se mit debout dans sa pirogue
Qui ne pouvait accomplir le voyage jusqu'à la divinité.
Et Tane s'écria: « C'est moi, Tane, des eaux vivantes.
Que cette croissance de limites soit dispersée,
Qu'Atea ne soit plus ! »

Confronté à la banquise, Tane est obligé de longer la limite des glaces pour trouver un port où se réfugier.

Alors Tane repartit dans sa pirogue,
Il navigua d'âge en âge,

Et continua à naviguer d'âge en âge !
Ils arrivèrent à un abîme dans l'Est, à un abîme dans l'Ouest.
Ils traversèrent des pays avec de violentes marées,
Et des pays à brises légères.
La pirogue battait ça et là dans des courants contraires.
Des hauts fonds devinrent visibles, et à l'intérieur un port.
Le port se trouvait à Vavau, Vavau dans Tahiti-nui aux cavernes rocheuses.
Une fois sur les hauts fonds, les voiles furent amenées et amarrées.
Alors Tane demanda à sa femme Aruru :
« O, Aruru ! Qu'allons-nous faire de ma pirogue en danger ici ? »
Aruru répondit : « Quoi ? En effet ! »
Puis elle regarda bien autour d'elle et dit :
« Tourne vers la terre, et tourne vers le large !
Pousse avec une perche et fais un tour du ciel ».
Et Tane poussa vers l'intérieur et vers l'extérieur, et fit un tour du ciel.
Alors il y eut des grattements dans l'Océan, sous le Ciel qui s'abaissait.

L'hiver austral s'approche, la nuit tombe et leur abri sur la banquise est précaire. Ils décident de repartir à la recherche d'un vrai port, tandis que la glace gratte le fond de la coque.

Et Aruru lui dit encore :
« Continue jusqu'à cet autre point là-bas dans le Ciel,
Il y a là un port protégé de l'Océan,
Libre d'obstacles et des vagues énormes ».
Alors Tane continua jusque là,
Et il se trouva dans le port avec une mer calme.
Ensuite Tane écopa l'eau de sa pirogue…
Ainsi ces dieux du Ciel ouvert arrivèrent de leur voyage
Vers la Divinité. Ils étaient arrivés à Vavau !

Voiles amenées, poussant avec des perches, l'équipage gagne un véritable port, à l'abri de l'énorme houle des mers australes, et des marées violentes engendrant ces courants porteurs d'icebergs dangereux. Tane revenait donc des archipels polynésiens, où le ciel était « ouvert » : il retournait sur le continent divin dont il était originaire.

Tane était essoufflé et se reposa un petit peu dans sa pirogue.
Tane se mit debout, Tane siffla, il siffla et respira avec force.
Ro'o le fameux, ainsi que toute l'assemblée des dieux,
Souhaitèrent la bienvenue
À ceux qui avaient fait le voyage de Divinité.
Tane et Hoani décidèrent de descendre jusqu'à Ta'ere,
Et ils y volèrent.
Alors Ta'ere leur souhaita la bienvenue et dit :
« Est-ce toi, grand Tane, dieu de toutes choses belles ? »
Tane répondit : « C'est moi, en effet, le Grand Tane,
Dont les yeux mesurent les Cieux,
Et dont les yeux s'unissent à ceux de Ro'o le célèbre »…
Tane demeura avec Ta'ere pendant un certain temps,
Et il s'imprégna de toute la science de Ta'ere à l'habileté suprême.
Puis il revint dans ce monde.
Ainsi se termina la visite de divinité de ces dieux des Cieux,
Et Tane reprit la mer avec sa pirogue.
Vavau s'éloigna, les hauts fonds furent laissés derrière.
Ils voguèrent encore une fois le long de l'abîme de l'Ouest et de l'abîme de l'Est,
Et continuèrent à naviguer d'âge en âge, et d'âge en âge.
Ils arrivèrent enfin à Vai Ora [Eau-vivante] dans le Ciel de Tane… [15]

Tane quitte les glaces, et longe une fois de plus le continent austral vers l'ouest, et vers l'est, gagnant les eaux vivantes, libres, du grand large.

45 Tous les extraits cités sont tirés de J. Izett, *Maori Lore : The Traditions of the Maori People*, Wellington, 1904.

‘Ui-te-Rangiora en Antarctique

Son nom semble dire : de-la-génération-de-ceux-qui-furent-délivrés-du-ciel. Il appartiendrait donc à cette première génération de dieux qui appareillèrent du ciel, de ce pays situé à l'extrême sud, où le soleil restait de longs mois absent, où la mer se prenait de glace, où les plages et les eaux étaient envahies par les phoques, où flottaient des icebergs, où les rochers ne sont pas noirs, mais blancs de neige.

Son navire *Te Ivi-o-Atea* peut se traduire : « C'est-lui !-Le-veuf-de-la-Clarté-qui-s'ouvre ».

> La mythologie de Rarotonga comporte des récits d'ancêtres lointains, Qui s'aventurèrent sur les mers, dans le passé obscur ! Parmi eux, se trouvait ‘Ui-te-Rangiora...
>
> *Qui navigua, sur son navire* Te Ivi-o-Atea *vers le sud très éloigné,*
> *Où il vit les rochers émergeant de la mer nommée Tai-rua-koko,*
> *La longue chevelure qui flotte à la surface,*
> *La mer couverte de bave écumeuse,*
> *L'animal qui plonge au plus profond des flots,*
> *Ainsi qu'un lieu obscur où l'on ne voyait pas le soleil,*
> *Avec de hauts rochers blancs, dépourvus de végétation.*
>
> Ces merveilles ont été interprétées comme étant l'Océan au sud de Râpa, Les varechs vésiculeux, la mer prise de glace, les lions de mer, la nuit antarctique et les icebergs.[46]

‘Ui-te-Rangiora appareille depuis l'endroit où une mer côtière (*tai*) est fermée par une double passe (*rua*, *koko*), peut-être celle que l'on peut deviner au-delà du chenal séparant l'île Ross et la côte, au milieu de la côte occidentale de la mer de Ross.

46 P. Buck, *op. cit.*, p. 112.

Une épopée improbable vers le grand Sud

Un vieux roi, Taratahi, originaire de Havaiki, débarque aux Gambier (Mangareva) avec les siens. On ne sait rien de sa traversée depuis le continent ancestral, ni de l'expédition qu'il fit depuis Havaiki jusqu'aux Gambier. Farouche et cruel, le roi est en lutte avec les habitants déjà nombreux et il est chassé des Gambier. Il gagne alors l'île de Pâques, avec un petit groupe qui lui est resté fidèle.

Fils du vieux Taratahi, Anua-Motua est au contraire aimé et reste aux Gambier pour devenir roi à son tour. Il était venu avec son père depuis le Sud lointain. Son dernier fils, Te-Agi-Agi, devin et grand prêtre, lui reprocha d'avoir chassé le vieux roi Taratahi, son père, car il a eu la vision qu'il était en danger. Anua-Motua décide de partir à sa recherche d'autant qu'il avait été repris par la nostalgie des voyages.

II fait construire deux grands navires et embarque avec une partie de sa famille et de ses gens. Ils sont en tout quinze cents personnes.

Puis, alors qu'ils ont parcouru environ le tiers de la distance qui les sépare de l'île de Pâques, leur dernière escale étant la petite île Ducie (Kooa), il « mit le cap au Sud » !

Ici commence une grande aventure, la plus étonnante qui soit jamais arrivée à cette lointaine époque.

La traversée fut longue, les jours succédaient aux jours.
Et jamais aucune terre n'apparaissait.
Les gens des deux navires étaient épouvantés.
Seul, Anua-motua ne l'était pas,
Ainsi que ses fils, qui avaient confiance en lui.
Ils savaient que leur père avait parcouru le monde,
Et que, par conséquent, il devait connaître la route...
Anua-motua et ses trois fils, Te Agiagi, Puniga et Marokua,
Se trouvaient sur le même navire, que gouvernaient ces derniers.
Cependant, la traversée se prolongeait outre mesure.
Le grand prêtre Te Agiagi finit tout de même
Par être pris d'inquiétude de la longueur du voyage.

Il n'osait néanmoins rien dire à son père
Auprès duquel il se tenait habituellement dans le fond du bateau.
Mais un matin de très bonne heure,
Il monta sur le plus haut point du bateau.
Et, ô surprise ! Il vit à l'horizon une grosse tache noire,
Qui n'était autre qu'une grande terre vue de loin !
Aussitôt il descendit prévenir son père
Qui, suivi de ses autres enfants, vint tout de suite,
La tête entourée d'un sac appelé tupata,
Voir à son tour ce qui se montrait à une certaine distance.
Anua-motua avait froid, tout le monde grelottait.
Regardant les étoiles, Anua-motua,
Après un moment de méditation, dit à ses enfants :
Retournons en arrière, nous voilà bientôt arrivés à Taikoko.
La mer était, en cet endroit, fort mauvaise,
Et l'air était, en effet, plus que vif : il faisait très froid !
Ses enfants lui ayant demandé pourquoi il ne fallait plus avancer,
Anua-motua leur répondit que, plus ils iraient de l'avant, plus ils auraient froid !
Qu'il y avait en face d'eux deux terres,
Et entre elles, une mer dangereuse,
Que cette mer se nommait Taikoko,
Et que la partie de la mer où les vagues,
Petites, mais fortes et mauvaises,
Se brisaient constamment, s'appelait Ragiriri ;
Qu'il n'y avait aucune végétation apparente sur les terres bordant la mer ;
Que le Soleil n'était pas haut, c'est-à-dire
Ne montait jamais d'une façon bien élevée dans le ciel ;
Qu'il y avait de hautes montagnes arides, des terres très resserrées,
Un bassin où se trouvaient beaucoup de baleines,
Et des poissons particuliers comme on n'en voyait pas à Mangareva.
Il ajouta qu'il était passé par là, pour venir d'Avahiki à Mangareva,
Mais qu'il avait cru un moment y laisser la vie :

Que c'était pour cette raison, parce qu'il y avait du danger,
Qu'il ne fallait pas avancer davantage.
Puis il se tut. Et ses enfants lui obéissant
S'empressèrent de virer de bord ;
Les gens de l'autre bateau voyant cette manœuvre les imitèrent.
Et les émigrants, changeant de direction,
Commencèrent en sens inverse un nouveau voyage.
Celui-ci fut, heureusement pour eux, moins long que le premier.
Les vents d'Est les poussaient rapidement vers l'île qu'ils désiraient atteindre.
Enfin, après une assez bonne traversée,
Ils arrivèrent devant l'île Matakiterangi [île de Pâques][…]
Ils étaient tous exténués de fatigue et à bout de ressources. [47]

Une autre version du récit dit qu'Anua

Fit revenir la pirogue sur la route qu'elle avait suivie,
Et que bientôt, de la région du Pôle,
Ils arrivèrent dans la zone tempérée. [48]

Partis de Ducie, petite île entre les Gambier et Pâques, Anua-Motua met cap au sud pour retrouver la mer de Ross, plus précisément pour atterrir sur les volcans éclairant le ciel la nuit ou l'obscurcissant le jour, et permettant de se guider sur eux. Il compte trouver le passage entre l'île de Ross et la terre, pour gagner le fond de cette mer nommée Tai-koko et Ragi-Riri.

Anua-motua sait qu'au fond de la mer de Ross est le lieu d'origine de sa famille, avec les hautes montagnes transantarctiques, les baleines, les phoques innombrables et variés inconnus aux Gambier.

Mais au lieu de gagner la Nouvelle-Zélande avant de piquer au sud, il est parti d'une longitude beaucoup trop orientale. Après une longue et rude navigation dans tempêtes et ouragans d'ouest, ne pouvant suffisamment

47 E. Caillot, *op. cit.*, pp. 198-201.

48 P. Laval, *Mangareva*, Librairie Geuthner, 1938, p. 14.

Figure 9. *Carte montrant les migrations polynésiennes de l'Antarctique.*

remonter au vent avec deux navires lourdement chargés, il ne fit tête en Antarctique que du côté des mers d'Amundsen ou même de Bellinghausen.

Il fallut renoncer, virer et mettre cap au nord. La petite flotte, après une fabuleuse expédition, après une distance parcourue équivalente au tiers du tour du monde, avec quinze cents personnes à bord, sans boussole, sans objet métallique, arrive à trouver la minuscule île de Pâques cherchée.

Anua-Motua avait du *mana*, un don personnel, sans doute. Mais il était en outre assez marin pour faire un atterrissage en latitude, en observant les hauteurs de culmination des étoiles. Sans instrument, malgré les mouvements du navire, il n'est pas impossible qu'il soit arrivé à une précision de l'ordre du degré, soit d'une centaine de kilomètres. Gagnant la latitude voulue, et s'y maintenant, les deux navires obtenant des vents d'est et faisant route à portée de vue, avec des vigies en tête des mats, ils firent route cap à l'ouest en ratissant la mer sur une largeur suffisante : c'est du grand art, ceux qui ont navigué sur les espaces immenses des mers du sud pour des atterrissages semblables apprécieront !

Les récits recueillis, tant aux Gambier qu'aux Tonga si distantes, sont suffisamment concordants pour éliminer un amalgame d'affabulation ou de souvenirs tardifs contés par des marins de passage. Ces derniers ne connaissaient pas l'existence de l'Antarctique, et des millénaires passés près des tropiques ne favorisaient pas l'imagination pour conter une Grande Terre loin au sud, avec baleines et phoques, où le soleil ne montait jamais d'une façon bien élevée dans le Ciel. Le souvenir restait vif de Havaiki, la terre ancestrale, toute proche du pôle Sud.

Il est conté qu'Anua-Motua mourut à l'île de Pâques, partageant ses biens, et réservant à son fils préféré, Te-Agi-Agi, un morceau du continent originel, où il avait déjà donné des îles à un tout premier fils resté dans le Grand Sud. Un récit dit que Te-Agi-Agi partit prendre possession de sa terre, Te-momo-namua, parfaitement inconnue. Un autre récit dit qu'Anua partit avec lui et y mourut, enterré par ses amis et parents, selon tous les rites prescrits.[49]

49 E. Caillot, *op. cit.*, pp. 205-7.

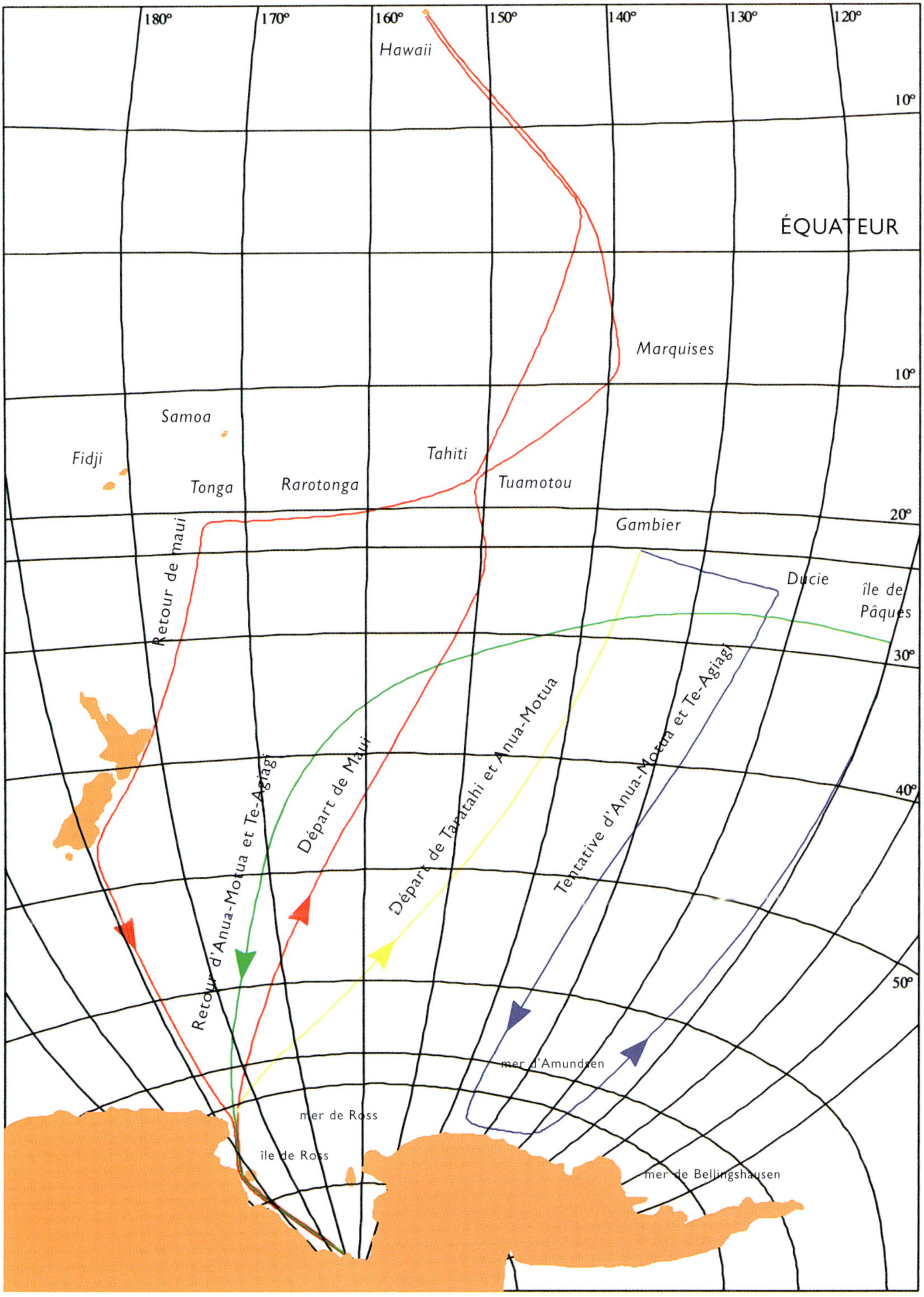

180°
170°
160°
150°
140°
130°
120°
Hawaii
10°
ÉQUATEUR
Marquises
10°
Samoa
Fidji
Tahiti
Tonga
Rarotonga
Tuamotou
20°
Gambier
Ducie
île de Pâques
Retour de maui
30°
Départ de Maui
Retour d'Anua-Motua et Te-Agiagi
Départ de Taratahi et Anua-Motua
Tentative d'Anua-Motua et Te-Agiagi
40°
50°
mer d'Amundsen
mer de Ross
île de Ross
mer de Bellingshausen
80°
70°
60°

Ainsi notre idée de faire venir les Polynésiens d'Antarctique est-elle renforcée par toutes ces fabuleuses traversées des mers australes qui constituent des pages glorieuses de la plus grande épopée maritime des temps anciens. Elles nous apprennent notamment que les contacts ont pu continuer pendant quelques temps entre la terre des origines et les nouvelles colonies. Puis à la longue, le climat devenu si inhospitalier de l'Antarctique a fait fuir tous ses habitants vers le nord. Il ne reste plus à ceux-ci que leurs souvenirs pour décrire ce continent.

Bien sûr, lorsque l'on envisage de faire venir les Polynésiens d'Antarctique, un grand nombre de problèmes techniques se posent immédiatement à nous.

Comment les futurs Polynésiens étaient-ils venus s'établir sur le grand continent glacé ? Sans doute s'y sont-ils établis alors que les conditions climatiques étaient toutes différentes. Comment concevoir l'Antarctique comme une terre suffisamment chaude pour accueillir la vie ?

Avant de spéculer, étudions sans plus attendre la mémoire des peuples dont nous avons déjà recensé les points communs avec les Polynésiens pour voir si elle nous parle des mêmes paysages que la leur.

Nous allons voyager en Chine et au Japon, nous aventurer autour de la Méditerranée, en Inde et en Mésopotamie.

Si les descriptions concordent avec celles des Polynésiens, nous pourrons leur attribuer une vraisemblance élevée du fait qu'il n'est pas pensable que l'une de ces régions ait marqué les autres et puisse prétendre à la paternité.

Les traces des premières civilisations seraient maintenant recouvertes par une énorme épaisseur de glaces… éternelles ?

1.2 La Chine

Avant notre ère, la Chine du Nord, dans la basse plaine du Hoang-ho, au fond du golfe de Petchili, développa une fabuleuse civilisation. C'était à l'époque reculée des Hia, puis des Chang – ou Yin et enfin des Tchéou – souvent appelée les « Royaumes combattants ». Cette haute culture raffinée ne devait rien à l'Asie centrale ou méridionale : les premières caravanes à se former vers le Turkestan oriental, et plus loin à l'ouest ou au sud, commencèrent très peu de temps avant notre ère. Elles naquirent en réalité en même temps que les premières expéditions maritimes vers le sud-est du Pacifique. Avant, tout au plus peut-on déceler un ou deux voyages de marchand ou d'aventurier chinois.

Le *Chou-king* de Confucius

Aux environs de 500 av. J.-C., Confucius a regroupé les récits d'historiens dans le *Chou-king*. Au troisième siècle av. J.-C., Chi-Hoang-Ti « ordonna de brûler » cet ouvrage que « les lettrés de la famille cachèrent ». Puis de l'exemplaire retrouvé sous Vou-Ti, c'est-à-dire env. 140 av. J.-C., cinquante-huit des cent chapitres initiaux furent repris et commentés. Les soucis didactiques et moraux qu'on y retrouve laissent entrevoir quelques vues vénérables sur les temps les plus anciens, même si le Chou-king « n'est pas un document ancien ni bien sûr ».[1]

Il retrace la chronologie d'une ère séparée par des périodes, ou *ki*. « Le Souverain Roi au milieu du Ciel » est Tien-Hoang, le « Ciel intelligent ». Il est né sur le mont Vou-vai, le mont « qui enferme tout », lequel se trouve au « sud-est, à douze mille lieues du mont Kouen-Lun ».

Ti-Hoang est celui qui règne souverainement au milieu de la Terre. Il était accompagné de onze rois-dragons, ou *Io*, qui signifie la montagne. Ensemble, ils « avaient gouverné en paix tout l'univers. Les hommes, sous leur règne, avaient toutes choses en abondance sans qu'il eussent besoin de se les procurer par le travail ».

1 G. Pauthier, *Livres sacrés de l'Orient*, Firmin Didot, 1840, pp. 15-9.

Ti-Hoang « instruisit les peuples et leur donna les règles de la sagesse et du bon gouvernement ». En effet, « il n'est rien qu'il ne sût et qu'il ne pût ». Au premier *ki*, neuf frères voyageaient « sur un char de nuages attelés de six oiseaux ». Ils construisirent des villes entourées de murailles. Tous les peuples de l'univers étaient alors contents de leur sort et aucun ne pensait à son propre intérêt.

Pour une raison obscure, les rois du quatrième *ki* « apprirent aux hommes à se retirer dans le creux des rochers. Ils montaient des cerfs ailés pour gouverner ». Il est possible qu'il s'agisse de voiliers. Un roi du septième *ki* « retourne les montagnes et détourne les fleuves ». Alors « l'univers n'était pas encore tempéré ».

Le huitième *ki* est une époque troublée et froide où « les hommes se couvraient avec des herbes ». Les « eaux débordées n'étaient pas encore écoulées ». « La misère était extrême. » Pour se protéger du froid, et des « frimas », les hommes se couvraient de peaux de bêtes. « Ils se faisaient comme un tissu de leurs cheveux pour se couvrir la tête. » Les hommes cessèrent d'habiter dans des cavernes au vingt-deuxième et dernier *ki*.[2]

Ainsi, alors qu'à l'origine les hommes connaissaient la tranquillité et la satiété, un événement a rendu le monde hostile. Il a fallu apprendre à se protéger du froid et vivre dans des grottes jusqu'au retour de conditions meilleures. Comment ne pas penser aux Polynésiens, obligés de quitter le continent originel à cause de son climat devenu trop inhospitalier !

La montagne originelle

Dès les temps les plus anciens, les Chinois paraissent avoir attaché une grande importance aux montagnes, auxquelles ils offraient des sacrifices solennels. Elles sont proches du ciel, font naître dans leurs flancs les nuages porteurs de pluie et sont des mondes clos, car il n'y a pas de différence essentielle entre les montagnes et les îles.

Parmi les montagnes cardinales, le T'ai-chan se distingue particulièrement. Des croyances populaires voulaient qu'après la mort

2 Toutes les citations sont tirées de G. Pauthier, *op. cit.*, pp. 20-7.

toutes les âmes retournent en une sorte d'Hadès situé au pied du T'ai-chan. Étant à l'est, il est à l'origine des choses et des êtres, source et maître de la vie, du destin et de la mort.

D'autres montagnes mythiques jouent aux extrémités du monde des rôles de pôles, colonnes du Ciel. La plus fameuse est le Kouen-louen. Elle est extrêmement haute, au point, selon certains, de toucher le Ciel.

L'approche est défendue par une mystérieuse Eau,
qui fait trois fois le tour de la Montagne avant de revenir à sa source.
Quiconque en boit obtient l'immortalité.[3]

Le Kouen-louen n'est pas qu'une montagne, un temple à neuf étages se trouve à son sommet et ceux qui réussissent à gravir les paliers successifs du Kouen-louen s'élèvent à l'immortalité. On peut y voir des jardins suspendus dont les arbres portent des perles ou produisent du jade. On y trouve toutes sortes de végétaux rares et précieux, et beaucoup d'êtres divins (*chen*).

Le Kouen-louen est la capitale d'en-bas du Seigneur du Ciel. Pourtant, une déesse-mère, Si wang mou, selon le Chan-hai king, « réside dans une montagne de Jade située au nord du Kouen-louen ». « Elle se tient au fond d'une caverne rocheuse », avec « une figure humaine, mais une queue de léopard et des dents de tigre ». « Elle régit les génies de la Peste et des Calamités. »

On trouve toute sorte de monstres pour garder l'accès de ces lieux. Celui qu'on appelle parfois le Seigneur de la Terre (T'ou po) est un serpent à neuf têtes qui garde une porte en s'enroulant neuf fois sur lui-même. Il répand l'infection en vomissant des marécages. Au-dessus de l'abîme qui bée, s'étagent les neuf portes des Cieux gardées par des loups. Ceux qui veulent passer ces portes sont précipités dans le gouffre.

Les textes chinois sont beaucoup trop tardifs pour ne pas avoir été interprétés de mille manières, avec profusion de chiffres symboliques et de fables. On retrouve cependant un lointain écho :

3 M. Granet, *La Pensée chinoise*, Albin Michel, 1950, p. 354.

- de la montagne originelle, avec un temple fameux, au sommet d'une série de terrasses, modèle des pyramides tronquées à étages ;
- d'une eau spéciale défendant l'accès, entourant cette terre en en faisant plusieurs fois le tour ;
- des maux accablant ces Enfers, alors que l'on y connaissait beauté et raffinement. S'y rendre est maintenant impossible.

L'immortalité

Les Chinois, tout comme les Polynésiens, imaginèrent une sorte d'immortalité pour leurs ancêtres.

Ainsi, les cycles du Yin et du Yang. On peut trouver une allusion au jour et à la nuit polaire dans ce symbole : Le Yin se mue insensiblement en une clarté, le Yang, avec la ronde du soleil. Le Yin correspond à la nuit polaire, froide, le Yang est le jour polaire. Le soleil réapparaît, donne de la clarté au ciel et un peu de chaleur.

Très loin à l'est de la mer Orientale
Se trouve un Gouffre sans fond : le Kouei-hiu
Où retournent toutes les eaux du monde.
Au-dessus du Kouei-hiu,
Il y a cinq îles merveilleuses,
Où résident les Immortels,
Vêtus de plumes et munis d'ailes,
Où croissent les plantes d'immortalité dont ils se nourrissent. [4]

La mer orientale est l'océan Pacifique, le Kouei-hiu est bien cet océan austral où tournent toutes les eaux du monde. On peut me semble-t-il en conclure que les Chinois migrèrent d'îles proches du continent austral pour faire voile vers l'Asie. La vie y paraissait si longue que ses habitants étaient sans aucun doute immortels. Il y faisait si froid qu'ils devaient se vêtir de vêtements de plumes, comme les Polynésiens, les rendant semblables à des

4 M. Granet, *op. cit.*, p. 357.

oiseaux. Les ailes représentent les voiles pour tirer leurs énormes jonques. Ces îles ont ensuite disparu, rendues inaccessibles par l'éloignement et la glace.

Le terrible H'sin che Hoang ti, empereur du troisième siècle avant notre ère, hanté par la mort, lança des expéditions pour quérir la plante d'immortalité qui poussait sur ces îles originelles. Les jeunes gens qui montaient à son bord devaient jeûner pour être embarqués vers des contrées où l'on mourait de faim et de froid.

Selon les anciens textes chinois, ces îles n'ont jamais pu être retrouvées.

Figure 10. *Yin & Yang.*

1.3 Le Japon

Au commencement était le chaos, semblable à un océan d'huile, ou à un œuf. De cette confusion naquirent une divinité – puis d'autres divinités qui disparurent bientôt. Il y eut en tout sept générations de ces divinités secondaires, qui apparurent par couples de frère et sœur.

La huitième et dernière paire fut constituée par Izanagi, « l'Homme qui invite », et sa sœur Izanami, « la Femme qui invite ». Sur l'ordre des divinités célestes, ils s'avancèrent sur le pont flottant du Ciel, et plongèrent une lance céleste ornée de joyaux dans l'onde chaotique qui s'étendait au-dessous d'eux. Ils l'agitèrent jusqu'à ce que le liquide se coagulât et s'épaissît.

Ainsi se forma l'île d'Unogoro, c'est-à-dire l'île « qui se coagule par ses propres moyens ». Izanagi et Izanami firent de cette île nouvellement apparue le « pilier central » de la Terre. Alors les deux divinités décidèrent de faire le tour de l'île-pilier.

On retrouve les thèmes classiques : le chaos, l'océan, la confusion, l'œuf, l'agitation de la mer, l'île dont on peut faire le tour. Cela se situe bien au Pôle, car l'eau est épaisse comme de l'huile, « se coagule » et s'épaissit, pour devenir glace. En outre, l'île approche du Pôle où se trouve le « pilier central », l'axe du monde vertical, autour duquel vont tourner tous les astres.

De l'union des deux dieux naquirent plusieurs îles et plusieurs divinités : comme dans les mythes chinois, il s'agit du même archipel côtier, dans le continent austral. Un enfant infirme naît, qui à l'âge de trois ans ne pouvait encore se tenir debout. Pendant la nuit polaire obscure, il fallait ramper à tâtons dans les grottes servant de refuge, « nager » comme disent les mythes polynésiens dans lesquels Ru devint bossu.

Izanami continua d'engendrer : la mer, les vagues, les montagnes, puis le dieu du Feu. Izanagi décide de rendre visite à sa sœur dans le monde des ténèbres, où elle s'est bâti un château. Izanagi s'efforce de la décider à revenir dans le monde d'en-haut. Mais elle hésite, prétextant qu'il est trop tard, car elle a absorbé des aliments dans le monde des ténèbres. Elle conjure son frère de ne pas la suivre, et se retire dans son palais.

Izanagi brise une dent mâle à l'extrémité gauche de son peigne, y met le feu, pour s'éclairer dans l'abri obscur de sa sœur, et il la trouve dans un état atroce de décomposition, rongée par les vers ; ses chairs en putréfaction répandent une odeur nauséabonde. Épouvanté, il s'enfuit.

Mais elle, mécontente, lance à sa poursuite les démones du monde des ténèbres. Izanagi se bat contre une armée de mille cinq cents guerriers. Finalement, au passage qui sépare le monde de la lumière du monde des ténèbres, il bombarde ses poursuivants avec trois pêches, bloque le passage avec un grand rocher, et invective sa sœur :

[…] il installera mille cinq cents maisons d'accouchement,
chaque jour verra mille cinq cents naissances,
ainsi une juste proportion sera établie entre les naissances et les morts.

Le fait de « goûter » aux aliments du monde des ténèbres, d'absorber les fruits nocifs de la longue nuit polaire, rend malade, stérile, et mène à la mort. Après ce contact avec la mort et les régions infernales, Izanagi entreprend de se purifier. Il se dépouille de ses vêtements et se plonge dans le cours d'une rivière.

Ainsi, finalement, naissent de son œil gauche Amaterasu, la déesse gui fait resplendir le Ciel, et de son œil droit, le dieu de la Lune. De son nez sort Susanowo, le « mâle impétueux ».

Amaterasu est resplendissante et lumineuse. Izanagi place sous sa domination la plaine du Haut Ciel et lui fait don d'un collier de pierres précieuses. Susanowo est impétueux et sombre, il régnera sur la plaine marine.

Mais le « mâle impétueux » est inconsolable. Il pleure et se lamente sans cesse à haute voix. Au son de sa voix, bientôt les montagnes se flétrissent, les mers se dessèchent. Il désire rendre visite à sa mère – Izanami – au pays des ténèbres.

Les tempêtes australes soulèvent vagues et houles dont la voix puissante est une incessante lamentation. Les forêts dépérissent sur les hauteurs. La mer gèle et sèche.

Susanowo décide alors de dire au revoir à sa sœur, la déesse du Soleil, et se met en marche vers son royaume dans les Cieux. Mais son approche est si tumultueuse que la déesse du Soleil redoute qu'il ne veuille empiéter sur ses propres domaines. Aussi s'apprête-t-elle à se porter à sa rencontre. Elle jette sur son dos un carquois muni de mille flèches, et un autre muni de cinq cents, saisit son arc, et prend position avec une telle vigueur que ses jambes s'enfoncent jusqu'aux cuisses dans le sol.

L'Océan « se met en route » aux alentours du solstice d'été, quand le soleil vient à tourner sans se coucher dans le ciel à petite hauteur, faisant fondre la glace qui emprisonnait les eaux. Ensuite, au voisinage des équinoxes, la déesse du Soleil vient à tourner tout près de l'horizon dans lequel elle semble être alors à moitié enfoncée.

Un combat titanesque s'ensuit. Il cesse bientôt, les adversaires se font des cadeaux : épée et joyaux, qu'ils portent à la bouche et mastiquent. La paix revient. Pourtant, le « mâle impétueux » n'abandonne pas ses mauvaises manières : il brise les divisions entre les champs de riz qu'Amaterasu avait établies, comble les fossés d'irrigation et souille d'excréments sa demeure.

La déesse du Soleil, Amaterasu, est contrariée. Pour bien montrer son mécontentement, elle se retire dans une grotte rocheuse et en bloque l'entrée. Les myriades de divinités sont grandement troublées. Aussi se rassemblent-elles dans le lit desséché de la rivière céleste pour délibérer.

Le soleil a disparu. Il ne veut pas revenir. C'est donc la nuit polaire. La rivière céleste est comme dans les autres mythologies l'ensemble des eaux autour du continent originel. Les divinités se rassemblent donc ici sur la banquise formée. Bijoux et miroirs sont exposés à l'entrée de la grotte : leur charme est inutile.

La fable imagine une danse lascive et provocante qui finit par décider la déesse-Soleil à réapparaître. Alors, la lumière resplendit de nouveau sur la Terre. Banni du Ciel, le « mâle impétueux » descend sur la terre d'Izumo, située dans la partie ouest du Japon, face à la Corée, à l'embouchure de la rivière la plus importante, la Hii : « Il remonte le fleuve ».

Toutes les migrations maritimes atterrissant sur un continent, ou de grandes îles, ont naturellement cherché un havre à l'embouchure d'un fleuve, procurant un abri et de l'eau douce, ainsi qu'un accès navigable vers l'intérieur des terres.

> En général, les légendes japonaises sont à la fois raffinées et crues, salaces et parfois mélancoliques. À aucun moment le tragique ne l'emporte. On n'est jamais accablé par l'écrasant sentiment de catastrophe propre à d'autres mythologies. Peut-être cela est-il dû à la profonde harmonie qui règne entre les Japonais et la nature environnante. Ils ont mis l'accent non seulement sur un fonctionnalisme un peu terre à terre, mais aussi sur des qualités telles que la fécondité, la pureté et la beauté. [1]

1 Citations tirées de P. Grimal (éd.), *Mythologies des montagnes, des forêts et des îles*, Larousse, 1963.

1.4 L'Islande

Écrite en Islande au XIVe siècle, l'*Edda* est à l'origine d'une bonne partie de la mythologie germanique et a su préserver, depuis six cents ans, des souvenirs précieux sur l'origine des peuples d'Islande. Leur magnifique isolement a permis à ce texte de ne pas être déformé au contact d'autres civilisations.

> Rédigée en langue vernaculaire par l'historien islandais Snorri Sturluson au début du XIIIe siècle, l'*Edda* constitue le recueil de mythologie nordique le plus complet, le plus cohérent et le plus intelligible que nous ait légué le Moyen Âge scandinave.[1]

Un monde sorti du néant

La *Voluspa*, le prologue de l'*Edda*, d'auteur inconnu, nous informe donc sur l'origine du monde dans sa version islandaise :

> *Il n'y avait au début ni sable, ni mer, ni vagues salines,*
> *ni la terre en dessous, et le ciel au-dessus.*
> *L'abîme était sans fond, et l'herbe ne croissait nulle part.*
> *C'est la Nuit qui est la première,*
> *C'est d'elle que découle le jour.*
> *Il ne vient qu'après elle.*

La nuit précède le jour et réciproquement ! Pourquoi, alors, cette priorité de la nuit ? Le soleil, dans l'année, reste aussi longtemps au-dessus de l'horizon vrai qu'en dessous. Il est même visible un peu plus longtemps qu'invisible. De plus, quand il est couché, il ne fait vraiment nuit noire que lorsqu'il dépasse 18° sous l'horizon. Enfin, la lune éclaire la moitié du temps : au total, la période d'obscurité est largement inférieure à celle de clarté.

1 Introduction par F. X. Dillmann de Snorri Sturluson, *L'Edda : Récits de mythologie nordique*, Gallimard, 1991. Toutes les citations suivantes sont tirées de *L'Edda*.

Or, il est très répandu chez les peuples nordiques d'accorder une importance majeure à la nuit. Pourquoi ? Le soleil ne vient à rester plus de vingt-quatre heures sous l'horizon que si l'on dépasse le cercle polaire, où règne alors un froid glacial, interdisant culture, élevage, et vie normale.

En dessous du monde des hommes,
Il y a le Pays des Morts,
Qui est aussi celui des glaces et des ténèbres,
Et qui s'appelle Niflheim.
Ce séjour mortel est le royaume de la déesse Hel,
Qui en fait garder l'entrée par le terrible chien Garm.

N'est-il pas l'évidence même que ce pays glacé est à l'intérieur du cercle polaire. Arctique ? On pourrait le penser.

Une terre entourée d'eau

Plusieurs indices nous permettent de penser que le pays ici évoqué n'est autre que le continent austral.

Les hommes, quand ils se multiplièrent,
furent installés par les dieux dans le Midgard,
le pays du milieu, qui est entièrement entouré d'eau.
Un océan circulaire borne les terres habitées,
et cette eau est elle-même limitée par l'abîme primitif.
Dans l'océan vit un immense serpent, le serpent de Midgard,
assez grand pour entourer de ses anneaux toutes les terres connues des hommes.

À l'intérieur du cercle polaire Arctique, on trouve un océan pris de glaces et entouré de terres. Par contre, c'est bien en Antarctique, et là seulement, qu'était le continent austral de Midgard, entouré par l'abîme marin primitif. Le courant portant vers l'est fait le tour complet pour repasser autant de fois qu'on le veut par sa base, s'enroulant comme un grand serpent autour du pays du milieu.

Iduna était la femme de Bragi, «le dieu de la poésie, fameux par sa sagesse et son éloquence». Elle «était la gardienne des pommes qui donnaient l'éternelle jeunesse aux dieux».

Les ancêtres du continent austral, de l'Érèbe, étaient des «dieux». Leur immortalité venait d'un rythme annuel, interminable : clarté ininterrompue, et obscurité prolongée, angoissante, alternaient. Cela semblait une éternité. Un an chez les humains ordinaires était un jour et une nuit pour ces dieux.

Un fruit étrange se devait de pousser dans ce pays hors du temps : une pomme d'or conférant une vertu d'immortalité, à ces malheureux dieux qui souffraient et mouraient bien plus que de coutume.

Le chien terrible Garm veille, gardant les approches. Il aboie et hurle comme les tempêtes des hautes latitudes, comme les lions de mer, comme les cratères crachant des flots enflammés. Il mord et saisit sa proie comme le froid, le vent coupant, ou la venue de la nuit polaire. Il veille sur un univers enfoui sous la neige et l'obscurité, où l'on se cache au fond des abris, engourdi, affamé, endormi.

1.5 L'Égypte

L'Égypte pré-dynastique montre une floraison de gravures et de dessins représentant des bateaux de rivière, en jonc, ou de haute mer. Les échanges de cachets circulaires, cylindriques, ovales, rhomboïdaux, montrent une navigation à la plus haute époque, entre l'Égypte, le golfe Persique, et la vallée de l'Indus.

Les apports culturels sumériens semblent avoir précédé de peu la brusque apparition de marins, groupés en nomes (divisions administratives) ayant des totems, pacifiques, vivant de la chasse, de la pêche et fabriquant des poteries et des silex finement taillés en pierres travaillées et polies à la perfection.

Les deux premières dynasties de l'Ancien Empire construisent d'admirables et énormes *mastabas*. Dès la troisième, on trouve une pyramide à degrés, à Saqqarah, qui inaugure une époque florissante de pyramides classiques et lisses, accompagnées de fosses à bateau.

L'une d'elles, au pied de la pyramide de Chéops, a livré un navire de haute mer aux formes admirables de 43 m, avec des bordés de cèdre cousus, arbres ne poussant pas en Égypte, et donc importés. Les constructeurs possédaient un art consommé. La coque élégante montre que les anciens Égyptiens étaient capables alors d'importer d'énormes troncs, et de construire des flottes de navires de 50 à 60 m. Le niveau marin semble avoir été alors plus haut que l'actuel, les navires pouvant descendre le Nil et rejoindre la mer Rouge par un bras du delta. Ils devaient en outre pouvoir remonter le golfe d'Aqaba, la mer Morte et le Jourdain jusqu'au Liban, pour chercher du cèdre.

Le Moyen Empire semble plus éphémère, avec des invasions. Le Nouvel Empire est mieux connu, grâce aux fouilles, avec la fameuse XVIIIe dynastie, le voyage lancé en mer Rouge par la reine Hatshepsout, et plus tard, les combats des Ramsès contre les Peuples de la mer, env. 1200 av. J.-C.

L'Égypte semble avoir développé une magnifique civilisation, autonome, avec des navigations côtières vers le sud-est africain, vers la côte syrienne, la Crète et la mer Égée. Env. 600 av. J.-C., Néchao II envoie une flotte contourner l'Afrique, ce qui prend trois ans, selon Hérodote.

Les hiéroglyphes égyptiens, partiellement traduits, sont une source précieuse, mais les textes les plus anciens ont été étudiés, interprétés symboliquement et commentés dans plusieurs centres religieux. Les *Textes des Pyramides* et le *Livre des Morts* constituent une base capitale anonyme, avec un souci religieux, mais aucunement historique. Toutes les datations anciennes égyptiennes reposent sur un échafaudage fragile d'études fines, et de propositions en général acceptées, mais impossibles à certifier.

L'océan primordial

Avant la création existait un espace sans limite,
Espace aquatique aux eaux inertes totalement immobiles,
Environné d'une obscurité absolue.
J'étais seul avec l'Océan primordial
Et je ne trouvai pas de lieu où me tenir.
La première génération n'étais pas encore venue à l'existence. [1]

Cette nuit complète rappelle celle qui ne peut être observée que dans le cercle polaire. Ce vaste espace, nommé « l'océan primordial », entoure une terre qui n'est pas ferme. Il est question d'« êtres souterrains » qui ne connaissent que cette « obscurité ». Ce sont des serpents. Ils « annoncent que le Tertre va émerger des eaux. Ils en sont les premiers habitants... Ils mourront, mais leur descendance terrestre n'a pas pris fin ». [2]

Les mers australes poussées par les vents d'ouest constituent un serpent, fleuve qui fait plusieurs tours sur lui-même pour retourner à sa source où toutes les eaux du monde se rassemblent :

II existe, inconnue, lointaine, inaccessible à notre race,
presque interdite aux dieux mêmes, une caverne,
celle de l'immense éternité, mer ténébreuse [...]
qui produit les âges, et les rappelle en son vaste sein.

1 D. Meeks et C. Favard-Meeks, *La Vie quotidienne des dieux égyptiens*, Hachette, 1993, pp. 18.

2 *Ibid.*, pp. 25-8.

Dans cette grotte, un Serpent garnit le pourtour.
Il engloutit toute chose d'une volonté tranquille,
et perpétuellement reste jeune d'écailles.
La gueule tournée vers l'arrière, il dévore sa propre queue,
et d'un glissement silencieux, repasse où il a commencé. [3]

L'île originelle, pour Hermopolis

En moyenne Égypte, à Hermopolis, la théogonie débute par l'Ogdoade – huit dieux.

Le Chaos a revêtu l'aspect de huit étranges créatures. Noun était l'Océan Primordial, sans forme. Il avait pour parèdre féminin Naunet, l'Espace Primordial. Le second couple de l'Ogdoade comprenait Kouk et Kauket, ce qui est illimitable et ce qui est sans borne. Venaient ensuite Hou et Hauhet : les ténèbres et l'obscurité. Enfin, Amon et Amaunet, ceux qui sont secrets et cachés. La Colline Primordiale était une île, située dans un lac, symbole des Eaux Primordiales, et appelée île des Flammes, par une claire allusion à l'éclat du formidable lever du Soleil au Premier Jour. Dans les Textes des Pyramides, une curieuse expression, l'Île de l'Apparition, ou du Lever du Soleil de la Terre, reflète manifestement la même ligne de pensée. Les Eaux entourant la Colline Primordiale étaient naturellement les Eaux du Chaos, personnifiées par le dieu Noun. Et l'eau souterraine aussi bien que l'inondation du Nil avaient leur source, croyait-on, dans Noun. Puisque la Colline Primordiale était l'emplacement du Lever du Soleil et de la Création, et dès lors, celui de la renaissance et de la résurrection, les Eaux de Noun qui entouraient cette Colline devinrent les Eaux de la Mort. Sur l'île des Flammes, les huit, mystérieusement, firent sortir des Eaux le dieu-Soleil. L'enfant-soleil est allaité par une Vache, qui est « le Ciel lui-même », Nout. Mais ce Soleil prendra de la force, devenant un « Taureau puissant ». La « barque du Soleil navigue » sur le flanc de la « Vache du Ciel ». [4]

3 D. Meeks et C. Favard-Meeks, *op. cit.*, pp. 30-3.

4 H. de Frankfort, *La Royauté et les dieux*, Payot, 1951, pp. 210-2.

Figure 11. *Papyrus mythologique de Neskapashouty. Détail : figuration du monde : le dieu de la terre Geb sous la voûte céleste figurée par le corps de Nout et Rê dans sa barque. Égypte, 3e période intermédiaire, XXIe dynastie.*

« Tu as navigué le long du cours d'eau sinueux, comme un astre navigue sur la Grande Verte » – l'Océan – « qui est sous le corps de Nout ». (*Textes des Pyramides* 802)

Nous trouvons donc dans ces textes un grand nombre de points nous rappelant le continent antarctique :

- Les eaux primordiales, l'océan, entourent la terre originelle des dieux.
- Le lever du soleil, si banal et familier pour le plus ignorant, ne mériterait aucune attention particulière, son souvenir n'aurait aucune raison d'être conservé, d'être considéré comme un événement « formidable », s'il ne s'était fait désirer.
- Un jour ne peut être appelé « Premier », à moins d'être exceptionnel et mémorable, ouvrant l'ère d'une époque nouvelle essentielle.
  Pas de « Premier Jour » sans un « Chaos » antérieur mettant fin à une époque antérieure assez heureuse et tranquille pour passer presque inaperçue : ce « Chaos » marque un tournant capital mettant un terme à une vie – tant humaine que matérielle, l'eau en particulier, qui cesse d'être vivante pour se figer : les « eaux de la Mort » !
  Les eaux curieusement inertes, « totalement immobiles » correspondent en réalité à la banquise qui emprisonnait tous ceux qui étaient sous terre, dans l'île des Flammes, aux volcans actifs.
- Les Égyptiens connaissaient le lever et le coucher quotidien du soleil. Or, toute autre était l'apparition au ras du sol d'un astre que l'on croyait mort, et qui venait de renaître.

La barque solaire semble en effet voguer le long de l'horizon sous un ciel nuageux, Nout, la « Vache du Ciel ». La course de cet enfant-Soleil prenant chaque jour de la force, après l'équinoxe de printemps, ondulera quotidiennement peu au-dessus de l'horizon tel un navire.

Cela nous rappelle d'une façon très directe la mythologie polynésienne lorsqu'elle décrit le trajet du soleil dans les nuages tout autour de l'horizon !

Pount, le continent perdu

Le conte du naufragé, issu d'un papyrus écrit sous la XIIe dynastie, déchiffré par l'égyptologue russe M. Golenischeff, relate l'histoire d'un marinier qui prétend avoir vu Pount, y avoir vécu, et avoir été témoin de sa disparition. Ce témoignage d'un autre âge est très précieux pour situer géographiquement cette contrée mystérieuse.

Le marinier a été envoyé par le roi d'Égypte aux mines du Haut Nil dans une barque montée par cent cinquante hommes. Après avoir « franchi les cataractes » et « dépassé le pays des Ouaoua », ils finissent par déboucher sur la mer. « Là, une tempête a englouti le navire, fait périr tous les matelots, et lui-même a été jeté seul et nu par les flots sur le rivage d'une des îles bienheureuses où résident les ombres des morts. »

Cette île est gardée par un serpent gigantesque « et merveilleux » de trente coudées, avec une barbe de deux coudées et marchant sur deux jambes à la manière des hommes. Ses membres sont recouverts d'or, ses sourcils de lapis-lazuli, cette pierre d'un bleu intense, composée de lazurite. Il parle et raconte au naufragé qu'il est le souverain de Pount. Soixante-quinze autres serpents vivent avec lui, probablement ses enfants ou ses compagnons. Il « accepte gracieusement les hommages de l'Égyptien prosterné devant lui », puis questionne l'étranger sur sa naissance et le but de son voyage en lui conseillant de ne pas mentir, car il « sait tout de science divine ».

Après les explications du naufragé, le serpent lui annonce qu'il restera quatre mois dans l'île. Rien ne lui manquera. Il lui promet qu'un navire passera le chercher et qu'il pourra retourner dans son pays. C'est ce qu'il advient. Après lui avoir souhaité un bon retour, le serpent offre à l'Égyptien une riche cargaison des plus précieux aromates. Soudain, une étoile descendue du ciel « fut la source d'un embrasement ». Le naufragé ne retrouve des serpents « qu'un magma de cadavres ». Une fois embarqué sur le navire, il se retourne pour voir l'île merveilleuse : elle avait « disparu aux regards ». [5]

À l'origine, Pount était bien une grande île de l'océan Indien présentant

5 Fr. Lenormant, *Histoire ancienne de l'Orient*, A. Lévy, 1882, t. III, p. 67 ; J. de Morgan, *La Préhistoire orientale*, Librairie Geuthner, 1926, t. II, p. 251.

« un degré de développement avancé ». Ce foyer de culture est introuvable entre la Somalie, l'Arabie méridionale, l'Abyssinie, la Nubie ou le Haut Nil. On ne peut pas non plus le trouver au Mozambique ni en Afrique du Sud, même si ces pays ont globalement gardé le nom de Pount. L'île enchantée où l'on n'aborde que par le hasard des tempêtes était la terre divine des dieux égyptiens, entourée de l'océan primordial.

Pount restait habité

« Après la création, les eaux du Chaos Originel ne sont pas restées totalement inhabitées. » Noun « réside dans une Caverne aux profondeurs abyssales. C'est là que les dieux peuvent lui rendre visite ». [6]

Ces lieux souterrains font penser au continent austral, soumis au moins partiellement, selon un rythme annuel, à l'obscurité de la nuit polaire. « Ils ne se laissent approcher qu'une fois de nombreuses portes franchies ». Les mers australes et la banquise « entourent les terres émergées », où vivent misérablement des dieux n'ayant pas grand-chose à manger, faute de récoltes ou de bétail : « Périodiquement », après « un jeûne prolongé », « ils rompent l'immobilité du Chaos et s'envolent hors de cet espace ». Habillés de vêtements de plumes, sur des voiliers aux grandes ailes, « ils se transforment en oiseaux véritables, pour s'abattre sur l'Égypte comme des oiseaux migrateurs ». « Au moment où ils franchissent la limite qui sépare l'incréé de l'univers organisé, les rayons du soleil les atteignent. » [7]

Quittant le cercle polaire, ces migrants sont comme des revenants, ou des « ombres ». Pourtant, « ils ont des têtes humaines, et se parlent en langage d'hommes ». L'aspect que l'on prêtera aux morts, et la vie outre-tombe que l'on imaginera pour eux, est calqué tout naturellement sur l'apparence de ces dieux, comme débarqués d'une autre planète. Et pourtant, ils viennent de Pount, « Berceau du Monde », et de Noun, « L'Océan Primordial » qui l'entoure, devenu « les Eaux de la Mort ». [8]

6 D. Meeks et C. Favard-Meeks, *op. cit.*, pp. 140-1.

7 *Ibid.*

8 *Ibid.*

Figure 12. *Roche peinte égyptienne provenant de la XVIIIe dynastie, représentant en relief des soldats envoyés par la reine Hatshepsout en expédition en Terre de Punt pour rapporter les ingrédients nécessaires au rituel du temple.*
Le Temple mortuaire d'Hatshepsout, Deir-el-Bahari, Thebes (env. 1503-1482 av. J.-C.).

« Les premières mentions connues de Pount datent de la Ve dynastie. Les plus récentes attestations d'expéditions datent de la XXVIe dynastie. »[9] Sous la Ve dynastie, la pierre de Palerme dit qu'Our-djed-ba ramena un nain de Pount.

De nombreuses expéditions eurent lieu vers Pount pour rapporter diverses substances luxueuses, indispensables au culte des dieux, comme l'encens, la myrrhe et l'oliban. Sur un vase au nom du roi Téti, datant de la VIe dynastie, env. 2280 av. J.-C., conservé au musée de Berkley, on trouve une élégante figure représentant Pount. Une mention y est faite de l'antyou, l'encens.

On retrouve Pount principalement dans les inscriptions royales et des autobiographies privées relatant des expéditions. Certains auteurs se vantent, comme un certain Khou, « d'avoir suivi son maître onze fois au pays de l'encens ».

Des expéditions modestes ont donc eu lieu, d'autres, plus importantes, impliquant jusqu'à trois mille hommes. Dans les récits, il est toujours fait mention des richesses de ce continent. On en revient chargé de produits précieux comme du bétail, des longues dents d'ivoire, des blocs de bois, de la poudre d'or, des peaux de panthères, des œufs et des plumes d'autruche, des animaux rares, des félins en nombre.

Il nous est dit que la végétation y est abondante et variée. Les habitants de Pount vivent dans des cases sur pilotis. Ils ont les traits fins et les hommes portent des barbichettes.[10]

Les Égyptiens ont appelé Pount l'ensemble des régions lointaines situées en direction du pôle Sud, sur la côte africaine orientale et méridionale : ils firent des voyages pendant l'Ancien Empire, et même le Moyen Empire, puis le souvenir finit par s'estomper.

L'Égypte entretint longtemps des relations commerciales avec plusieurs contrées lointaines de l'océan Indien, où le climat était tropical ou tempéré, avant le Nouvel Empire.

9 P. Vernus et J. Yoyotte, *Dictionnaire des pharaons*, Éditions Noêsis, 1998, pp. 131-2.

10 « À la quête de Pount », *Archaeologia*, 96, juillet 1976.

Le vrai Pount, le continent austral, était devenu assez froid pour qu'on n'y trouve plus depuis longtemps encens, ivoire, autruches, panthères ou autruches.

Mais la vie restait possible malgré le froid et l'absence d'agriculture ou d'élevage, au moins sur une petite superficie du continent antarctique – celle située à l'opposé du pôle.

> Une seule contrée, le pays de Pount, situé quelque part au sud-est, fait exception. Pays des aromates, lieu d'origine du phénix, région lumineuse où le Soleil se lève [...] Pount se confond [...] avec la Terre des dieux.[11]

11 D. Meeks et C. Favard-Meeks, *op. cit.*, p. 140.

1.6 La Grèce

Les mythes rapportés par des auteurs comme Hésiode, Homère, Euripide et Eschyle, fruits d'une longue transmission orale, ne sont pas sans évoquer une terre originelle proche de celles observées dans les textes que nous avons déjà étudiés. La nuit, le froid, le vaste océan qui entoure une terre peuplée d'immortels en sont les éléments les plus troublants.

La nuit noire

Quand Hésiode et Homère évoquent la nuit, il s'agit d'une nuit noire, profonde et obscure, semblable à celle de régions polaires.

Hésiode serait né en Grèce au VIIIe siècle avant notre ère. Pour lui, il a fallu un bouleversement que les Grecs nomment Chaos pour qu'advienne la première nuit noire, sans soleil ni jour.

« Donc avant tout fut Chaos »,[1] ou abîme béant. C'est d'abord la nuit noire qui apparaît, puis Érèbe, un gouffre insondable où règne la mort. C'est ensuite que viennent l'éther et la lumière du jour.

Dans la mythologie polynésienne, les dieux étaient en colère contre Atea, le ciel obscur retenu à terre qui empêchait la lumière et la chaleur de se poser et de faire croître la vie. Au contraire, dans la théogonie, c'est le Ciel, Ouranos, qui déteste ses fils, nés de Terre, dont l'aîné est Cronos, qui n'est pas encore le maître du temps.

> *Leur père les avait pris en haine dès le premier jour.*
> *À peine étaient-ils nés,*
> *Qu'au lieu de les laisser monter à la lumière,*
> *Il les cachait tous dans le sein de la Terre.*
> *Et tandis que Ciel se complaisait dans cette œuvre mauvaise*
> *L'énorme Terre en ses profondeurs gémissait, étouffant.*[2]

1 Hésiode, *Théogonie, Les Travaux et les Jours* (éd. et trad. P. Mazon), Les Belles Lettres, 1928, v. 116, puis 123-4.

2 *Ibid.*, v. 154-9.

La Terre était dans les profondeurs, trop basse pour voir le soleil. Elle était « en dessous », « en bas » pour les Polynésiens. Chez Hésiode, elle est « en dedans ».

Le fameux mythe de l'émasculation d'Ouranos peut aussi passer au crible d'une lecture « polaire ». Quand Ouranos, le ciel étoilé, s'allonge de tout son long sur Gaia la Terre, Cronos, de connivence avec sa mère, lui coupe les parties génitales pour mettre fin à son règne tyrannique.

Et le grand ciel vint, amenant la nuit,
et, enveloppant la Terre, tout avide d'amour, le voilà qui s'approche [...]
Le fils, de son poste, étendit la main gauche, tandis que de la droite,
il saisissait l'énorme, la longue serpe aux dents aiguës ;
et, brusquement, il faucha les bourses de son père,
pour les jeter ensuite, au hasard, derrière lui.
Ce ne fut pas pourtant un vain débris qui, lors, s'enfuit de sa main.
Des éclaboussures sanglantes en avaient jailli ;
Terre les reçut toutes et, avec le cours des années,
elle en fit naître les Érinyes.[3]

En réalité, les enfants de la nuit prirent le large, emportés par des vents tempétueux, dans une mer aux furieux gonflements. Les débris ensanglantés des parties du père sont rouges, comme la lave des volcans en activité. Les habitants abandonnèrent un ciel inclément qui avait perdu sa fécondité. Ils remontèrent vers la lumière pour fuir les maux d'un pays devenu infernal et échapper à la mort.

Le ciel étoilé au-dessus de ses bras

Atlas donnera son nom aux monts d'Afrique du Nord et au-delà, à l'océan Atlantique. Hésiode dit de lui :

3 Hésiode, *op. cit.*, v. 173-85.

Figure 13. *Statue romaine d'Atlas supportant le monde* (Atlas Farnese), *IIe siècle apr. J.-C.*

Atlas, lui... aux limites mêmes du monde,
En face des Hespérides au chant sonore,
Soutient le vaste Ciel, debout,
De sa tête et de ses bras infatigables. [4]

Atlas est l'axe du monde. Il est le pivot vertical autour duquel la sphère céleste tourne chaque jour. Cette sphère idéale est liée aux étoiles, aux astres, dont la course est alors horizontale.

Un peu plus tard, au VIe siècle avant notre ère, pour Eschyle, Atlas sera celui qui « soutient sur son dos la Terre, et le Pôle Céleste ». Il est « debout aux rives du couchant, soutient sur ses épaules la colonne qui sépare le Ciel de la Terre ». [5]

L'axe de rotation de la Terre, et donc apparemment du ciel étoilé, est, au voisinage du pôle, près de la verticale. Il se nomme « colonne » supportant le ciel et lui sert de pivot, en un point effectivement appelé « Pôle Céleste » en cosmologie.

Euripide est un tragédien grec du Ve siècle avant notre ère. Il évoque à son tour les Hespérides, filles d'Atlas et nymphes du couchant. Pour les Méditerranéens, le couchant est situé dans l'Atlantique, au-delà de Gibraltar, soit par-delà les colonnes d'Hercule. Les Hespérides désignaient les îles du Cap-Vert.

Pour les auteurs grecs les plus anciens, d'autres îles étaient situées aux limites de l'océan et du ciel étoilé. Le pôle céleste y était dans une position proche de la verticale, de sorte que les marins n'avaient plus de route possible pour s'orienter par rapport aux astres. Ces Hespérides sont toujours qualifiées de « sonores » à cause des violents vents d'ouest, dans des latitudes dites « rugissantes », « mugissantes », « hurlantes ». Plus poétiquement, Euripide les nomme « musiciennes » :

4 Hésiode, *op. cit.*, v. 516-8.

5 Eschyle, *Tragédies* (éd. et trad. P. Mazon), t. I, Les Belles Lettres, 1941.

Je voudrais arriver à la côte des pommes,
Pays des Hespérides musiciennes,
Où Poséidon qui gouverne la mer,
N'a plus de route à montrer aux marins !
Car c'est là qu'il rencontre
L'auguste frontière du ciel soutenu par Atlas,
En la terre divine qui donne la vie,
Et accroît le bonheur des dieux. [6]

Les Enfers

Deux poèmes épiques ont immortalisé Homère, *l'Iliade* et *l'Odyssée*, au VIIIe ou IXe siècle avant notre ère, vers la même époque qu'Hésiode.

Les Enfers sont chez Homère le royaume d'Hadès. Pour y aller, il faut proprement descendre, ce qui veut autant dire descendre sous terre, que descendre vers le sud.

Pour qu'Ulysse accède aux Enfers, Circé le « guidera sur une route » maritime « périlleuse ». Il devra « élever son mât », et filer vent arrière cap au sud, en « abandonnant son navire au souffle de Borée », le froid vent du nord.

Il lui faut franchir l'océan pour arriver sur une terre aux forêts noires :

Là, s'élève un rocher,
Où le Cocyte, roulant lentement du lit du Styx,
Et le Phlégéthon enflammé,
Se rencontrant et confondant leurs eaux
Tombent éternellement dans l'Achéron
Avec un tumulte épouvantable. [7]

Le rocher évoqué ressemble à un volcan en activité qui déverse dans l'eau un flot de lave enflammée dans un vacarme effrayant.

6 Euripide, *Tragédies complètes* (éd. et trad. M. Delcourt-Curvers), Gallimard, 1962.

7 Homère, *L'Odyssée*, (éd. H. Béziat et trad. Dacier), Chant X.

Avant de s'enfoncer « au sein de l'empire ténébreux », l'équipage est « pénétré de tristesse ». Ils s'arrachent les cheveux en poussant des gémissements de désespoir, se laissent aller aux cris et aux larmes, ressentant la désolation de ces lieux.

Dans *l'Odyssée*, les abords de l'enfer sont également caractérisés par une brume épaisse, et une obscurité profonde. L'enfer est une terre sans soleil, à l'extrémité de la mer.

Et lorsque enfin le soleil disparaît,
Et que les ténèbres de la Nuit se répandent,
[Ulysse] touche à l'extrémité de la profonde mer.
Là sont les habitations des Cimmériens,
Toujours couvertes d'épais nuages et d'une noire Obscurité.
Jamais le soleil brillant n'y porte ses regards…
Une éternelle nuit enveloppe de ses voiles funèbres
Les malheureux habitants de ces contrées.[8]

Sans doute nous accordera-t-on que l'arrivée de l'embarcation d'Ulysse aux Enfers présente bien des ressemblances avec l'abordée d'un navire en Antarctique, en pleine nuit polaire.

Voici une description des Enfers par Hésiode :

Là sont côte à côte les extrémités de tout,
De la terre noire et du Tartare brumeux,
De la mer inféconde et du Ciel étoilé,
Lieux affreux et moisis qui font horreur aux dieux,
Abîme immense dont on n'atteindrait pas le fond,
Une année entière se fût-elle écoulée
Depuis qu'on en aurait passé les portes :
Bourrasque sur bourrasque vous emporterait,

8 Homère, *op. cit.*, Chant X.

Cruelle, tantôt ici, tantôt là, prodige effrayant
Même pour les dieux immortels.[9]

C'est un endroit affreux, invivable, lieu obscur où la mer ne nourrit pas, c'est un continent immense où les intempéries et les vents violents, toujours, emportent tout sur leur passage. Même les immortels sont impuissants dans ces contrées ténébreuses.

La nuit « porte en ses bras Sommeil, frère de Trépas. Là ont leur séjour les enfants de la Nuit obscure ».

À l'intérieur du cercle polaire, existe cette nuit obscure pendant quelques semaines ou mois par an, inconnue du reste de la Terre.Elle est au pôle jusqu'au solstice d'hiver, puis elle recule. Une obscurité semblable à la brume s'évanouit alors pour faire apparaître un soleil jamais ardent, sans nuit.

Jamais Soleil aux rayons ardents n'a pour eux un regard,
Qu'il remonte au Ciel, ou du Ciel redescende ;
L'un va, parcourant la Terre et le vaste dos de la Mer,
Tranquille et doux pour les hommes ;
L'autre [la nuit] a un cœur de fer, une âme d'airain,
Implacable, dans sa poitrine ;
Il tient à jamais l'homme qu'il a pris ;
Il est en haine même aux dieux immortels.[10]

Le froid et l'immortalité

Pour Hésiode, les enfants de la nuit polaire, dite encore « Nuit la Ténébreuse », personnifieront les maux dus au bouleversement et à la nuit glaciale qui s'ensuivit. Gaia est la terre des immortels maîtres des cimes de l'Olympe neigeux.

Le Prométhée d'Eschyle restera un temps enchaîné au pied du Caucase, jusqu'à ce qu'il soit délivré par Hercule. Il se fait ronger le foie sous un

9 Hésiode, *op. cit.*, v. 736 et suivants.

10 *Ibid.*

climat froid et impétueux qui fait penser à celui de l'Érèbe. Les habitants de ces régions « vivaient comme des fourmis », dans ce qu'on appellerait des grottes, « au fond d'antres sans soleil ». Ils ne connaissent point les saisons, car ils ne sortent pas de leur abri à cause des intempéries et de l'obscurité profonde. « Ils n'avaient point de signe sûr ni de l'hiver, ni du printemps fleuri, ni de l'été riche en fruits. »[11]

Et comme on retrouve le thème du froid, on fait de même avec celui de l'immortalité. Ainsi les Gorgones « habitent au-delà de l'illustre Océan, à la frontière de la Nuit, au pays des Hespérides sonores ». Elles sont éternelles. Elles ne « connaissent ni la mort, ni la vieillesse ».[12] Leurs dents sont aussi longues que des boutoirs de sanglier. Ici, il faut se souvenir des descriptions de morses polynésiennes.

Le seul fait de regarder Méduse en face change en pierre quiconque s'y aventure. Là, on peut traduire la transformation en pierre par la raideur caractéristique d'une mort par le froid.

Elle réside non loin du royaume des ombres.

L'océan

Les Océanides, à travers leurs noms, évoquent pour leur part des voiliers rapides et élancés, capables d'affronter toutes les mers. Il s'agit probablement des embarcations qui ont permis la fuite des hommes loin des terres ténébreuses et glacées évoquées dans la description des Enfers.

Parmi elles, Hésiode cite Iris « la Rapide », « Bourrasque », « Volevite », filles de Thaumas, « qui tiennent tête aux oiseaux et aux souffles des vents, avec leurs ailes rapides car elles s'élançaient dans les airs ».

Les « ailes de la nef marine » sont gonflées comme des joues, et teintes en jaune orangé. Ce sont les « Grées aux belles joues » ou « Enyô aux voiles safranées ». Cymodocée, « sur la mer brumeuse, sans peine apaise la houle et le souffle des vents furieux ».

Pour un Grec ayant la mer en horreur comme Hésiode, ce n'est pas la

11 Eschyle, *op. cit.*

12 Hésiode, *op. cit.*, v. 270-8.

Méditerranée qui est ici évoquée, ou bien le cabotage dans la mer Égée, mais très probablement l'Atlantique, cet océan qui est également « le Fleuve sans rival » jusqu'à ses extrêmes limites méridionales, c'est-à-dire jusqu'au cercle polaire.

Doris a une cinquantaine de filles, les Néréides. Hésiode les décrit « gentes » et « gracieuses », avec des « bras de rose », un « corps gracieux » et « blanc ». Elles « se plaisent au sourire », sont « divines et loyales ». Elles personnifient probablement les colonies riches, pacifiques, artistes, établies dans des îles ou des baies.

Le fleuve qui va coulant vers sa source

Hésiode évoque vingt-cinq filles issues du fleuve océan. Elles sont établies à des embouchures de fleuves tels le Nil ou le Pô. La dernière nommée et la première de toutes est Styx, la mer sacrée de l'Érèbe. Les morts y retournent pour rejoindre leurs ancêtres. Styx est la mer originelle.

Là [en enfer], réside une déesse odieuse aux immortelles,
La terrible Styx, fille aînée d'Océan,
Le fleuve qui va coulant vers sa source ;
C'est un bras d'Océan qui, du Fleuve sacré,
Ainsi coule, abondant, à travers la Nuit noire,
Il représente la dixième partie des eaux d'Océan ;
Avec les neuf autres, Océan s'enroule autour de la Terre,
Et du large dos de la mer avant d'aller se perdre dans l'onde salée.
[Styx] habite, loin des dieux, une illustre demeure,
Que couronnent des rocs élevés, et que, de tous côtés,
Des colonnes d'argent dressent vers le Ciel. [13]

L'océan austral entoure le continent antarctique. Un puissant courant, dont le débit est mille fois celui de l'Amazone, le draine d'ouest en est, de sorte qu'il se comporte comme un fleuve qui s'enroule autour du continent.

13 Hésiode, *op. cit.*, v. 736 et suivants.

La terre que garde le Styx est une côte rocheuse, bordée d'icebergs, avec des glaces brillantes comme de l'argent.

Quand elle voit son fils, la mère d'Ulysse, devenue ombre dans le royaume des morts, s'étonne de sa présence en ces lieux :

Comment es-tu descendu vivant dans ce Séjour de ténèbres ?
L'aspect en est interdit à ceux qui respirent.
De grands fleuves, de redoutables torrents,
Et avant d'y arriver une barrière immense, l'Océan,
Qu'on ne peut franchir sans le meilleur des vaisseaux,
Nous séparent.
Hâte-toi, remonte à la Lumière,
Et souviens-toi de tous ces secrets. [14]

Le secret de ces mystères était l'objet d'initiations, avec l'introduction de symboles. La réalité de l'existence des dieux des régions polaires était probablement difficile à imaginer en Grèce.

Mais leur influence ne semble pas négligeable.

Diodore de Sicile

De son côté, Diodore de Sicile, historien grec au Ier siècle avant notre ère, relate dans sa *Bibliothèque historique* l'histoire des Atlantes. Elles habitaient « un pays riche », et formaient « le peuple le plus civilisé » des pays voisins de l'océan. « C'est chez les Atlantes [...] que les dieux prirent naissance. » Les Atlantes étaient souvent attaquées par les odieuses Gorgones. Celles-ci furent finalement « exterminées par Hercule lorsque, dans son expédition de l'occident, il posa une colonne dans la Libye ».

Selon Diodore, du côté de la Libye, au-delà des colonnes d'Hercule, « on trouve une île dans la haute mer, d'une étendue considérable, et située dans l'Océan. Elle est éloignée de la Libye de plusieurs années de navigation, et située à l'occident. Son sol est fertile et montagneux », c'est un pays « d'une

14 Homère, *op. cit.*

grande beauté », « arrosé par des fleuves navigables ». De nombreux jardins y sont présents, ainsi que toutes sortes d'arbres et de vergers. « L'air y est si tempéré que les fruits croissent avec abondance pendant la plus grande partie de l'année. » Les Grecs de l'Antiquité tardive gardaient bien le souvenir d'un continent ancestral lointain, boisé et montagneux.

Ce pays était jadis heureux. Des récits plus récents se confondaient avec lui. Ainsi celui des colonies de l'Atlantique au climat agréable que convoitaient Persée, Bellérophon, Hercule, et qu'Ulysse entrevit. Est-ce bien là que se trouvait la terre d'origine des Atlantes, dans le littoral de l'océan ? Autrement dit, cette terre australe inconnue, tant et tant recherchée, était-elle, comme on le prétendait, « le Berceau des dieux » ?

Le berceau de l'humanité

Dans *l'Odyssée*, Homère appelle Ogygie l'île lointaine de l'océan Atlantique gouvernée par la reine Calypso. On sait que, prisonnier de ses charmes, Ulysse y demeurera pendant dix ans.

Entre 75 et 83 avant notre ère, l'historien grec Plutarque évoque curieusement Ogygie dans un dialogue de savants qui débattent sur la possibilité ou non de voir la lune habitée. [15]

Le Carthaginois Sylla y déclare, après avoir commenté les vers d'Homère : « Ogygie est une île située très loin dans la mer » et qu'elle se trouve à cinq journées de route vers le couchant, en partant des côtes de Bretagne. En continuant encore vers l'ouest, « on rencontre le grand Continent habité depuis longtemps par les Hellènes », celui qui s'appelle Nyctoros. Le dieu qui réside dans cette île « de la Nuit » est Cronos. Des jeunes gens lui sont envoyés en offrande tous les trente ans.

> Parmi ces ambassadeurs, ceux qui échappent au péril de l'océan abordent en premier lieu dans les îles situées au large du Séjour Divin. Ces îles sont une étape intermédiaire où les envoyés séjournent quatre-vingt-dix jours, considérés comme saints et salués comme tels.

15 Plutarque, « De la face qui paraît sur la lune », traité LXXI, *Œuvres morales*.

Puis, poussés par des vents favorables, ils atteignent enfin l'île d'Ogygie. Nul n'habite ce séjour sacré, sauf les « daimones » qui sont immortels. Le séjour obligatoire des voyageurs en ces lieux est de treize ans. Ceux qui décident de rester mènent une vie contemplative dans une nature merveilleuse. « La présence du dieu transforme en paradis ce coin perdu au milieu du Grand Océan. »

Cronos, ou Saturne, y est enfermé « dans les liens du Sommeil ». « Le Dieu repose dans une caverne où les parois ont l'apparence de l'or. » Les hommes qui décident de séjourner à Ogygie disposent tous en abondance de tous les biens nécessaires aux sacrifices. Ils sont à l'abri de « tout souci matériel ». Celui dont Sylla tient ce récit y a passé trente ans à étudier l'astronomie et les sciences physiques.

Il est intéressant de noter que le dictionnaire encyclopédique commente ainsi ce texte : « Le problème soulevé par l'île d'Ogygie n'est pas de caractériser la société idéale selon Plutarque – une académie de savants et de philosophes honorant la divinité et jouissant de tous les biens naturels – mais bien plutôt de savoir quelles ont pu être les sources de l'auteur. Il donne une description précise de la nuit polaire, qui ne peut procéder de l'imagination pure. »

Est-ce Ogygie qu'évoque Homère quand il parle du berceau de l'humanité ?

Illustres enfants de la Terre et du Ciel,
Aïeux de nos pères, qui habitez au sein de la Terre,
Tige et origine du triste genre humain…
Car toute génération de ce monde sort de vous… [16]

16 Homère, *Hymne orphique aux Titans*, dans *Hymnes homériques* (trad. P. Mazon), Librairie Garnier, 1937.

1.7 Rome

Ovide

Dans *Les Métamorphoses,* [1] quand Ovide, poète latin du Ier siècle, raconte la naissance du monde, le chaos qu'il décrit n'est pas sans évoquer lui aussi la terre polaire australe.

D'abord, rien ne semble exister d'autre qu'une « masse informe et confuse », un « entassement d'éléments mal unis et discordants ». Le soleil n'éclaire pas encore la terre de ses rayons puisqu'« il n'y avait pas encore de Titan pour donner sa lumière au monde ». Aussi, l'air est « privé de lumière ». La terre tremble sans trouver son équilibre. Elle est « instable » comme peut l'être la banquise.

La mer qui entoure cette terre sans équilibre est elle-même « impropre à la navigation » à cause des glaces qui flottent à sa surface. La mer se retrouvait dans les terres sans rivage défini. Les éléments qui sont à l'origine du monde étaient en perpétuelle métamorphose. Ils étaient constamment soumis au changement provoqué par la lutte du froid extrême et du chaud intense.

Aucun élément ne conservait sa forme,
Chacun d'eux était un obstacle pour les autres,
Parce que, dans un seul corps,
Le froid faisait la guerre au chaud,
L'humide au sec, le mou au dur, le pesant au léger.

Le froid glacial côtoyait les volcans brûlants. L'eau se transformait en neige molle, ou bien encore en « bloc inerte » de glace dure. Rien ne pouvait conserver sa forme jusqu'à ce qu'un dieu mette de l'ordre à ces éléments embrouillés en éloignant les Ténèbres, ou l'obscurité.

La nuit et le jour ont alors une place distincte qui leur est attribuée. « La concorde et la paix » dans laquelle ils se trouvent désormais les empêcheront d'occuper le même ciel en même temps.

1 Ovide, *Les Métamorphoses* (éd. et trad. G. Lafaye), Les Belles Lettres, 1980.

Un dieu, avec l'aide de la nature en progrès,
Mit fin à cette lutte :
Et il assigna un domaine au Ciel limpide,
Un autre au Ciel épais.
Après avoir débrouillé ces éléments
Et les avoir tirés de la masse ténébreuse,
En attribuant à chacun une place distincte,
Il les unit par les liens de la concorde et de la paix.

Après cette période de chaos dans le cercle polaire avec sa nuit ténébreuse, Ovide indique sans ambiguïté le caractère insulaire du continent antarctique originel. Ses rivages sont ceinturés par les mers australes qui sont soumises à des vents très violents.

L'eau répandue alentour emprisonna le monde solide.
Puis [le dieu] ordonna aux mers de se répandre,
De s'enfler au souffle furieux des vents,
Et d'entourer d'une ceinture les rivages de la Terre.

Ovide, quand il sépare la terre entière en cinq régions, sait qu'aux pôles, les neiges envahissent les terres. Il est assez bon géographe pour reconnaître les différentes zones climatiques du monde :

L'ardeur du soleil rend celle du milieu insupportable ;
Deux autres sont recouvertes de neiges épaisses ;
Entre elles, il en plaça encore deux,
À qui il donna un climat tempéré,
En mélangeant le chaud et le froid.

Ovide n'ignorait donc pas qu'une zone « frigide » antarctique faisait le pendant à la région arctique septentrionale. La description par Ovide du voyage de Mercure chez Atlas est intéressante dans le cadre d'une recherche sur l'évocation des terres polaires dans les textes anciens.

La nef rapide, avec ses voiles « dorées », longe les côtes africaines, et les monts qui prendront le nom d'Atlas. En fait, elle gagne le continent austral « chargé » de « ténébreuses vapeurs », « hérissé de glaces », « blanchissant sous la neige entassée », « battu sans cesse par les vents » des mers australes, où passe l'axe du monde.

Là, Ovide évoque le soleil – le monstre Argus – éclairant tout autour de l'horizon vers le solstice d'été, à l'intérieur du cercle polaire ; puis sa descente lente, au voisinage de l'horizon, jusqu'à sa complète disparition entraînant la nuit polaire :

Argus avait une tête entourée de cent yeux,
Ils se reposaient à tour de rôle par groupes de deux à la fois ;
Tous les autres veillaient et restaient en faction.
Il fait le guet dans tous les sens.
Le dieu Mercure, alors,
Enveloppa la terre dans une nuée ténébreuse,
II retient sous le charme de sa parole le jour qui s'enfuit ;
Et avec la mélodie de ses roseaux assemblés,
II essaye de vaincre les yeux vigilants.
Le monstre cependant lutte pour vaincre les douceurs du sommeil,
Et si certains de ses yeux sont déjà assoupis,
Les autres veillent encore.
Tous les yeux d'Argus succombant de sommeil s'étaient fermés.
Mercure s'exclame :
« Argus, te voilà gisant,
La lumière dont tu animais tous tes regards s'est éteinte,
Et tes cent yeux sont plongés dans la même Nuit. »

Pomponius Mela

Pomponius Mela, auteur espagnol du Ier siècle de notre ère, évoque de façon précise la région toute voisine du pôle, loin à l'intérieur du cercle polaire, avec une précision véritablement troublante :

Ils ne voient pas comme nous le soleil
Se lever et se coucher tous les jours ;
Mais ils jouissent de sa présence à l'horizon
Depuis l'équinoxe de printemps jusqu'à l'équinoxe d'automne.
Ils ont, pour cette raison,
Un jour qui dure six mois,
Et une nuit d'égale durée ! [2]

Pour pouvoir affirmer cela, l'auteur doit nécessairement avoir profité d'un témoignage direct de ces conditions de vie si particulières. Sans avoir été au pôle lui-même, ni un de ses compatriotes, ce témoignage ne peut provenir que du passé.

2 Pomponius Mela, *De situ Orbis*, cité par J. Malaurie dans *Ultima Thule*, Éditions Bordas, 1990, p. 8.

1.8 L'Inde

Après avoir exhumé sans mal au sein des cultures grecques et latines tant de traces troublantes d'une origine australe, on ne s'étonnera pas d'en découvrir d'autres inscrites au cœur des civilisations indienne et mésopotamienne.

La vallée de l'Indus se trouve sous les tropiques. Le soleil se lève et se couche quotidiennement, sa trajectoire coupant l'horizon sous un angle de 60 à 70°. Les textes parlant de la terre des ancêtres contredisent pourtant cette observation familière : « le Jour et la Nuit forment ensemble une année, pour les habitants de cet endroit [...] Ce qui est une année n'est qu'un seul jour des dieux. »[1] « Ils considèrent comme un jour ce qui est une année. »[2]

L'Airyana Vaêjo, pays d'origine des Iraniens, était un endroit rendu inhabitable par la glaciation : « En ce lieu, le soleil ne se levait et ne se couchait qu'une fois par an. L'année ressemblait à un jour pour les habitants de cet endroit. »[3]

L'endroit dont il est question ne peut se trouver qu'à l'intérieur du cercle polaire. Aux Indes comme en Perse, le foisonnement de dieux inventés pour des fables sans fin contraste avec la simplicité sous-jacente : la nuit polaire terrifiante alterne avec le jour polaire tout de même rassurant, car il succède à une interminable obscurité. Un petit récapitulatif des plus importantes divinités va nous permettre de mieux suivre par la suite les récits mythologiques de cette partie du monde.

La mer de Vourou-Kasha est le nom de l'océan primordial et Airyana Vaêjo celui du continent originel qui était autrefois un paradis. Vritra est le dieu guerrier des manifestations géologiques violentes, le serpent couché sous les eaux, retenant celles-ci prises dans la glace. Vritra est aussi le chef des démons de la nuit, les Rudra et les Marut qui sont les terribles guerriers des volcans en activité. Indra, le jour vainqueur de la nuit, est l'adversaire de

1 *Taittirîya Brâhmana*, III, 9,22,1, cité par L. B. G. Tilak, *Origine polaire de la tradition védique*, Arché, 1979.

2 *Vendidad*, II, 40, cité par L. B. G. Tilak, *op. cit.*

3 L. B. G. Tilak, *op. cit.*, p. 76.

Vritra. D'autre noms existent pour désigner les mêmes choses. Ainsi Varuna sera le dieu de la longue nuit, alternant annuellement avec Mitra, le long jour lui succédant insensiblement, ou encore Angra Mainyu, le destructeur, chef des Daêvas sera l'ennemi d'Ahura Mazda, le jour qui succèdera à la nuit et la vaincra.

La nuit et l'obscurité

« Ô vaste et obscure nuit, dont on ne voit pas la fin ! Fait que nous atteignons ta fin sans dommage ! »[4]

« Aditi, Mitra, ainsi que Varuna, pardonnez si nous avons commis des fautes envers vous ! Faites que j'obtienne la grande Lumière exempte de peur, Ô Indra ! Faites que la longue obscurité ne tombe pas sur nous ! »[5]

L'aube

« Les prêtres, autrefois, avaient peur que l'aube ne se termine pas, ne soit pas suivie du lever du soleil. »[6]

Dans les régions polaires, l'aube, loin de déboucher sur un soleil éclatant, se prolonge sans fin et reste dans un état apparent de latence : Les aubes « ne sont pas séparées et n'ont pas de fin ».[7] « C'était indifférencié, ni jour, ni nuit. »[8]

Lorsque la lumière du jour apparaît, elle n'est pas très différente de l'obscurité de la nuit. L'astre du jour ne transperce pas l'horizon. La lumière du ciel n'est ni claire, ni sombre.

L'aube, tournant quotidiennement sous l'horizon, est un peu plus claire au nord qu'au sud. Ainsi, le crépuscule du soir et le crépuscule du matin sont deux sœurs jumelles, Ushâsanaktâ et Naktoshâsa, et les petites avancées répétées de l'aube sont comparées à de successives avances amoureuses :

4 *Atharva Véda*, XIX, 47, cité par L. B. G. Tilak, *op. cit.*

5 *Rig Véda*, II, 27, 14, cité par L. B. G. Tilak, *op. cit.*

6 *Taittirîyana Sâmhita*, cité par L. B. G. Tilak, *op. cit.*

7 *Taittirîya Brâhmana*, II, 5-6, cité par L. B. G. Tilak, *op. cit.*

8 *Rig Véda*, VI, 59, 6, cité par L. B. G. Tilak, *op. cit.*

Ces jours-là étaient nombreux, précédemment au lever du soleil,
desquels, comme vers un amant, avançant, Ô Aube,
tu était vue, comme s'abandonnant. [9]

Beaucoup de jours s'écoulaient entre
l'apparition des premiers rayons du matin et le lever du soleil [...]
Ces jours étaient fidèlement courtisés par l'aube. [10]

Le soleil tourne inlassablement au-dessous de l'horizon si l'on vit à quelques degrés du pôle. Cette aube merveilleuse tourne comme la roue du potier autour d'un axe voisin de la verticale : elle tourne sur l'axe du monde. « Ô Aube nouvelle ! Continue à tourner comme une roue. »[11]

Le retour du jour

La réapparition du jour, puis du soleil sera la victoire d'Indra (ou Mitra) contre l'obscurité glacée, Vritra (ou Varuna). Les fleuves et l'océan sont libérés des glaces. Celles-ci sont comparées au beurre, pour faire le pendant au lait caillé, représentation d'une banquise qui part en petits morceaux, fondant sous la chaleur : « À Mitra la crème qui se forme sur le lait et à Varuna, le beurre fabriqué par le barratement. »[12] « Indra a frappé Vritra qui retenait les eaux [...] Il a vaincu le dragon couché sur les eaux [...] Indra, le tueur de dragon, mit en mouvement les eaux de la mer, engendra le soleil et découvrit les vaches. »[13]

On se rappelle que les vaches symbolisaient, pour les Polynésiens, les nuages lumineux accompagnant le soleil Rongo, encore faible, dans sa lente croissance. Elles ne sont donc présentes que pendant le jour polaire de plusieurs mois.

9 *Rig Véda*, VI, 76, cité par L. B. G. Tilak, *op. cit.*

10 L. B. G. Tilak, *op. cit.*, p. 89.

11 *Rig Véda*, III, 61, 3, cité par L. B. G. Tilak, *op. cit.*

12 G. Dumézil, *Les dieux souverains indo-européens*, Gallimard, 1977, p. 66.

13 Extraits du *Rig Véda*, cité par L. B. G. Tilak, *op. cit.*

Selon Tilak, les vaches symbolisent justement les mois du jour polaire. Ainsi, les *dashgvas*, dix vaches, et les *navagvas*, neuf vaches, sont les principales familles des Angiras. « On trouve dans le *Rig Véda* des témoignages d'une année qui consistait autrefois en sept mois, [...] ou bien une année de dix mois. »[14]

Les mois qui manquent sont ceux de l'obscurité polaire. En fonction de la distance du pôle, il faut retrancher un nombre plus ou moins important au total de douze. Les vaches retrouvées lors du retour de la lumière sont les mois de l'année où le soleil se montre.

Ainsi Agni est loué « pour avoir tué les démons, vaincu l'obscurité par la lumière, et trouvé les vaches, l'aube et le soleil ».[15]

Par la suite, deux mois de nuit épaisse seront retranchés du décompte annuel et cela subsistera jusqu'à la fondation de Rome, avec la réforme de Numa, au VIIIe siècle avant notre ère, décembre étant jusque-là le dixième et dernier mois de l'année. Les Romains complèteront l'année avec janvier, dédié à Janus, et février, voué aux morts.

Les textes louant la fonte des glaces surabondent, ainsi que ceux qui proclament la mort annuelle du dragon caché dans ses profondeurs.

L'île des bienheureux

Dans *La révolte contre le monde moderne*, Julius Evola cite deux passages du Rig-Véda où le roi Yima, fils du soleil, est « le premier parmi tous les êtres à avoir trouvé le sentier de l'au-delà ».[16] Il est appelé « Celui qui est allé au-delà d'une grande étendue de mer ».[17] En fait, il a pu traverser l'océan primordial.

Evola évoque dans la tradition hindoue l'habitat symbolique des bienheureux et la terre des vivants, une île ou règne Narayâna qui est splendeur et feu.

14 L. B. G. Tilak, *op. cit.*, p. 160.

15 M. Muller, *Contributions to the Science of mythology*, vol III, 1897, p. 761

16 *Rig Véda*, X, 14, 1, cité par L. B. G. Tilak, *op. cit.*

17 *Rig Véda*, X, 10, 1, cité par L. B. G. Tilak, *op. cit.*

On y trouve, comme dans les autres civilisations, l'évocation d'une montagne élevée, le mont Méru : « Par son éclat, la montagne triomphe de l'obscurité, de sorte que la nuit peut à peine être distinguée du jour. »[18]

Ce mont élevé, couvert de glaces réfléchissantes, profite plus que les plaines des rayons rasants du soleil. Il les reflète même pendant que celui-ci disparaît aux yeux, légèrement sous l'horizon. Situé sur l'île originelle, il nous fait penser, là aussi, à l'Antarctique.

18 *Taittirîya Brâhmana*, III, 9, 22, 1, cité par L. B. G. Tilak, *op. cit.*

1.9 La Mésopotamie

On aurait bien tort de laisser à l'écart la Mésopotamie, berceau de civilisations, dans nos interrogations quant au continent austral et ses habitants disparus. Les Sumériens y sont apparus mystérieusement, apportant une étonnante civilisation, raffinée, totalement étrangère et inédite dans ces régions d'Asie occidentale.

D'où venait ce peuple civilisateur? A-t-il traversé l'océan primordial évoqué dans les textes historiques? Est-il originaire du continent Dilmun, reconnaissable par ses hautes montagnes et ses vastes forêts?

Les influences d'un peuple venu de loin

L'art et l'architecture, ainsi que les centres culturels retrouvés sur les sites archéologiques entre le Tigre et l'Euphrate, révèlent « l'invasion d'un peuple doué et très évolué ». L'essor culturel qu'a connu cette région a été aussi « soudain que prodigieux ».[1]

Les objets découverts sont décorés de thèmes figuratifs ou non, stylisés avec élégance, sobriété, mouvement et vie. On n'y trouve aucune scène de combat. Les représentations de navires sont innombrables avec de grosses embarcations de bois, des totems portant des disques solaires ou lunaires, ponts et voiles, ancre ronde de mouillage. Les poteries montrent des coques schématisées rectangulaires. Étraves et étambots sont symétriques, des rames sont dessinées à la verticale. Ces rames ont été interprétées à tort comme des peignes ou des nuages de pluie.

Même s'il est « difficile de croire qu'un peuple entier ait passé l'océan »,[2] force est de constater que des marins ont bien débarqué en ces lieux.

Ces étrangers étaient chasseurs, éleveurs, agriculteurs, métallurgistes, artistes et constructeurs. Leurs costumes devaient les protéger du froid de leur région d'origine : ils portaient des robes et des bonnets de laine, des jupes à frange c'est-à-dire en plumes alignées et superposées. Les figurines à

1 H. Frankfort, *La Royauté et les dieux*, Payot, 1951, pp. 30 et 53.

2 *Ibid.*, p. 53.

Figure 14. *Statuette de prêtresse coiffée du polos et tenant un rameau en signe de joie. Époque sumérienne, dynastie archaïque III. Env. 2450 av. J.-C. Site : Mari, temple d'Ishtar.*

lunette présentaient des visages sérieux et pieux. Leurs énormes yeux à pupilles dilatées évoquent l'obscurité de la nuit.

Les Anunnaki sont sans conteste ces civilisateurs brusquement débarqués sur les terres mésopotamiennes :

Les Anunnaki, les grands dieux, chez toi ont établi leur résidence
Dans tes vastes bosquets, ils consomment leur nourriture !
O, maison de Sumer ! que tes étables soient nombreuses !
Que tes vaches se multiplient ! Que tes bergeries soient nombreuses !
Que tes moutons se comptent par myriades !
Que chez toi les Anunnaki décident les destinées ! [3]

Sur leur continent d'origine, ces dieux « ignoraient le pain pour se nourrir [...] les vêtements pour se vêtir ». Ils « mangeaient les plantes avec la bouche, tels des moutons » et « buvaient l'eau des fossés ». Et pourtant, ils ont débarqué « dans la maison de Sumer » avec une civilisation d'une étonnante richesse et d'un grand raffinement. Leur terre d'origine ne leur permettait plus de vivre dans les conditions qu'ils connaissaient auparavant. Ils ont dû la quitter après un changement climatique rendant difficile sinon impossible la vie sur leur « Montagne » d'origine. [4]

Enki, le créateur de l'humanité

Enki pour les Sumériens, Eâ pour les Babyloniens et Oannès pour le prêtre Bérose, dans son histoire de la Babylonie, env. 325 av. J.-C., il est représenté, sur des sculptures, coiffé par une tête de poisson qui lui recouvre le dos. C'est l'accoutrement classique des prêtres officiants.

Selon Bérose :

Du temps que les hommes vivaient comme des animaux,
une créature extraordinaire, qui s'appelait Oannès,

3 S. N. Kramer, *L'Histoire commence à Sumer*, Arthaud, 1957, p. 137.

4 *Ibid.*, p. 154.

AO 18213

Figure 15. *Sculpture sumérienne (env. 2750-2650 av. J.-C.) représentant un homme priant et une femme tenant des gobelets, provenant de Tell Asmar, Iraq.*

sortit des eaux du golfe Persique.
Son corps était celui d'un poisson, mais en dessous de la tête de la bête,
il y avait sa propre tête d'homme, et des pieds qui doublaient la queue
du poisson.
Oannès passait le jour parmi les hommes.
Il leur enseignait les lettres, les sciences, les arts, les lois,
La construction des cités et des temples, et la géométrie.
Il les initia à l'agriculture et à tout ce qui pouvait améliorer la vie.
Et depuis lui, on n'a rien inventé qui vaille la peine d'en parler.
La nuit, il retournait à la mer.

Il s'agit vraisemblablement d'un marin, affublé d'une peau de phoque, pour se protéger du froid.

Les arrivées des navires du continent austral resteront signifiées par une expression rigoureusement récurrente : « La royauté descendit du ciel », c'est-à-dire de la montagne céleste Kur.

Kur, la montagne originelle

« Sept anciens » (*apqalû*) étaient « descendus des cieux. » Ils avaient alors fondé quelques grandes villes de l'histoire sumérienne : Ur, Nippur, Eridu, Kullab, Kesh, Lagash, et Shuruppak. Des sanctuaires sont aussitôt édifiés, des ziggourats, à l'image de la montagne Kur.

À Ur, au sanctuaire, il est venu, Enki, Roi de l'abîme,
Et il en décrète le destin !
Estrade de l'abondance du pays, ô verdoyante comme la montagne !
Puissent tes lois divines, parfaites, être parfaitement promues !
Le grand mont Enlil, au ciel et sur la terre, a prononcé ton nom glorieux !
Cité dont le destin a été décidé par Enki,
Ô Ur, ô sanctuaire ! Puisse-tu t'élever jusqu'au ciel ![5]

5 S. N. Kramer, *op. cit.*, p. 138.

Figure 16. *Le dieu Enki / Êa, sur un bas-relief assyrien du palais de Nimrud.*

En Mésopotamie, à Eridu, l'actuelle Tell Abu Sharaïn, on a retrouvé un cimetière d'un millier de tombes dirigées vers le sud-est ainsi qu'une ziggourat à deux étages haute de 24 m.

Ces édifices religieux faits de superpositions de plates-formes de dimensions décroissantes sont nombreux en Mésopotamie. Parmi les plus notables, la ziggourat d'Uruk, l'actuelle Warka, de 56 m sur 50 accompagnée par 800 tours circulaires, sur près de 10 km. Celle d'Ur mesure 43 m sur 65 et celle de Kish, 90 m sur 50.

Les ziggourats sont de la même famille que la pyramide de Saqqarah de la IIIe dynastie en Égypte, que les téocallis mexicains, les wakas péruviens ou les marae polynésiens. Toutes ces constructions sont à l'image de la montagne Kur (ou Ekur) du continent originel.

Sanctuaire où habite le Père, le Grand Mont !
Estrade d'abondance, Ekur qui s'élève !
Maison d'Enlil, Montagne de fertilité !
Haute Montagne ! Noble localité !
Son prince, le Grand Mont, le père Enlil,
A établi sa demeure sur l'Estrade de l'Ekur,
Sublime Sanctuaire ![…]
Pasteur toujours en mouvement !
Enlil, dont les ordres parviennent au loin, à la parole sainte !
Le seigneur à la décision immuable qui décrète à jamais les destinées !
Lui dont les yeux levés parcourent le Pays !
Enlil qui est assis au large sous la blanche Estrade
Sous l'Estrade Sublime !
Lui devant qui les dieux de la Terre s'inclinent terrifiés,
Devant qui s'humilient les dieux du Ciel !
C'est Enlil, le digne Pasteur toujours en mouvement !
Ekur, maison de lapis-lazuli, haute demeure qui fait trembler,
Dont le respect et la terreur touchent au Ciel,
Dont l'ombrage s'étend sur tous les pays,
Dont la hauteur atteint le cœur du Ciel,

Où les seigneurs et les princes apportent leurs dons sacrés, leurs offrandes,
Viennent réciter leurs prières, leurs suppliques, leurs pétitions ![6]

Kur est un endroit sacré parce que les lois divines y ont été données au Père, Enlil. La haute montagne est devenue le « cœur » du ciel, l'axe du monde en passant par le zénith. Enlil, qui est aussi le soleil, tourne dans le ciel au-dessus de l'horizon et règne sur les dieux terrorisés.

Descente de l'astre solaire aux enfers

La disparition du soleil est décrite sous la forme symbolique de la descente de la déesse solaire aux Enfers. Ce moment correspond à la disparition totale du soleil autour du solstice d'hiver, au voisinage du pôle Sud. L'astre du jour descend lentement sous l'horizon et y reste longuement invisible. Le même phénomène se renouvelle chaque année et est suivi d'une longue période de jour au cours de laquelle non seulement le soleil refait surface, mais se remet à tourner dans le ciel sans se coucher.

Le souvenir de cette expérience vécue par les ancêtres sur la terre d'origine restera gravé dans les écritures.

Les Mésopotamiens appellent le soleil Enlil ou Ninlil, ou bien Inanna ou Ishtar. La mésaventure que connaît Inanna est éloquente sur bien des points.

Depuis le Grand En-Haut, Inanna dirigea sa pensée vers le Grand En-Bas !
Inanna abandonna le Ciel, abandonna la Terre, au monde des Enfers elle descendit !
Elle abandonna la Seigneurie ! Elle abandonna la suzeraineté !
Au monde des Enfers elle descendit !
Les sept lois divines, elle les attacha contre elle.
Elle rassembla toutes les lois divines, et les prit dans sa main.
Toutes les lois, elle les plaça à son pied.
La shugurra, *la couronne de la Plaine, elle la posa sur sa tête.*

6 S. N. Kramer, *op. cit.*, pp. 134-5.

Les boucles de cheveux, elle les fixa sur son front.
La baguette et le cordeau à mesurer de lapis-lazuli, elle les serra dans sa main.
Les petites pierres de lapis-lazuli, elle les noua autour de son cou.
Les pierres jumelées, elle les accrocha à son sein.
L'anneau d'or, elle le plaça à sa main.
Le pectoral « Viens ! Homme ! Viens ! », elle le fixa sur sa poitrine.
Avec le vêtement de seigneurie, elle couvrit son corps.
Le fard « qu'il approche ! Qu'il approche ! », elle l'appliqua sur ses yeux.
Inanna se dirigea vers les Enfers !

Tous ces précieux attributs symbolisent la puissance et la brillance du soleil avant sa descente infernale.

Quand Inanna fut arrivée au Palais, à la Montagne de lapis-lazuli,
À la porte des Enfers, elle se comporta hardiment,
Devant le Palais des Enfers, elle parla hardiment :
Ouvre la Maison, Néti, ouvre la maison ! Toute seule j'y entrerai !
Neti, le Chef Portier des Enfers,
Répondit à la divine Inanna : Qui es-tu, je te prie ?
Je suis la Reine du Ciel, le lieu où le Soleil se lève !
Si tu es la Reine du Ciel, le lieu où le Soleil se lève,
Pourquoi donc, je te prie, es-tu venue au Pays sans retour ?
Sur la route dont le voyageur ne retourne jamais,
Pourquoi ton cœur t'a-t-il mené ?

Comme il est normal, le pays d'où l'homme a été chassé du fait de sa nuit polaire interdisant végétation et vie, où l'on ne put revenir, devint celui où retournaient les âmes des morts.

À la divine Inanna, il dit : Viens, Inanna ! Entre !
Et lorsqu'elle entra, la shugurra, *la couronne de la Plaine, fut enlevée de sa tête.*

Qu'est-ce là ? Je te prie ! dit-elle.
Garde le silence, Inanna ! Les lois des Enfers sont parfaites !
Ô Inanna ! Ne désapprouve pas les rites des Enfers !
Quand elle franchit la deuxième Porte,
La baguette et le cordeau à mesurer de lapis-lazuli lui furent enlevés.
Qu'est-ce là ? Je te prie ! dit-elle.
Garde le silence, Inanna ! Les lois des Enfers sont parfaites !

Le récit reprend inlassablement le même thème, pour les portes suivantes.

Les petites pierres de lapis-lazuli furent enlevées de son cou,
Les pierres jumelées furent enlevées de son sein,
L'anneau d'or fut enlevé de sa main,
Le pectoral « Viens ! Homme ! Viens ! » fut enlevé de sa poitrine,
Quand elle franchit la septième Porte,
Le vêtement de seigneurie fut enlevé de son corps.
Courbée, très-bas, elle fut amenée nue devant Ereshkigal !

L'éclat, les couleurs du ciel et des montagnes éclatantes de glace, colorées de neige ont disparu avec le départ du soleil. Le disque solaire a glissé inexorablement sous l'horizon en entrant dans le sombre royaume. Inanna semble être tombée dans un piège où elle s'est retrouvée impuissante et absolument vulnérable. Elle s'est proprement fait manipuler par Néti qui a enlevé un à un ses attributs royaux et ses vêtements jusqu'à ce qu'elle se retrouve totalement nue.

On arrive au centre de la nuit polaire. La déesse solaire est au plus bas de sa course derrière l'horizon : elle est nue et sans éclat. Les innombrables représentations d'Inanna en déesse nue connaîtront une incroyable diffusion depuis le Proche-Orient jusqu'en Europe. Elles circuleront sous la forme d'amulettes, de statuettes, de gravures, de peintures ou de statues-menhirs. De petits points entourant son cou et ses poignets seront la marque de ses bijoux abandonnés.

Le mauvais sort des Anunnaki

Des démons s'acharnent sur Inanna ainsi que sur ses compagnons et protégés que sont les dieux Anunnaki. Ces démons sont le froid, l'obscurité, la faim, la maladie et la détresse. Les Anunnaki s'adressent à la déesse solaire et lui décrivent les misères et les maux qu'ils ont subis à cause de sa disparition :

Quand Inanna fut sur le point de remonter des Enfers,
Les Anunnaki s'emparèrent d'elle, et lui dirent :
Qui, d'entre ceux qui sont descendus aux Enfers,
Est jamais remonté indemne ?
Ceux qui l'accompagnaient, ceux qui accompagnaient Inanna,
Etaient des êtres ne connaissant pas la nourriture,
Ne connaissant pas l'eau,
Ne mangeant pas la farine saupoudrée,
Ne buvant pas l'eau des libations,
De ceux qui enlèvent l'épouse du giron de l'homme,
Et arrachent l'enfant du sein de la nourrice.

Les Anunnaki se sont retrouvés au plus profond de la nuit infernale, dépouillés de tout, famille et nourriture. Plus de vie familiale ou conjugale, quand ne reste plus que l'instinct de survie. Ils étaient sans espoir de renaître à la lumière du jour.

Le retour du soleil

Inanna finira par remonter des Enfers. Tous ses attributs lumineux et resplendissants lui seront rendus. Ses ornements, ses bijoux, ses couleurs et l'éclat avec lequel le soleil habillait la montagne glacée, la plaine couverte de neige et les nuages élevés seront restitués à la nature admirable qui en avait été dépossédée. À son retour dans le ciel, le soleil changera de nom : Inanna ou Ishtar devient le dieu Inti. La déesse des Enfers deviendra le dieu Nergal et le dieu lunaire Dumuzi sera la déesse Sin.

Le style dans lequel le cataclysme est décrit est celui des lamentations rituelles. Les passages sont répétitifs et interminables et sont en cela à l'image de cette obscurité qui sera suivie d'une aube à son tour interminable, l'aube d'un jour sans fin.

Dans la version babylonienne de la descente aux Enfers, Inanna est Ishtar, qui règne dans le ciel avec gloire et allégresse, au moins pendant le jour polaire. Soudain :

Vers la Terre sans retour, la déesse Ishtar,
Fille de Sin, appliqua son oreille.
Vers la maison des Ténèbres, la demeure de Nergal,
Vers la maison d'où celui qui entre ne sort pas,
Vers la route dont l'aller n'a pas de retour,
Vers la maison où l'entrant manque de lumière,
Vers ce lieu où ceux qui habitent ont la poussière pour aliment,
et la boue pour nourriture,
Où ils ne voient pas le jour et demeurent dans les ténèbres,
Où ils sont vêtus comme l'oiseau d'un vêtement d'ailes…[7]

La description est claire : le froid obligeait les Annunaki à confectionner des vêtements de plumes, en sorte qu'ils semblaient avoir des ailes, comme des oiseaux.

En Mésopotamie, les dieux continueront à être représentés ainsi, avec une ou deux paires d'ailes. Les costumes des dieux seront nettement dessinés ou sculptés avec une superposition de rangs de plumes horizontales, chaque rang recouvrant celui d'en dessous ainsi qu'il convient pour assurer l'étanchéité, en plus de la chaleur.

Ishtar est introduite auprès de la Reine des Enfers, Ereshkigal. Dans ce pays devenu misérable, « On mange de la boue… en guise de nourriture », la femme est « enlevée » à son mari, les enfants le sont à leurs parents. Comme Inanna, Ishtar franchit successivement sept portes. Chaque fois, le Chef Portier la dépouille, et elle finit nue.

7 G. Contenau, *Le déluge babylonien*, Payot, 1952, pp. 219-20.

Aussitôt que la déesse Ishtar fut descendue
Dans le pays d'où l'on ne revient pas,
Et qu'elle vit Ereshkigal, sa présence lui fit perdre la tête.
Ishtar, sans même réfléchir, se jeta sur elle.
Ereshkigal prit la parole, et s'adressant à Namtar son intendant,
Lui donna cet ordre: « Va ! Namtar ! Enferme-la dans mon Palais !
Lâche les soixante maladies, et lance-les contre Ishtar ! » [8]

Ces divers maux affectent les yeux, le côté, les pieds, le cœur, la tête…

Depuis que la déesse Ishtar était descendue dans le Pays d'où l'on ne revient pas
Le taureau n'a plus sailli la vache, le baudet n'a plus sailli l'ânesse,
Le garçon dans la rue ne s'est plus approché de la fille,
Le garçon s'est couché dans sa chambre, la fille s'est couchée de son côté. [9]

Contenau dans *Le déluge babylonien*, et Kramer dans *L'Histoire commence à Sumer*, montreront les variantes infinies de cet événement qui peupleront la littérature mésopotamienne.

Le Chaos primordial

La croyance qui fait émerger l'univers d'un Océan Primordial a été des plus répandues sur la Terre, chez les peuples les plus divers, et en tous temps. [10]

> Dans l'épopée de la création, *Apsu* – l'eau douce – et *Tiamat* – l'eau salée – étaient mélangés dans le Chaos Primordial. Le premier élément avait été l'Océan Primordial, infini. [11]

8 G. Contenau, *op. cit.*, pp. 219-20.

9 *Ibid.*

10 S. N. Kramer, *op. cit.*, p. 311.

11 *Ibid.*, p. 312.

On a l'habitude de traduire *apsu* par « eau douce ». Ce mot est encore dit *absû*, qui a donné « abîme ». Il ne désigne aucunement les rivières, fleuves, ou lacs. Cette eau douce est spéciale à la terre ancestrale.

Des récits parleront de « sort », jeté contre elle, parvenant à la « détruire ». Des voyages seront empêchés, ou gênés, par cet *Apsu*, qui deviendra les « eaux de la mort », qu'il faudra affronter avec des perches, irrécupérables au cas où elles viendraient à tomber.

Il semble dans ces conditions que *Apsu* représente une eau où la glace commence à se former. Quant à *Tiamat*, c'est bien une eau salée, mais elle aussi spéciale à la terre ancestrale, et contre laquelle il faudra lutter : il semble qu'elle désigne les mers australes, sujettes aux tempêtes, et très dangereuses.

« Lahmu [une boue] et Lahamu [un limon] apparurent, et ils furent nommés. Croissant à travers les âges, ils devinrent grands. » Il s'agit en réalité de la neige. Aux extrémités de la vaste étendue liquide, tout autour de l'horizon, un dépôt de boue monta lentement, formant un grand double cercle, constituant Kishar, l'horizon terrestre, et Anshar, l'horizon céleste. « Anshar et Kishar furent alors formés, les dépassant. Ils vécurent beaucoup de jours, ajoutant année après année. Leur fils fut Anu, égal à ses pères. »[12]

Cette « boue » venant à apparaître dans la terre des dieux, à croître, à s'ajouter année après année, fait penser aux mythes polynésiens : la neige, tout aussi difficile à décrire, après des siècles en Mésopotamie, le souvenir en restant cependant.

Dans une version tardive de l'épopée primordiale, « Bérose nous apprend qu'il fut un temps où rien n'existait que Ténèbres et Abîme des Eaux, où se mouvaient des créatures hideuses ».[13]

Bérose nous les décrit envahissant les côtes et terrorisant la population :

12 S. N. Kramer, *op. cit.*, p. 312.

13 *Ibid.*

Furieux, intrigants, sans trêve, jour et nuit,
Ils s'acharnent à combattre, impétueux et rôdant comme des lions.
Réunis en conseil, ils machinent leur attaque.
La mère Hubur, créatrice de toutes formes,
Ajoute d'irrésistibles armes.
Elle a enfanté des serpents monstrueux,
Aux dents aiguës, aux griffes qui n'épargnent rien.
Elle a rempli leur corps de poison, en guise de sang.
Elle a enveloppé de terreur de fiers dragons,
Elle les a couronnés de flammes
Elle les a faits semblables à des dieux,
Si bien que quiconque les regarde périt d'épouvante.
Et eux, le corps dressé, ne retournent pas leur poitrail.[14]

On reconnaît ici l'évocation des mokos Polynésiens. Il s'agit des lions de mers, animaux munis de crocs, rampant sur leur ventre comme les serpents et dressant une tête sans pouvoir la retourner…

La vue de volcans en activité fit qu'on leur attribua le pouvoir de cracher des flammes, ce que l'on continue à représenter à travers l'image du dragon.

L'épopée de Gilgamesh

L'épopée de Gilgamesh date du IIe millénaire avant notre ère. Elle est la plus célèbre des histoires mésopotamiennes et nous renseigne beaucoup sur la nature du pays que notre héros visitera à deux reprises après de très longues traversées des océans. Au cours de ses pérégrinations, Gilgamesh découvrira des lieux et des personnages qui, symboliquement, indiqueront la présence manifeste du continent austral. Gilgamesh (ou Gilgames) était le roi d'Uruk. C'était une des sept villes saintes de la Mésopotamie, située non loin de l'embouchure de l'Euphrate.

14 S. N. Kramer, *op. cit.*, p. 313.

L'ami sauvage

À Uruk, Gilgamesh rassemble cinquante compagnons qui n'ont plus ni maison ni famille et sont prêts à le suivre jusqu'au bout du monde, « où qu'il aille et quoi qu'il fasse ». [15]

Quand Gilgamesh rencontre celui qui deviendra son meilleur ami, Enkidu, celui-ci vit comme un homme sauvage, « vêtu comme les animaux avec lesquels il vit ». C'est une « brute couverte de poils et pourvu d'une longue chevelure », un « être primitif » qui « vit parmi les bêtes sauvages de la plaine ». [16]

Enkidu est représentatif des dieux qui viennent de débarquer de Dilmun, le continent originel. « Formé dans la steppe », il est couvert d'une pelisse et « vagabonde au désert ». [17] En fait, il faut comprendre qu'il navigue beaucoup.

En effet, les innombrables copies et ajouts au texte primitif sumérien ont rapidement transformé les termes marins en terriens : la steppe remplacera la mer avec la même immensité désertique ; les tempêtes et difficultés du voyage se transformeront en montagnes à franchir.

Gilgamesh et Enkidu partent en expédition chercher le bois nécessaire à la construction d'Uruk. Ils doivent franchir sept montagnes avant d'arriver au Pays des vivants.

Le grand sommeil

Leur arrivée se déroule au pied d'une immense montagne qui a toutes les apparences de Kur. C'est une montagne sacrée sur laquelle Gilgamesh et Endiku offrent des sacrifices de « farine-à-brûler ». Pour ce faire, ils « creusèrent un puits » pour Samas, le soleil. Ils eurent juste le temps de s'y engouffrer pour éviter la tempête. Enkidu mit Gilgamesh à l'abri « dans un cercle enchanté » et « le Sommeil qui se déverse sur les hommes tomba sur lui ».

15 S. N. Kramer, *op. cit.*, p. 229.

16 *Ibid.*, p. 239.

17 J. Bottéro, *L'Épopée de Gilgamesh*, Gallimard, 1992.

Pendant ce temps, une bourrasque passait, s'éloignait et revenait. Au-dehors, le ciel se déchaînait.

Après tant de chemin à rôder par la steppe,
M'attend donc en Enfer une immense inaction
Et un sommeil interminable !
Mes yeux auront beau désirer revoir le Soleil,
Me saouler de lumière,
Profondes seront les ténèbres ;
Sans la moindre clarté !
Quand donc un mort reverrait-il les feux du soleil ? [18]

Enkidu s'adresse à lui :

Ô Gilgamesh ! Combien de temps resteras-tu étendu ?
Le Pays s'est assombri !
Sur lui, les ombres se sont étendues !
Le Crépuscule a emmené sa lumière !
Utu s'est dirigé tête haute vers le sein de sa mère Ningal !
Ô Gilgamesh ! Combien de temps resteras-tu étendu ?
Ne laisse pas les fils de ta ville, qui t'ont accompagné,
T'attendre debout au pied de la montagne.
Gilgamesh consentit.
De sa parole d'héroïsme, il se couvrit comme d'un manteau,
Son manteau de trente sicles, qu'il portait à la main,
Il l'enroula autour de sa poitrine.
Comme un taureau, il se dressa sur la Grande Terre !
Il pressa sa bouche contre le sol !
Ses dents claquaient ! [19]

18 S. N. Kramer, *op. cit.*, p. 256.

19 J. Bottéro, *op. cit.*, p. 233.

Le soleil s'est enfoncé au-dessous de l'horizon : Utu, le soleil, a plongé dans le sein de sa mère Ningal. Le soleil s'étant caché, le climat de ces régions force Gilgamesh à se couvrir de son manteau et à claquer des dents.

Le Pays des vivants, dans la région où Gilgamesh aborde, ne semble pas être assez voisin du pôle Sud pour donner une véritable nuit polaire continue. Mais elle devait être largement à l'intérieur du cercle polaire.

Et l'on voyait au loin la Montagne des cèdres,
Résidence des dieux, sanctuaire de la sainte Irnini.
En avant de cette montagne,
Les cèdres déployaient leur frondaison :
Délicieux était leur ombrage, et tout embaumé de parfums.
La nuée claire devint sombre.
Comme d'un brouillard, il pleuvait sur eux la mort.
Et Samas, contre Humbaba, fit lever de grandes tempêtes,
Vent-du-Nord, Vent-du-Sud, Vent-d'Est, Vent-d'Ouest
Vent-Souffleur, Vent-rafales, Vent-tourbillons, Vent-mauvais,
Vent-poussières, Vent-mortifère, Vent-de-gel,
Et tempête, et tornade :
Les treize vents, tant se ruèrent sur lui,
Que son visage s'assombrit ;
Il ne pouvait, ni avancer, ni reculer.[20]

Le soleil, ici Samas, combat Humbaba, le gardien de la forêt. Celui-ci personnifie les terribles tempêtes australes chargées non seulement de neige, mais aussi de cendres volcaniques.

Humbaba, apparemment vainqueur, propose à Gilgamesh de prendre des arbustes à myrte de la forêt, ainsi que tous les bois destinés à embellir la ville d'Uruk.

20 J. Bottéro, *op. cit.*, p. 115.

Le héros tyrannique, dans sa logique de tuer tous les ennemis de l'humanité, refuse ces présents et tue Humbaba.

Lui, Gilgamesh, lui-même, déracina le premier arbre.
Les fils de la cité, qui l'accompagnaient,
Coupèrent son feuillage, le lièrent,
Le déposèrent au pied de la Montagne.[21]

Le cèdre achevé par Gilgamesh était « extraordinairement élevé, [sa] cime perçait les nuages ».[22] On peut reconnaître en lui l'axe du monde, vertical au pôle.

Gilgamesh refuse les avances que lui fait Ishtar, la déesse solaire qui règne dans le ciel pendant la moitié de l'année, et descend aux Enfers l'autre moitié, son brasier perdant tous ses éclats, et l'astre du jour restant enfoui sous la neige et la glace, dépouillé de tous ses vêtements pendant la nuit polaire.

Gilgamesh repousse cet aspect mortel et lance à Ishtar cette phrase parfaitement claire où l'on trouve deux caractéristiques du pays soumis à la longue nuit : le froid glacial et les tempêtes australes :

Tu n'es qu'un fourneau qui s'éteint au froid !
Une porte branlante qui n'arrête ni courant d'air,
Ni vents ![23]

Le voyage de retour au pays de Gilgamesh se fait dans les larmoiements de Enkidu qui se montre peureux pour mieux faire ressortir le courage du héros voyageur :

21 J. Bottéro, *op. cit.*, p.119.

22 *Ibid.*, p. 120.

23 *Ibid.*, p. 124.

O mon maître, fais route vers le Pays,
Je ferai route vers la cité.
Je dirai à ta mère ta gloire
Qu'elle s'exclame !
Je lui dirai ta mort imminente,
Qu'elle verse des larmes amères !
Pour moi, un autre ne mourra pas !
La barque chargée ne sombrera pas !
Le tissu plié en triple ne sera pas coupé ![24]

Le navire qui rentrera à Uruk devra affronter les tempêtes australes qui auraient déchiré les voiles et dont il faudrait tripler l'épaisseur.

Enkidu « dépérit, et restait couché tout seul dans son lit ». En rêve, il voit un « gaillard », « aux traits sombres » :

Il me transforma en pigeon,
Et mes bras, comme ceux d'un oiseau,
Etaient recouverts de plumes.
S'étant saisi de moi, il m'emmena
À la demeure obscure, la Résidence d'Irkalla,
La demeure d'où ne ressortent jamais ceux qui y sont entrés ;
Par le Chemin à l'aller sans retour ;
À la Demeure dont les habitants sont privés de lumière,
Ne subsistant que d'humus, alimentés d'argile,
Revêtus, comme des oiseaux, d'un accoutrement de plumage,
Affalés dans les ténèbres, sans jamais voir le jour.[25]

Ce songe d'Enkidu permet au barde sumérien, auteur inconnu de l'étonnante épopée de Gilgamesh, d'évoquer la vie misérable des dieux de Dilmun, le continent originel. Comme chez les Polynésiens, le vêtement de

24 G. Contenau, *Le déluge babylonien*, *op. cit.*, p. 233.

25 J. Bottéro, *op. cit.*, pp. 144-5.

plumes était à la fois léger, chaud et imperméable. Il était idéal pour une région glacée, mais il était fragile et difficile à confectionner. Dans la vie courante, ce costume sera en laine mais agencé de façon à imiter les rangs successifs de plumes reliées en bandes.

Enkidu finit par mourir : tous doivent le pleurer. Gilgamesh sait que les souffrances subies sur le continent glacé ont eu raison de son ami.

Le second voyage de Gilgamesh à Dilmun

La seconde expédition de Gilgamesh sur la terre originelle a pour but de trouver le secret de la vie éternelle. Il veut pour cela rencontrer son ancêtre Ziusudra, ou Uta-napisti, un habitant survivant à Dilmun, éternel, comme il se doit.

En sumérien, Zi-ud-sudra signifie « Vie de jours prolongés ». Ce nom a été traduit presque littéralement en akkadien par Um-napishti, ou Uta-napisti : « Jour de vie prolongée ».

Le jour et la nuit sont tellement prolongés au voisinage du pôle qu'ils constituent une année. Il semble alors que c'est la vie, et non le jour, qui est prolongée. Ce glissement de sens a été universel autant que naturel, l'homme désirant de tout temps posséder le secret qui l'empêcherait de vieillir.

Pour arriver à Dilmun, Gilgamesh traverse la mer primordiale, les eaux de la Mort. Quand il arrive devant le rescapé du Déluge et protégé des dieux, Gilgamesh fait peur à voir. Ses cheveux, sa barbe sont hirsutes et il est couvert de peaux de bêtes. Il arrive au mont Mashu au moment où « le soleil pénètre pour sa course nocturne »,[26] au-dessous de l'horizon quand vient la nuit polaire.

Gilgamesh rencontre les gardiens de la grande porte qui sont les Hommes-Scorpions. Habituellement, un seul regard de ces gardes est fatal, mais ils laissent Gilgamesh en vie. Il leur annonce : « Si j'ai fait un si long voyage, c'est pour aller voir Ut-Napishtim, mon ancêtre, lui qui a pu assister au conseil des dieux et y trouva la vie ».[27]

26 G. Contenau, *Le déluge babylonien*, *op. cit.*, p. 66.

27 R. Tournay, *l'Épopée de Gilgamesh*, Littératures anciennes du Proche-Orient, Éd. du Cerf, 1994, p. 194.

Il lui est répondu :

Jamais personne, Gilgamesh, n'a pu faire ce trajet ;
Cette montagne, personne n'en connaît les profondeurs.
Sur douze double-lieues, son intérieur est sombre,
Si dense est l'obscurité qu'il n'y a plus de lumière.[28]

Malgré tout, Gilgamesh s'enfonce dans l'obscurité :

Il prit la route du Soleil à travers la Montagne.
Au bout de la première double-lieue,
Epaisse est l'Obscurité, il n'y a plus de lumière,
II ne lui est plus donné de voir ni devant ni derrière lui…
Au bout de trois double-lieues,
Epaisse est l'Obscurité, il n'y a plus de lumière,
II ne lui est plus donné de voir ni devant ni derrière lui…[29]

Le récit continue inlassablement avec les mêmes répétitions, sauf parfois une petite variante, comme : « il presse le pas ».

Au bout de neuf double-lieues, il sent le vent du nord
Qui souffle sur son visage. […]
Au bout de dix doubles-lieues,
La sortie du Soleil, maintenant, est proche. […]
Au bout de douze doubles-lieues, l'aube point ;
Au bout de douze doubles-lieues, c'est la clarté.[30]

Le style répétitif, exprimant la longueur d'éternité, est parfaitement adapté à l'attente interminable de la nuit polaire. Le poème polynésien de la

28 R. Tournay, *op. cit.*, p. 194.

29 *Ibid.*

30 *Ibid.*

création, dans le *Kumulipo* hawaiien, présente exactement les mêmes caractéristiques : « c'est la nuit », au lieu de « il n'y a plus de lumière » ; et tout à la fin : « c'est le jour », au lieu de « c'est la clarté ».

Et cette aube tant espérée, attendue, est féerique, avec les subtiles nuances de pierres précieuses colorant la neige, la glace et les nuages.

Gilgamesh se retrouve face à des « arbres merveilleux, aux fruits de cornaline et de lapis-lazuli ».[31] Les teintes de ces deux pierres se rapprochent de celles de la glace. Elles offrent des couleurs somptueuses, caractéristiques des régions polaires.

La beauté des paysages polaires n'est pas seulement due aux reflets de la glace et de la neige, mais aussi à la transparence de l'air. Celle-ci met en relief les nuances infinies du ciel et des nuages élevés. Les expéditions au pôle Sud ont souvent suscité des descriptions enthousiastes. Un texte mésopotamien dit que Gilgamesh « allait et venait parmi ces merveilles » aux apparences d'agate, d'obsidienne, de turquoise qui décoraient « ce jardin fourni en cèdre » :

Au spectacle du Jardin-des-arbres-à-gommes,
Le cornalier y portait ses fruits,
En grappes suspendues, fascinantes à contempler !
Le lazulitier y déployait son feuillage,
Chargé de fruits riants à regarder ![32]

Utanapisti offre la plante d'éternité à Gilgamesh

Utanapisti est outré par la mauvaise odeur de Gilgamesh, sa tignasse et sa peau de bête. Après l'avoir réconforté, il demande au batelier Ursanabi de faire sortir le voyageur des glaces et de lui permettre d'appareiller. Ils sont déjà partis quand la femme d'Utapanasti s'adresse à son mari afin qu'il accorde une faveur à Gilgamesh :

31 G. Contenau, *Le déluge babylonien*, *op. cit.*, p. 66.

32 J. Bottéro, *op. cit.*, p. 163.

Figure 17. *Un génie ailé avec l'arbre de vie représenté sur un bas-relief en albâtre provenant de Nimrud, Assyrie (env. 883-859 av. J.-C.).*

Gilgamesh est venu jusqu'ici
À grand-peine et fatigue :
Ne lui accorderas-tu pas quelque chose
Au moment où il rentre dans le pays ?[33]

Utanapisti offrira à Gilgamesh la plante « mystérieuse » pour laquelle Gilgamesh avait entrepris ce long voyage. Cette plante est « un secret des dieux ». Elle est spécifique au cercle polaire où l'on est plongé annuellement au fond de la nuit : il faudra se munir de grosses pierres comme un plongeur pour arracher cette ronce épineuse « au fond de la mer ».

Gilgamesh arrache « la plante spécifique de la peur-de-la-mort. Grâce à elle, on peut recouvrer sa vitalité ». Le héros compte la ramener chez lui à Uruk.

Sur les ordres de Utanapisti, Ursanabi, le batelier, aide Gilgamesh à traverser les eaux de la mort. Ce dernier, sur son chemin, rencontre des statues de pierre et les met en pièces, apparemment sans raison. Comme pour le Polynésien Ru, il s'agit en fait de briser des blocs de glace.

Avant de monter dans la barque d'Ursanabi, Gilgamesh devra couper des perches qui serviront de gaffes, ou de rames, pour pouvoir traverser les eaux de la mort qui font suite à l'océan. Lors de la traversée, quand une gaffe est à bout de course et usée, Gilgamesh l'abandonne et en prend une autre pour ne pas avoir de contacts avec les eaux mortelles.

La description du travail consistant à repousser les glaces flottantes avec des gaffes est saisissante. Il ne faut pas chercher à les récupérer dans l'eau pour ne pas se geler les bras ou les mains. Après avoir traversé 500 km, un serpent lui dérobe sa plante et « rejette une peau ». La vie éternelle ne peut pas exister loin du pôle. Au pôle, on doit entrer sous terre comme un serpent pendant la longue nuit polaire, après avoir enfilé la « peau » qui protège du froid glacial.

À son retour à Uruk, Gilgamesh, dépossédé de l'immortalité, retrouvera des conditions de vie normales. Il se lavera, quittera son accoutrement de sauvage et redeviendra un heureux humain civilisé, digne de laisser son nom à la postérité. Sa renommée, aujourd'hui, est universelle.

33 S. N. Kramer, *op. cit.*, p. 201.

1.10 La Bible

La Bible est une source précieuse de renseignements, car les Hébreux ont dès l'origine constitué un peuple à part, élu, et qui s'est toujours efforcé, avec une rare obstination, de résister aux influences extérieures et étrangères. Il est donc à prévoir que les Écritures seront à leur tour dépourvues d'influences extérieures trop marquées.

La Genèse

Tout commence à la suite d'un bouleversement où l'on retrouve la fin d'une période heureuse, paradisiaque, en Éden, avec trois caractéristiques universelles : les Ténèbres de la nuit polaire, l'Océan inondant la Terre Originelle, le retour du Soleil et de la Lune venus à ne plus exister, avec la séparation du Ciel et de la Terre, donc de la Lumière de l'Obscurité.

> *Au commencement, Dieu créa le Ciel et la Terre. Or la Terre était déserte et vide, les Ténèbres couvraient l'Abîme, et le vent de Dieu battait la surface des Eaux [...] Dieu fit le firmament, et il sépara les eaux au-dessous du firmament, [...] pour que paraisse le sec. [...] Dieu dit : Qu'il y ait des luminaires au firmament du Ciel pour séparer le Jour de la Nuit séparer la Lumière des Ténèbres. [...] Et Dieu créa les monstres marins.*
> (Genèse 1,1-21)

L'Éden n'est pas l'objet de descriptions dans la Genèse, car le récit est centré sur la création relevant de Yahweh seul. Et en Éden, c'est essentiellement l'homme qui fut créé : à savoir Adam et Ève.

D'innombrables allusions seront faites à la « Montagne Sainte », la « Haute Montagne » où le peuple d'Israël est appelé à monter pour servir Dieu.

La terre originelle, l'Éden

Adam et Ève sont les premiers êtres humains de la terre. Ils ont été créés par Yahweh et vivent tous deux dans un jardin où les arbres donnent de bons fruits. Leur existence est heureuse, ils ne manquent de rien et sont dans un état d'innocence, en parfaite intimité avec Dieu. Deux arbres poussent en Éden. Il s'agit de l'arbre de Vie et de l'arbre du Bien et du Mal. L'arbre de Vie est bien connu en Mésopotamie. Il procure une éternité relative à ceux qui vivent sur le continent originel. Chassés de l'Éden, Adam et Eve ne pourront plus manger de ses fruits. L'arbre du Bien et du Mal, ou « l'arbre de la connaissance du bonheur et du malheur », quant à lui, ne se retrouve nulle part ailleurs que dans le récit biblique de la Genèse.

Malgré l'interdiction de Yahweh, Adam et sa compagne goûtent son fruit et perdent l'état de grâce. Dieu les renvoie pour avoir mangé ce mystérieux fruit défendu. L'Ancien Testament est le seul texte de l'Antiquitité où il est question de cette punition irréversible. Le passage consacré à l'Éden est très court, même s'il a fait couler beaucoup d'encre par la suite !

Dans la Bible, l'Éden a réellement existé. C'est un pays réel, où les hommes et les femmes vivaient dans un état primitif de bonheur.

Tu étais l'empreinte du modèle parfait, plein de sagesse et d'une beauté accomplie. Tu étais en Eden, jardin de Dieu, toutes sortes de pierres précieuses formant ton vêtement : sardoise, topaze et diamant, chrisolithe, onyx et jaspe, saphir, esclarboucle, émeraude, et de l'or façonné en tores et filets. Pour toi, [cela] était préparé, le jour où tu fus créé.

Avec le chérubin aux [ailes] déployées en dais, je t'avais placé. Sur la Sainte Montagne de Dieu, tu étais. Tu circulais entre les pierres de feu. Tu fus parfait dans ta conduite du jour où tu fus créé, jusqu'à ce que l'iniquité se trouvât en toi.

Ton immense commerce a rempli ton intérieur de crimes, et tu as péché. Et je t'ai banni de la Montagne de Dieu. [...] Le chérubin du dais t'a supprimé d'entre les pierres de feu.

J'ai voilé l'Abîme, j'ai retenu ses fleuves, et les Grandes Eaux se sont

arrêtées. Ils se sont consolés dans les Profondeurs de la Terre, tous les arbres d'Eden. Tu seras précipité avec les arbres d'Eden dans les Profondeurs de la Terre.
(Ezéchiel 28, 13-18)

Ezéchiel précise qu'en Eden :

- les fleuves ont été « retenus », pris par la glace,
- l'océan a fait de même, les « Grandes Eaux » ayant été « arrêtées », immobilisées,
- l'obscurité de la nuit polaire a « voilé l'Abîme »,
- la Montagne sainte, si souvent évoquée, était en Éden,
- la terre était en éruption, il fallait « circuler entre les « pierres de feu », les roches enflammées ou les coulées de lave,
- les arbres ont été « précipités » dans « les profondeurs de la terre », et quelques-uns des nombreux enfants d'Adam et Eve en firent autant : pour cela, il fallut un Chaos, un violent cataclysme géologique.

Cet état de bonheur propre à l'Éden, les volcans actifs et les pierres précieuses sont récurrents dans la littérature mésopotamienne. La cornaline, l'améthyste et les lapis-lazuli traduisent les clartés translucides, éclatantes et variées, de la glace.

David évoque l'Éden et sa Montagne sainte, les montagnes éternelles ainsi que les ténèbres primordiales. Il glorifie la justice divine du « Pays de l'Oubli » (Psaume 88, 12), ce qui n'est pas sans nous rappeler d'autres textes anciens.

Job

Dans son malheur, Job évoque les longues ténèbres en Eden.

> *Ce jour, qu'il soit ténèbres ! Que Dieu, d'en haut, n'en ait pas souci, et que la lumière ne brille pas sur lui !*
> *Que le souillent Ténèbres et Obscurité ! Que sur lui repose une nuée, et que les obscurations diurnes l'épouvantent !*
> *Cette Nuit, que les Ténèbres s'en emparent, qu'elle ne compte pas dans les jours de l'année, qu'elle n'entre pas dans la supputation des mois !*
> *Cette Nuit, qu'elle soit une terre désolée, que n'y vienne pas l'allégresse !*
> *Que l'exècrent les maudisseurs de jours, experts à évoquer Léviathan !*
> *Que s'obscurcissent les étoiles de son aube, qu'elle espère la lumière, et rien ! Et qu'elle ne voie pas les paupières de l'aurore !*
> (Job 3, 4-9)

On se rappelle ici le décompte des jours en Inde où plusieurs mois sont éludés, car ils correspondent à la nuit polaire. Job nous parle donc bien de cette nuit particulière, spécifique au continent originel.

Dante situe l'Éden au pôle Sud

Les cartes du Moyen Âge sont en général encore orientées avec l'Orient et Jérusalem en haut, ce qui place le nord tout à gauche. Celui-ci est appelé septentrion à cause des sept étoiles, tant de la Grande que de la Petite Ourse, qui restent visibles en tournant autour du pôle Nord céleste. Le sud, ou immeridie, est donc tout à droite, avec une constellation aussi circumpolaire, constituée par les quatre étoiles formant la Croix du Sud.

Dante Alighieri est le célèbre poète florentin du XIIIe siècle, dont la *Divine Comédie* décrit l'Enfer, le Purgatoire, et le Paradis. Étant conduit en esprit en ces lieux, en compagnie de Virgile, Dante est censé y rencontrer les âmes damnées, en attente ou sauvées. C'est au Purgatoire qu'il place Adam et Ève. Après un voyage « à la voile », « par-delà les mers », sur les « ondes lointaines », le premier chant dit :

Pour courir désormais sur les ondes plus douces
De mon génie, la nef hisse la voile,
Et laisse derrière elle une mer si terrible [...]

Je regardai, en me tournant vers la droite,
Vers l'autre pôle, et je vis quatre étoiles
Que nul ne vit, hors nos premiers parents.

De leurs flammes, le ciel semblait se réjouir.
Ô terre boréale, oh ! Comme tu es veuve,
Puisque tu es privée de contempler ces astres ! [1]

Il convient de préciser que la Croix du Sud n'est pas visible dans l'hémisphère boréal, au moins au nord du tropique du Cancer. De même, Grande et Petite Ourses cessent d'être visibles dans l'hémisphère austral, au moins depuis le tropique du Capricorne.

Dante imagine alors sa rencontre avec Caton d'Utique :

Et les rayons des quatre étoiles saintes
Paraient son front d'une lumière telle
Qu'il me parut être face au soleil.

Qui êtes-vous, qui, par le ruisseau noir
Avez pu fuir l'éternelle prison ?
Dit-il, en secouant ses plumes vénérables.

Qui vous guida, ou qui fut votre lampe,
Pour vous tirer de la profonde nuit
Qui rend noire à toujours l'infernale vallée ?

1 Dante, *Le Purgatoire* dans *La Divine Comédie*, Chant I, tercets 1, 8 et 9.

De l'Abîme, la loi est-elle ainsi brisée ?
Ou bien le ciel a-t-il changé tous ses décrets,
Pour que, damnés, vous veniez à mes roches ?

Ces tercets 13 à 16 du chant premier confortent l'importance de cette Croix du Sud, qui brillait sur Adam et Ève, au-dessus de leur tête, près du pôle Sud céleste. L'éclat de ces quatre étoiles était surtout spirituel : elles étaient saintes, car le premier couple l'était, pour les chrétiens, avant le péché originel. On retrouve :

- « une mer... terrible » : ainsi qu'il convient dans les mers australes qui encerclent le continent antarctique ;
- « la profonde Nuit », polaire ;
- le « ruisseau noir » encerclant « l'éternelle prison » ; le fleuve océan, le Tartare, qui coule, encerclé par les glaces ;
- les plumes dont les habitants doivent se couvrir pour se protéger de la neige et du froid ;
- la « loi de l'Abîme », les « décrets du ciel » qui, normalement sont immuables, mais sont étrangement susceptibles de changer en peu de temps, se « briser », pour une nouvelle longue période parfaitement réglée ;
- les roches, enfin, rappellent que le grand continent austral possède des montagnes particulièrement hautes et raides.

Au XIIIe siècle, Dante était parfaitement au courant, et sans doute plus qu'il ne paraît, de la science de son temps. Il n'est pas surprenant qu'il situe au-delà des mers, dans l'hémisphère Sud, le paradis terrestre. Non au voisinage du pôle boréal, où culminaient le Chariot de l'Ourse, mais bien près du pôle austral, où cette constellation n'était plus visible et où se trouvaient, non loin du zénith, les quatre fameuses étoiles de la Croix du Sud.

Saint Brandan

Moine lettré, d'origine irlandaise, Brandan avait fondé au VIe siècle l'abbaye de Clonfert, de l'ordre de Saint Benoît. Il y mourut le 16 mai 578.

« Les fabuleux voyages de saint Brandan », rejetés par les bollandistes de leurs « Actes des saints », figurent dans d'autres recueils de textes d'époque, moins sévèrement épurés. Ils sont l'objet de nombreuses légendes. Il « s'embarqua avec dix-sept religieux, parmi lesquels se trouvait le futur saint Malo », sur « un navire en osier recouvert de peaux tannées et soigneusement graissées [...] L'équipée prit d'abord la route du tropique [...] La septième année [...] ils voguèrent plus loin encore vers le sud, pendant tout le carême [...] La route les conduisit dans la zone d'obscurité qui entoure l'île des Saints », et quand ils l'eurent franchie, ils se trouvèrent inondés de lumière, sur le rivage de l'île tant recherchée. « C'était une terre étendue, semée de pierres précieuses, couverte de fruits comme à la saison d'automne, et éclairée d'un jour sans fin. »[2]

2 « Les Îles perdues de Saint-Brandan », p. 120, 122, « Cités englouties », *Les Dossiers de l'Histoire mystérieux.*

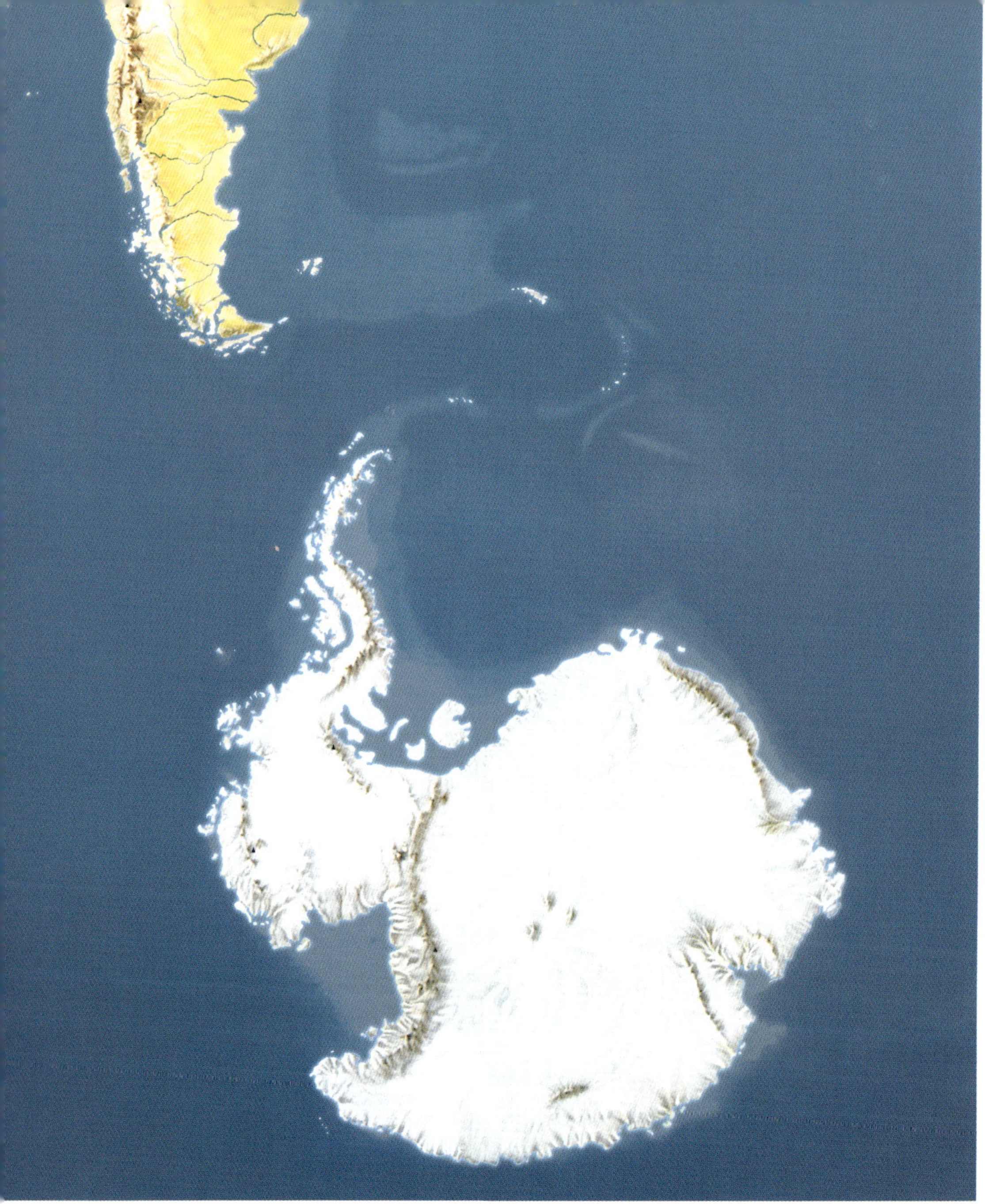

Figure 18. *Carte de l'Antarctique avec un bout de L'Amérique du Sud.*

Qu'il s'agisse de la Polynésie, de la Chine, du Japon, de l'Égypte, de la Grèce, de l'Inde ou encore de la Mésopotamie, tous les textes fondateurs des différentes civilisations présentent des points communs qui indiquent précisément que leur origine est située au voisinage d'un pôle. Cette répétition dans les descriptions suffit à prouver qu'elles ont la réalité pour origine.

La seule terre d'importance dans les régions polaires est l'Antarctique. Quant à la variété du stock génétique et culturel présent dans les grandes civilisations, elle s'explique peut-être par une origine déjà différenciée sur ce grand continent.

Il est temps de s'intéresser aux particularités de cet endroit, car il semble difficile de croire à une possibilité de vie en son sein.

Après avoir armé des navires en quête de la *Terra australis incognita*, le grand navigateur James Cook finit, au XVIIIe siècle, par « prouver » que ce légendaire continent du district polaire n'existait pas, et même qu'il n'avait jamais existé… Il disparut alors de la carte de Buache, qui servait encore de référence et sur laquelle il figurait bel et bien.

Il fallut attendre le début du XIXe siècle et les Britanniques William Smith et Bransfield pour « redécouvrir » l'existence de cette immense terre que l'on avait fini par croire mythique. En 1821, l'Américain Davis posait enfin un pied sur le continent. Lui succéderont au XXe siècle diverses expéditions gouvernementales qui prendront bientôt le pas sur les tentatives individuelles du siècle précédent. Elles deviendront jusqu'à ce jour l'enjeu d'une compétition acharnée entre les États qui désirent posséder une portion de ce continent glacé. L'évolution des techniques permettait en effet aux scientifiques de s'installer sur le terrain même de leurs recherches, ce qui était inenvisageable quelques décennies auparavant, la mort étant souvent la seule découverte tangible des anciens explorateurs.

Figure 19. *Carte de l'Arctique.*

2.1 Les pôles

Les pôles de notre globe contrastent singulièrement entre eux, ce qui ne facilite pas nos efforts pour s'en faire une idée claire et distincte.

Le pôle Nord se situe sur une mer dont la profondeur atteint 3 000 m, et qui est occupée par une banquise plus ou moins épaisse, laquelle dérive lentement. Par ailleurs, cet océan arctique est fermé sur des milliers de kilomètres par l'Eurasie, prolongée par la presqu'île du Kamtchatka, puis, après une petite coupure – appelée le détroit de Béring – l'Amérique du Nord, avec l'Alaska et les archipels canadiens. En revanche, cet océan glacé s'ouvre sur l'Atlantique Nord. Bien que difficilement navigable, il reste temporairement abordable par le fameux passage du Nord-Ouest, qui borde l'Amérique, et celui du Nord-Est, qui longe l'Eurasie, ces deux passages étant en général ouverts quelques semaines par an par de puissants brise-glaces.

Pour sa part, le pôle Sud est à peu près centré sur le continent austral, ou Antarctide. Cet Antarctide est lui-même encerclé par une énorme masse d'eau, puisqu'elle comprend les océans Pacifique, mais aussi Atlantique et Indien.

L'Antarctique s'étale sur près de 14 millions de km^2 (alors que l'Europe n'en couvre que 10, et les États-Unis 9,3). Débarrassé de sa glace, il se hausserait de lui-même de près de 600 m, d'après certaines estimations. Ses glaces atteignent jusqu'à 4 800 m d'épaisseur, 1 600 m en moyenne. Elles en font donc le plus haut continent du monde : 2 300 m d'altitude moyenne, quand l'Australie n'atteint que 340 m.

Par ailleurs, d'immenses plates-formes de glace s'avancent sur l'eau, occupant une partie des mers de Ross et de Weddell ; leur épaisseur varie de quelques dizaines de mètres jusqu'à 400 m, flottant au rythme des marées.

À cette glace d'eau douce, on doit ajouter la banquise proprement dite, dont la surface varie, selon la saison estivale ou hivernale, entre environ 4 et 25 millions de km^2. Aujourd'hui encore, aucune vue par satellite ne permet de définir le contour exact des côtes.

On sait néanmoins que deux à trois pour cent des terres émergent de la glace, soit par réchauffement consécutif à une activité volcanique locale, soit par suite de surrections montagneuses à forte pente, comme dans les monts transantarctiques. D'après les derniers relevés, le plus haut sommet du continent antarctique serait le mont Vinson, qui culmine à près de 4 900 m d'altitude (et non 5 100 comme on le croyait).

Par commodité, on distingue habituellement l'Antarctique Est, plus vaste, plus ancien (il daterait du bouclier précambrien), géologiquement stable, et l'Antarctique Ouest, plus mouvementé et récent, dont le plus haut sommet serait donc le mont Vinson. Ces deux zones sont séparées par les monts transantarctiques, chaîne montagneuse de plus de 4 000 km de long, dont de nombreux sommets dépassent les 4 000 m.

Le record de froid, enregistré à la base de Vostok située à 3 800 m d'altitude, est de -89,3° C. Les vents violents, dits « vents catabatiques », peuvent dépasser les 300 km/h. En raison de ces conditions climatiques foncièrement invivables, l'exploration de l'Antarctide relève de l'exploit pur et simple.

Des traces de la vie

On imaginait volontiers ce continent glacé vide de toute trace de vie. On se trompait : ses fossiles recèlent des fougères arborescentes, des forêts, du corail. On découvre même des dinosaures qui sont allés se faire surprendre, en plein repas, à 4 000 m d'altitude.

Un bref historique des découvertes permet de se faire une idée plus précise de ce continent si longtemps ignoré. En 1911, sur le glacier Beardmore, au pied du mont Buckley, Scott trouve un pic rocheux émergeant de la glace, avec de véritables strates de charbon, recélant des feuilles fossilisées. On peut y observer des empreintes de tiges merveilleusement conservées, leur structure cellulaire restant parfaitement visible. En 1914, A. C. Seward, du British Museum, décrivait les fossiles avec ce commentaire final : « De toute évidence, l'Antarctique a subi un changement de climat brutal ».

En 1935, les géologues de l'expédition Byrd rapportent de leur périple une riche collection de fossiles, avec impressions de feuilles et de branches pétrifiées, venant des monts Weavey, par 86°58' sud de latitude.

Sur la Belgica, le commandant de Gerlache note en 1942 que, « très souvent, le filet remonte des pierres, des spongiaires, et de beaux échantillons de corail ».[1]

Dix ans plus tard, en 1952, le docteur Lyman identifie pour sa part des espèces de fougères arborescentes nommées *glossopteris*, existant en Afrique, Amérique du Sud et Australie, puis une fougère arborescente d'une autre espèce, et enfin une empreinte pétrifiée qui serait celle d'un reptile.

Dans les monts Horlick, au lieu-dit « Dirty Diamond Mine », par 85° sud et 110° ouest, on découvre en 1959 des bois fossilisés, et pas n'importe lesquels : palmiers de marécage, lauriers, figuiers, hêtres, séquoias, fougères géantes, arbres à feuilles persistantes…[2]

Au sommet de la Ross Ice Shelf, on trouve des poissons gelés (*nototheniis*) apparemment comestibles, ainsi que des palourdes, des escargots, des éponges et du corail…[3]

En 1969, sur les flancs du Graphite Peak, au cœur des montagnes transantarctiques, on recueille un fragment de mâchoire inférieure fossilisée. Il s'agit d'un amphibien du groupe des labyrinthodontes, un des premiers vertébrés qui ont vécu sur terre, il y a 230 millions d'années. La même année, on repère l'empreinte laissée dans la gangue rocheuse d'un lystrosaurus, très commun en Afrique et en Inde.

Tout récemment, en 1994, sur les monts Kirkpatrick, par 84°20' sud et 166°19' est, on déniche les fossiles de deux dinosaures longs de 7 à 8 m : un cryolophosaure carnivore est surpris en train de manger un prosauropode herbivore dont les os sont en désordre.[4]

Parallèlement, W. R. Hammer retrouve, à 4 000 m d'altitude et 650 km du pôle, sur le glacier Beardmore, quatre dinosaures, et deux tonnes et demie de fossiles.

1 A. de Gerlache, *Quinze mois dans l'Antarctique*, Leprat, 1943, p. 117.

2 *National Geographic Magazine*, octobre 1959.

3 *National Geographic Magazine*, avril 1963, p. 268.

4 *National Geographic Magazine*, octobre 1994.

Une végétation luxuriante

Malgré de si nombreux vestiges, ce qu'on peut observer aujourd'hui de la vie en ces régions se concentre dans les zones maritimes. La végétation actuelle de l'Antarctide réside essentiellement en un lichen adhérant aux roches, et à quelques soixante-dix espèces de mousses. Il n'existe que deux plantes à racines recensées à ce jour. Il s'agit d'une graminée (*deschampsia antarctica*) et d'un œillet (*colobanthus crassifollus*). Si l'on excepte les côtes, qui abritent oiseaux et mammifères, la faune y est extrêmement réduite : les insectes, protozoaires, acariens et collemboles sont même les seuls représentants du règne animal. La taille du plus grand de ces êtres vivants ne dépasse pas 5 mm.

Cela met en lumière l'importance des fossiles retrouvés lors des explorations, car ceux-ci révèlent qu'il a bel et bien existé sur ce continent une végétation luxuriante et une faune tout aussi variée. Force est de constater que l'Antarctide a connu une ère climatique clémente, propice au développement d'organismes complexes et vigoureux.

Sur combien de temps s'est-elle étendue ? Il ne suffit pas de quelques années pour qu'un hêtre atteigne des hauteurs vertigineuses et qu'un dinosaure tel le cryolophosaure mesure 7 ou 8 m.

Difficile aujourd'hui d'imaginer l'Antarctique sans sa calotte de glace. Les pôles réunissent en effet toutes les conditions climatiques propices à une perpétuelle congélation. Malgré une récente et très partielle fonte des glaces, peut-être due au réchauffement climatique que nous connaissons, leurs terres gelées excluent tout développement biologique élaboré.

James Cook lui-même n'hésitait pas à dire en 1773 :

> Le danger que l'on court à reconnaître une côte, dans ces mers inconnues et glacées, est si grand, que j'ose dire que personne ne se hasardera à aller plus loin que moi, et que les terres qui peuvent être au sud ne seront jamais reconnues : il faut affronter les brumes épaisses, les ondées de neige, le froid aigu, et tout ce qui peut rendre la navigation dangereuse ; l'aspect des côtes, plus horrible qu'on ne peut l'imaginer, accroît encore ces difficultés.

> Ce pays est condamné par la nature à ne jamais sentir la chaleur des rayons du soleil, mais à rester enseveli dans des neiges et des glaces éternelles.

On sait aujourd'hui que, sur ce point au moins, le célèbre navigateur s'est bel et bien fourvoyé. Car on a découvert des fossiles de hêtres mais aussi de dinosaures sur les terres australes. Il serait peut-être intéressant d'en prendre acte.

Vaste et lente migration des pôles célestes

Des théories ont vu le jour, parfois défiant franchement le bon sens commun. Nous pensons par exemple à celle de Milankovic, un Yougoslave spécialiste en béton armé, qui explique ces écarts climatiques importants à l'aide de l'astronomie.

Notre planète est représentable par une sphère, le géoïde terrestre étant voisin d'un ellipsoïde de révolution peu aplati. Pour représenter les étoiles du ciel, on utilise aussi un globe, nommé « sphère céleste ». Son rayon est sans importance puisque les distances y sont mesurées en angles.

Sur le globe céleste, on situe les étoiles à partir du système de référence terrestre : l'équateur pour les latitudes, le méridien de Greenwich pour les longitudes.

La Terre tourne autour du Soleil dans un plan fixe parmi les étoiles. C'est l'écliptique, dont les pôles sont immuables. On sait que l'axe de rotation de le terre n'est pas parfaitement fixe parmi les étoiles :

- Le pôle Nord céleste oscille autour d'une position moyenne en décrivant une petite ellipse de 9,2° de demi grand axe et 7° de demi petit axe, en 18,61 ans. C'est la nutation.
- La position moyenne du pôle Nord céleste décrit elle-même un petit cercle de rayon 23,5° environ autour du pôle Nord de l'écliptique en 25 760 ans. C'est le mouvement conique de l'axe.

Certes, les coordonnées des étoiles changent lentement de place. Mais les migrations stellaires sont tellement lentes qu'elles n'ont qu'un effet infime. Les marins se servent des pôles célestes pour vérifier leur direction, et ce bien qu'ils varient en fonction des époques. Simplement des étoiles différentes leur serviront de points de repère. Dans les faits, au jour le jour, les larges et lentes migrations stellaires ne changent rien aux latitudes de la terre, et donc encore moins à ses climats.

Nous comprenons donc que les avancer pour expliquer des modifications climatiques significatives avec des paroxysmes aigus dans l'histoire de la terre est une aimable plaisanterie.

De la même façon, aussi nombreuses et terrifiantes soient-elles, les éruptions volcaniques ne peuvent à elles seules expliquer la présence de forêts de hêtres de grande taille. Elles ne peuvent pas davantage réchauffer suffisamment longtemps un territoire de 14 millions de kilomètres carrés pour permettre un tel développement de la vie végétale et animale.

Période interglaciaire et logique climatologique

Pour expliquer la présence des fossiles découverts en Antarctique, quelques scientifiques ont élaboré la thèse, aujourd'hui officielle, d'une période dite interglaciaire. À les en croire, la planète aurait subi un réchauffement tel qu'il aurait permis le développement d'une nature luxuriante un peu partout, et en particulier sur nos pôles.

Les glaces, formées à une période glaciaire, auraient soudain régressé dans l'Antarctique Est, au sud des monts transantarctiques. Une mer intérieure aurait envahi le bassin de Wilkes. Une flore aquatique se serait développée. Des hêtres auraient poussé sur les rives. La flore et la faune auraient eu l'occasion de s'épanouir dans un climat bénéfique, à 500 km du pôle Sud.

Mais aussi rapidement qu'elle serait arrivée, cette période interglaciaire aurait été chassée par une nouvelle période glaciaire qui aurait regonflé le volume des glaciers descendus dans la cuvette maritime.

Tous les animaux et végétaux, déjà ou non fossilisés, auraient été entraînés dans le territoire antarctique, jusqu'en haut des montagnes, à plus de 4 000 m d'altitude...

Cette idée repose sur un phénomène climatique soudain que les scientifiques ne savent simplement pas, à ce jour, expliquer et intervient donc comme une sorte de *deus ex machina* donnant des réponses aux questions qui jusqu'alors n'en avaient pas.

Car pouvons-nous croire qu'il a pu faire chaud sur les pôles ?

Plusieurs éléments contribuent à déterminer les climats, mais les deux facteurs principaux sont évidemment l'altitude et la latitude. Dès l'Antiquité, Ovide divise le monde en trois zones. La région « torride » avoisine l'équateur, la « glaciale » les pôles ; la région « tempérée » se situe entre les deux. La latitude détermine donc le climat selon la zone équatoriale, polaire ou tempérée. En effet, sur tous les points du globe terrestre, le soleil reste en moyenne annuelle aussi longtemps en dessous qu'au-dessus de l'horizon. Par contre, sa « hauteur » maximum lorsqu'il se trouve au-dessus de l'horizon est liée à la latitude :

- Sur l'équateur cette hauteur atteint une valeur qui varie de 66,5° aux solstices, à 90° à l'équinoxe.
- Entre 23,5° et 66,5° de latitude, cette même hauteur culmine au solstice d'été, le jour étant alors le plus long, et diminue de 47° au solstice d'hiver, le jour le plus court.
- Près des pôles, la hauteur du soleil ne dépasse jamais les 23,5° et ses rayons ont un angle d'incidence très faible. De ce fait, six mois de soleil continus ne peuvent suffire à réchauffer ces régions glacées.

L'altitude des reliefs géologiques est le deuxième facteur déterminant des climats. Chacun le sait, plus on s'élève, plus la température baisse. Sur les montagnes les plus hautes, les glaces ne fondent pas, et ce même dans les régions équatoriales.

Le pôle Nord se trouve au milieu de la cuvette qu'est l'océan glacial Arctique. Il est en permanence recouvert par une vaste banquise, qui est de l'eau de mer saisie en glace et occupe presque tout le cercle polaire arctique. Sa hauteur ne dépasse pas en règle générale quelques mètres d'altitude. Elle est donc sans commune mesure avec les glaciers de l'Antarctique, lesquels, reposant pour leur majeure partie sur un continent élevé, atteignent en moyenne 2 300 m d'épaisseur. C'est cette altitude très élevée qui fait que l'Antarctique abrite près de 90 % des glaces de la planète et que les températures du pôle Sud sont en moyenne entre 10 et 30°C plus basses que celles du pôle Nord. L'Antarctique est bien la région la plus glaciale du globe.

Outre la latitude et l'altitude, d'autres éléments contribuent à modifier les climats. Ce sont d'une part les grands courants marins qui sillonnent le globe, notamment le Gulf Stream, le Kouro-Shivo et le courant de Humboldt, qui peuvent réchauffer ou refroidir sensiblement de vastes régions. Or aucun courant chaud ne vient tempérer les rivages de l'Antarctique.

D'autre part, de façon plus localisée, le voisinage de la mer contribue à tempérer le climat. Mais l'Antarctique, avec sa banquise, présente une surface tellement grande qu'en aucun cas la mer ne peut prétendre en tempérer le climat intérieur.

Enfin, il convient de savoir que la neige et la glace réfléchissent une grande part de l'énergie solaire et contribuent de cette façon au refroidissement. La chose est particulièrement vraie en Antarctique où la couverture neigeuse renvoie près de 80 % des radiations incidentes de courtes longueurs d'onde, alors que les terres sans glace n'en renvoient que 35 % et les océans 15 %. C'est pourquoi, paradoxalement, si l'on s'élève dans l'atmosphère à 1 000 m au-dessus du continent glacé, la température se réchauffe de près de 30°C alors que presque partout ailleurs, à une telle altitude, la température est bien sûr sensiblement inférieure à celle du sol.

Cette logique climatique démontre qu'à l'intérieur du cercle polaire, donc à moins de 2 600 km d'un pôle, aucune flore ou végétation élaborée ne peut voir le jour. Même à basse altitude, on ne peut pas imaginer une forêt déracinée d'arbres élevés comme on en a pourtant trouvée en Arctique et en Antarctique. Nous dirons donc avec le géologue H. J. Harrington que : « la présence de conditions climatiques normales et de biotypes normaux au pôle Sud est fondamentalement anormale ». [5]

5 H. J. Harrington, cité dans un supplément au *National Geographic Magazine*, « Antarctica », avril 1987, vol. 171, no 6, p. 556. Le géologue l'affirmait déjà en 1986.

Nous le voyons, il est impossible d'envisager qu'un réchauffement global de la terre puisse expliquer une période chaude en Antarctique dans sa position actuelle à peu près centrée sur le pôle Sud. Force est d'en conclure que ce continent n'a pas toujours été au voisinage du pôle…

Les fossiles des dinosaures retrouvés sur les monts Kirkpatrick, par 84°20' sud et 166°19' est, résument à eux seuls le paradoxe de la situation.[6] William R. Hammer, de l'Augustana College en Illinois, collectait des fossiles avec son équipe près du glacier Beardmore. C'est à cette occasion que l'un de ses collègues découvrit les restes de deux dinosaures. L'un d'eux était un carnivore à tête crêtée et glacée, *« a frozen crested lizard »*, appelé de ce fait cryolophosaure. Il serait de l'espèce Ellioti et daterait du jurassique, c'est-à-dire entre 185 et 200 millions d'années. Il serait par là même plus ancien que les autres dinosaures carnivores retrouvés dans d'autres régions du monde.

Ce cryolophosaure mesurait environ 7,5 m. Son aspect était effrayant, ses dents effilées plantées dans sa mâchoire comme des couteaux à viande. Une crête compliquée couvrait son crâne. Elle se dressait en éventail comme la queue d'un paon. Hammer lui attribue une fonction dans une parade amoureuse. Ne se serait-elle pas dressée ainsi parce que l'animal était en plein combat ? Il était en train d'engloutir un dinosaure herbivore, de taille plus petite, nommé prosauropode. Un événement brutal aura interrompu le festin. Si tel n'avait pas été le cas, le cryolophosaure aurait terminé son repas.

On ne peut pas en effet expliquer la fossilisation des deux dinosaures à la suite d'un processus lent. Le dinosaure vainqueur aurait difficilement pu tuer sa victime et commencer à la dépecer et à la dévorer tout en sombrant après une immersion accidentelle dans un marécage, une tourbière ou de la vase.

Nous devons nous rappeler qu'une fossilisation peut être très brutale en cas d'éruption volcanique. Sous une pluie brûlante de cendres, des forêts entières peuvent être pétrifiées en quelques minutes. Ce phénomène s'est déjà produit à Saint-Pierre à la Martinique, où tout a été balayé en 1902 par une nuée ardente. Les arbres et les branches sont devenues lourdes comme des pierres.

6 Voir le numéro du *National Geographic Magazine* d'octobre 1994.

Le malheureux prosauropode a dû se métamorphoser en fossile avant que les membres de son corps ne soient dévorés ou ne se décomposent. Le cryolophosaure vainqueur n'a pas même eu le temps de fuir. Il est mort avec sa proie entre les dents.

Précisons que ce fascinant spectacle pétrifié a été découvert à 4 000 m d'altitude. Or, il est peu probable que le dinosaure herbivore ait pu trouver de l'herbe en abondance à une telle altitude. De plus, on ne peut pas se résoudre à penser que ces animaux aient pu vivre au pôle Sud, où le climat n'a jamais pu atteindre une température suffisamment élevée pour permettre une végétation susceptible de nourrir des animaux aussi développés.

Chacun sait que l'hypothèse d'une chute massive de bolides – météorites ou même planétoïdes – a été avancée pour expliquer la fin des dinosaures. Un pareil événement est bien loin de pouvoir servir d'explication dans le cas qui nous préoccupe.

Cela réclame en effet le concours de trois circonstances exceptionnelles :

- Premièrement, une éruption volcanique a dû provoquer une fossilisation brutale des deux animaux.
- Deuxièmement, le sol a dû brutalement s'élever de 3 à 4 000 m.
- Troisièmement, le continent antarctique a dû dériver de 3 000 km à 4 000 km.

C'est ce dernier point qui est le plus remarquable !

2.2 Cartographie (la terre est ronde depuis longtemps)

Il nous paraît ici nécessaire de revenir sur les premières cartes du continent antarctique. Les témoignages des anciens peuvent peut-être une nouvelle fois nous apporter une réponse là où la science bute sur un obstacle.

La cartographie à travers les siècles

La cartographie répond à un besoin très ancien de l'homme de représenter, de connaître, et de se repérer dans son milieu. Aujourd'hui, nous disposons de moyens que nul n'aurait pu imaginer il y a encore quelques décennies. Des satellites civils et militaires mis au service du grand public permettent d'observer terres et mers au 1 / 50 000 (1 cm sur la carte représente 500 m sur le terrain). Il sera bientôt possible de visualiser en trois dimensions le trafic automobile de la place de la Concorde ou bien des volcans avant et après éruption à quelques centaines de mètres d'altitude et le tout sur son ordinateur personnel.[1]

On sait que les civilisations les plus reculées ont favorisé la navigation. Déplacer de lourds chargements par voie terrestre était en effet plus compliqué, eu égard au caractère rudimentaire des moyens de transport. Il était certes plus pratique de charger ses cargaisons sur des navires que de traverser forêts, montagnes, et autres cours d'eau. En outre, le risque était moindre de se confronter à l'hostilité de populations guerrières. Encore fallait-il pouvoir s'orienter. Or, l'orientation est inséparable de la cartographie. Pour faire une bonne carte, il ne faut pas perdre le nord. Comment les anciens se repéraient-ils ?

L'Antiquité grecque a largement contribué aux progrès dans les calculs des surfaces terrestres et maritimes. L'astrolabe mesure la latitude. La hauteur du soleil ou d'une étoile est indiquée sur la face graduée de l'instrument. La mesure des longitudes est beaucoup plus complexe et d'autant moins fiable qu'on ne dispose pas d'horloges précises et facilement transportables en mer. On utilise alors la clepsydre, le sablier ou encore les

1 *Science et Vie*, décembre 1999, pp. 54-60.

ampoulettes (sablier à eau) qui serviront bien plus tard à Christophe Colomb. L'expérience pour le moins erratique de ce dernier montre assez à quel point les techniques d'orientation laissaient encore à désirer… Les premiers navigateurs se repèrent donc grâce à la situation des étoiles et des constellations. L'étoile du Nord est le point de localisation principal des marins méditerranéens et des côtes atlantiques. Les conditions climatiques déterminent son observation : dans un ciel couvert de nuages, l'Étoile polaire n'est d'aucun secours aux navigateurs. Il leur faut un outil capable de les orienter indépendamment des caprices météorologiques.

Au XIIe siècle, les marins européens utilisent la boussole à eau introduite par les Chinois et les Arabes : une aiguille aimantée, agrémentée d'un fétu de paille flotte dans un bol d'eau. Hélas, relativement apte à indiquer le nord sur terre, elle se révèle passablement inefficace à bord d'une embarcation. C'est seulement dans les années 1260 qu'on fixe l'aiguille sur un pivot. Dès lors, la boussole, ou compas marin, est adoptée et ne cesse de gagner en précision. Néanmoins, l'Étoile polaire reste, même au XVe siècle, préférable dans les expéditions : les navigateurs font davantage confiance aux astres polaire et solaire qu'au pôle magnétique. Dans l'hémisphère Nord, le pôle céleste est proche de la Petite Ourse. Dans l'hémisphère austral, il avoisine la Croix du Sud. Les repérer n'est pas toujours chose facile. Cela dépend toujours du temps qu'il fait.

Il est probable que les premières cartes précèdent l'invention même de l'écriture. Trente siècles avant notre ère, les peuples navigateurs s'efforcent déjà de dessiner les contours des côtes et des itinéraires sur des tablettes d'argile. Les tentatives de représentation du monde sont nombreuses dans l'histoire des hommes. Elles sont aussi variées qu'emblématiques du milieu dont elles sont issues. Les connaissances astronomiques ont permis aux explorateurs de se diriger, aux marchands de développer l'économie par la voie des mers, à l'époque où l'on ne dispose pas encore d'instruments fiables de navigation. Dès le XIIIe siècle et tout au long du Moyen Âge, les portulans s'imposent auprès des navigateurs, des marchands et des pêcheurs. Ces cartes nautiques indiquent les caps et les distances entre les différents ports. Ces cartes offrent un avantage pratique bien plus que scientifique. On note sur des cahiers d'instruction les meilleurs itinéraires, les plus rapides pour les déplacements de port à port. Leur support était souvent des peaux de chevreaux. Les portulans, par leur précision dans le tracé des côtes, ont constitué une solide base de travail pour les mathématiciens et astronomes qui se sont attelés, grâce aux avancées scientifiques, à la cartographie.

Des cartes étonnantes

On trouve une première représentation symbolique de la région antarctique dans la carte considérée comme la plus ancienne du monde, puisqu'elle est supposée dater de la première dynastie babylonienne (1830-1530 av. J.-C). Babylone est représentée au centre. Le « fleuve amer », ou « océan », entoure les terres.

Les pays voisins de la Mésopotamie portent des indications en écriture cunéiforme. Au-delà de la zone des eaux, c'est-à-dire de l'océan, sept triangles indiquent d'autres régions. Le terme employé pour ces territoires est *na-gu-u* qu'on pourrait traduire par « île ». Elles sont « extérieures au continent qu'habitent les hommes ».[2]

À coté d'un triangle, on trouve la mention : « Pays où le soleil ne se lève plus ». Le cinquième triangle porte l'annotation : « Où le soleil ne peut être vu ». Les archéologues Unger et Contenau voient là à juste titre une allusion à la nuit polaire.[3]

Sur le quatrième rectangle, on peut lire : « Clarté plus grande que le crépuscule du soir et la lueur des étoiles ». Il s'agirait d'une région du cercle polaire, située en Antarctique, à plus de 500 km du pôle Sud. Le septième triangle dit : « Océan céleste », et « les animaux que le dieu Mardouk a créés ».[4]

On reconnaît, derrière les monstres imaginés dans les mythologies, les innombrables phoques des côtes antarctiques.

L'océan entoure toutes les terres mais encercle aussi le pays « où le soleil se

2 G. de Champeaux et D. S. Sterckx, *Le Monde des Symboles*, Éditions Zodiaque, 1966, p. 67.

3 G. de Champeaux et D. S. Sterckx, *ibid.* ; G. Contenau, *Le déluge babylonien*, Payot, 1952, p. 78.

4 G. Contenau, *ibid.*

82
7-14
509
92687

Figure 20. *Plaque babylonienne (env. 700-500 av. J.-C.) provenant probablement de Sippar au sud de l'Iraq. Cette plaque possède une inscription cunéiforme et une carte unique du monde mésopotamien.*

lève », ce qui n'est pas une banalité puisqu'il existe aussi celui « où il ne se lève plus ». En effet, et c'est important de le remarquer, il est bien dit que, dans cette région particulière, le soleil ne se lève plus, et non qu'il ne se lève pas.

Qu'en conclure ? Tout simplement qu'il fut un temps où les levers et couchers de soleil survenaient de la manière que nous connaissons. Puis un événement est venu perturber le cours immuable des choses. Or, si le soleil ne se lève plus pendant six mois de l'année, les glaces ont tout le loisir d'envahir le continent.

Si elles ne l'ont pas fait avant, ne faut-il pas en chercher la raison dans le fait que ce continent était plus éloigné du pôle Sud qu'il ne l'était quand la région a été cartographiée ?

Le palimpseste de saint Gall

Considéré comme la plus ancienne carte du monde actuellement connue en Occident, le palimpseste de saint Gall serait du IXe siècle apr. J.-C.

Schématisé à l'extrême comme la tablette babylonienne, la Terre est représentée par un cercle, sommé d'un Christ en croix, le haut étant donc orienté à l'est. À gauche, en bas, donc au nord-ouest, on trouve l'Europe, « EVROPA, JAPHET ». À gauche et en haut, se trouve l'Asie, « ASIA, SEM ». Au milieu et en bas, donc à l'ouest c'est au tour de l'Afrique, « AFRICA, CAM ». Les trois parties du monde sont donc bien en place, affectées arbitrairement aux trois fils de Noé, censés être les ancêtres de tout l'Ancien Monde.

Au milieu et en haut, un rectangle est vide, un inconnu du côté est, l'orient. Un couloir maritime sépare les deux, horizontal : la mer Rouge, s'allongeant dans la direction nord-sud, « HILYS ». Une deuxième bande verticale à droite de cet ensemble représente l'Atlantique Sud et l'océan Indien, courant du sud-ouest au sud-est.

Enfin, le tiers du cercle, sur la droite, donc en plein au sud, est un vaste continent : « TERRA INHABITABILIS », une terre importante, nécessairement connue, mais devenue inhabitable : l'Antarctide.

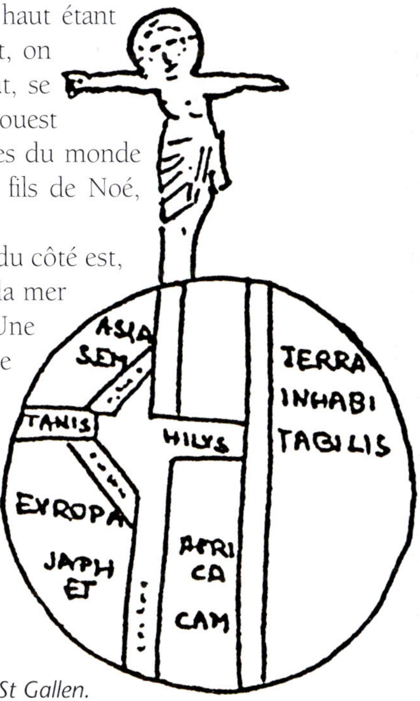

Figure 21. *Carte Saint Gall, MS no 237 à la Stiftsbibliothek St Gallen.*

Carte de Macrobe

Au XVe siècle apr. J.-C., un commentaire du songe de Scipion rééditait une représentation inspirée de la cosmographie de Macrobe, un compilateur du Ve siècle (Bibliothèque Nationale, Paris). Les cinq zones climatiques décrites par Ovide dans ses *Métamorphoses* sont clairement indiquées. En allant du pôle Nord au pôle Sud, on a :

- une zone glacée boréale, FRIGIDA,
- une tempérée boréale, TEPERATA,
- celle centrale tropicale, PERUSTA,
- une tempérée australe, TEPERATA ANTIPODUM, nobis Incognita,
- celle glacée australe, FRIGIDA.

Europe et Asie sont à cheval sur les deux premières zones. L'Afrique est à cheval sur les deux suivantes, avec mer Rouge et golfe Persique s'ouvrant sur l'océan Indien.

Le continent austral est représenté aussi grand que les trois premiers continents réunis, et connaît les trois zones climatiques, au-delà des mers australes. Ceci montre sans conteste qu'il reste le souvenir que cette terre australe a connu dans un passé proche des conditions climatiques beaucoup plus clémentes qu'aujourd'hui !

Saint Isidore de Séville, VIe–VIIe siècle

Il est le dernier Père de l'Église d'Occident. En tant qu'évêque de Séville (601-636), il exerça un rôle prépondérant dans l'Espagne wisigothique. Comme compilateur, son ouvrage encyclopédique le plus célèbre reste les *Étymologies* ou *Origines*.

Elles contiennent « tout ce qu'il faudrait savoir », ainsi que l'affirme un contemporain, et « consacrent plusieurs livres à la cosmographie ainsi qu'à la géographie physique et politique ». Isidore admet la sphéricité de la Terre, mais s'il repousse l'hypothèse d'hommes antipodes qu'il considère comme une fable, il ne semble pas éloigné de croire à une « terre » antipode de la nôtre.

C'est dans sa description de la Libye qu'on rencontre une affirmation

Figure 22. *Carte de Macrobe – représentation inspirée de la cosmographie de Macrobe, compilateur du* V*e* *siècle, dans le commentaire du songe de Scipion.*

SEPTEN TRIO
OC
BOREAS AQUILO
DESERTA ARENOSA
ALBANIA
GALACIA
CAPADOCIA
CILICIA
ASIA MINOR
LICIA
MACEDONIA
TESSALONICA
EPIRUM
ACAIA
SINUS ADRIATICUS
CALABRIA
APULIA
ROMA
SPOLITE
ITALIA
PROUINCIA
SEPTIMANIA
hic caput europae
ALANIA
SARMATICA
PANNONIA
FRANCIA
GALLIA BELGICA
GALLIA LUGDUNENSIS
AQUITANIA
UUASCONIA
GALLICIA
TRASCIUS CIRCIUS
KORUS AGRESTIS
FAUONIUS
UENTUS A SEPTENTRIO

GENS SERES
ASIA MAIOR
GENERALITER PARTIA VOCATUR
ARACUSIA
BABILONIA
CALDIA
ARABIA
GALILEA SUPERIOR
GALILEA INFERIOR
IUDEA
PALESTINA
SINUS ARABICUS
NABATIA REGIO
EGIPT SUPERIOR
INSULA MEROEN
EGIPT INFERIOR
LIBIA
AFRICA
DESERTA ARENOSA
AETHIOPIA
MARE RUBRUM
INSULAE FORTUNATARUM
AUSTER AFRICUS
LIBO NOTHUS
LIPS AFRICUS
AUSTER
MERIDIES
EURO AUSTER

saisissante souvent reprise par les cosmographes et cartographes du Moyen Âge :

> En plus des trois parties du monde, il y a une quatrième partie au-delà de l'océan dans la direction du sud et inconnue de nous à cause de la chaleur du soleil. Dans ces régions on prétend fabuleusement que vivent les Antipodes. [5]

Ce texte se retrouve, en mauvais latin, sur la très belle carte ovoïde de Beatus de Liebana, dit Beatus de Saint-Sever, datant du milieu du XIe siècle.

> *EXTRATRESAUTEMPARTESORBISQUARTAPARSTRANS*
> *OCEANUMINTERIORESTIMMERIDIEQUAESOLISARDOR*
> *INCOGNITANOBISESTINCUIUSFINIBUSANTIPO*
> *DASFABULOSAEINHABITERE« POUNT »*

La traduction mérite d'être moins légère, articulée, plus complète, et scrupuleusement suivie, en évitant le contre-sens flagrant de celle ci-dessus.

EXTRA TRES AUTEM PARTES ORBIS : « En dehors des trois parties de l'orbe (terrestre) », c'est-à-dire hors de l'Europe, l'Asie et l'Afrique. En effet les cartes circulaires du type Macrobe, ou TO (*Terrae orbis*), entre le Ve et le XIIe siècle, ignorent l'Amérique. Elles comportent l'Europe et l'Asie formant un bloc, et l'Afrique séparée des deux premières par la Méditerranée. Il n'y a aucun souci de proportion ni d'exactitude, mais le schéma est élégant et clair. Il résume simplement de vastes connaissances.

QUARTA PARS, TRANS OCEANUM, INTERIOR, EST, IMMERIDIE : « une quatrième partie, au-delà de l'océan, à l'intérieur, est, dans la direction du sud ». *Immeridie* signifie bien « au sud » ; les cartes ont le soin d'indiquer, sur leur pourtour, les quatre directions cardinales, le nord (Septentrio), le sud (Immeridie), l'est (Oriens), l'ouest (Occidens).

5 *Cartes et Figures de la Terre*, Centre George Pompidou, CCI Paris, 1980, p. 138.

Page précédente : Figure 23. Carte Beatus *tirée de la commentaire sur L'Apocalypse attribuée à Beatus de Liebana dit Beatus de Saint-Sever, milieu du XIe siècle.*

QUAE SOLIS ARDOR INCOGNITA NOBIS EST : « Où l'ardeur du soleil nous est inconnue ». Un parfait contre-sens se retrouve dans la plupart des traductions : la chaleur du soleil rend les régions équatoriales pénibles, mais nullement insupportables. Comme elles restaient inconnues pour nos cartographes, l'on croyait qu'une température excessive les rendait inhabitables, donc infranchissables.

IN CUIUS FINIBUS : « En ces extrémités »... Comment parler d'extrémités sur une sphère ? C'est ridicule si elle est immobile! Mais la terre tourne autour d'un axe invisible, passant par son centre, et traversant sa surface aux pôles : tout est en rotation, sauf en ces deux points.

Un poème hindou dit : « Ô Roue, comment serais-tu efficace sans tes deux pôles ? S'ils ne restaient immobiles, comment tout pourrait-il tourner ? »

ANTIPODAS FABULOSAE IN HABITERE « POUNT » : « Les fabuleux Antipodes habitaient dedans... Pount ». La Terre étant bien sûr ronde, les hommes se devaient d'avoir leurs pieds tournés vers nous (*anti-podas*), ce qui dérangeait saint Augustin et saint Isidore.

Inhabitere signifie inhabitable. Les traductions rendent en général pour *habitere* : « vivent, habitent », escamotant un *« in »* négatif qui n'a aucun sens, puisqu'il est question d'habitants fabuleux. Ce *« in »* ne peut donc avoir que le sens : « à l'intérieur ». Le continent austral est bien habitable mais à l'intérieur de grottes, de cavernes, d'abris !

Quant à « POUNT », c'est le nom que les Égyptiens donnaient au pays des dieux immortels, au Tertre Originel, berceau des dieux et des hommes. Paradis, Enfers, Terre des Morts, Île de la Mort. Au VIIe siècle de notre ère, saint Isidore de Séville était encore parfaitement au courant que le berceau de l'humanité était au voisinage du pôle Sud, sur le continent antarctique, nommé alors Terre australe.

Les explorateurs des époques reculées ne disposaient certes pas des moyens qui sont les nôtres. Nous trouvons cependant des cartes fort anciennes qui surprennent par leur précision. Et pas seulement de la Méditerranée, notre *mare nostrum*, qui était considérée par les Européens comme le centre du monde.

Figure 24. Mappemonde *de Johannes Schöner (1520) : l'océan Pacifique.*

Schöner, 1515-1533

Sur le premier globe de l'Allemand Schöner (1515), apparaît une vaste *Brasilia Regio* (n'ayant rien à voir avec le Brésil) séparée de l'Amérique du Sud par une large échancrure, préfiguration du détroit de Magellan.

Sur le globe de 1520 du même auteur, se développe aux latitudes antarctiques un *Brasilia Inferior* inspiré de Vespucci, alors que le Brésil proprement dit est appelé *Papagalli Terra* (Terre des Perroquets).

Schöner efface le continent austral dans le globe de 1523, pour le faire figurer à nouveau dix ans plus tard dans le globe de Weimar (1533). L'Antarctique y est représenté, sans doute construit à partir de sources qui diffèrent de celles que nous verrons chez Oronce Fine, mais le résultat d'ensemble est comparable.

Oronce Fine,1532

Oronce Fine, professeur au Collège royal de France, vécut à Grenoble et à Paris où il mourut. Il publie une carte de France, assez bonne, mais avec des écarts trop élevés en longitude.

Il publie une étonnante carte de l'Antarctique en 1532 qu'il nomme *Terra Australis Re, center immensa, sed nondii plene cognita*, c'est-à-dire « région de la Terre Australe, centre immense, mais non pleinement connue jusqu'à ce jour ». Le double réseau de méridiens et de parallèles est espacé de 10° en 10°, selon une projection cordiforme.

En comparant cette carte du XVIe siècle avec la carte actuelle, on réalise avec stupeur que les deux représentations de l'Antarctique ne sont guère différentes. La superposition des deux documents montre un faible écart dans les proportions du continent. Le contour des côtes est très précisément indiqué. Les mers de Ross et de Weddell sont bien situées. Comment Oronce Fine a-t-il pu, avec les moyens dont il disposait, cartographier et hydrographier ce gigantesque glaçon qu'est aujourd'hui l'Antarctique ?

Le pôle Sud, par ailleurs bien placé au sein du continent, se situe sur ce qui serait actuellement 75° sud, 45° est, soit fort loin de la position actuelle. Certains points du continent antarctique – situés dans l'océan Indien – ne

Page suivante : Figure 25. *Carte Oronce Fine,* Nouvelle et entière description du monde, *1531.*

NOVA, ET
INTEGRA
VN
SEPTE TRIO.
PARS BO
REALIS.
TROPICVS
CANCRI.
CIR. AEQVATOR
ARCTICVS
CATAY
TOLOMA
DESERT V. BELOR
INDIA
HISPANIA
ITALIA
Islanda
Mare Indi
Mare abbatuch
Mare mediterraneum
AEGYPT.
OFFERI
Lector, uni
iuxta recent
rum menten
rallelorum
gemina cord
sam: quaru
stralem Mur
munusculum
gratias Chr
impensis hæ

RSI ORBIS DESCRIPTIO
TERRA AVSTRALIS RE
center inuenta, sed nondū plenè cognita.
REGIO PATALIS.
BRASIELIE REGIO.
CIRCVLVS ANTARCTICVS.
TROPICVS CAPRICORNI.
Mare magellanicum.
MERI DIES.
Zanzibar
Madagascar vel s. laurētij
Pusille
A ME RI CA.
C. s. crucis
Monte fregoso.
Mons pasqualis.
ELPH:
ANDIDE
descriptionē,
Hydrographo
ris, tum pa
proportione,
plano coexten
tra uero au
. Tu igitur
o : habetoque
us fauore &
PARS AVSTRALIS

sont pas loin d'atteindre le tropique du Capricorne. Comment expliquer cet écart avec nos cartes modernes ?

On reconnaît aisément l'étrange similitude de ces cartes d'Antarctide, avec les mers de Ross et de Weddell bien présentes. Nos connaissances récentes rejoignent celles dont se sont servis les cartographes du XVIe siècle. Les proportions sont bonnes, avec près de 90 % d'exactitude : le continent austral, non glacé alors, avait dû être assez bien connu, sur tout son pourtour, pour être ainsi dessiné sans chronomètre, avec le seul repaire des astres !

Figure 26. *Carte de l'Antarctique d'Oronce Fine redessinée sur une projection polaire et en surimpression sur une carte moderne.*

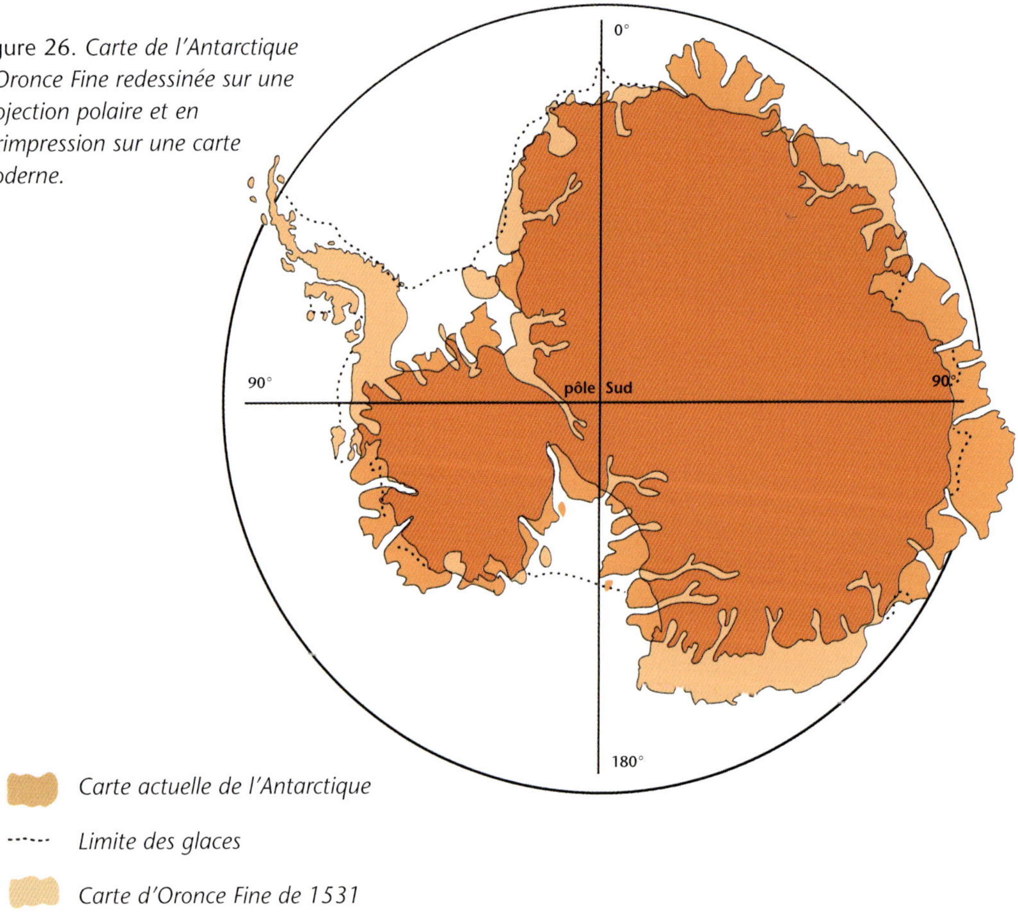

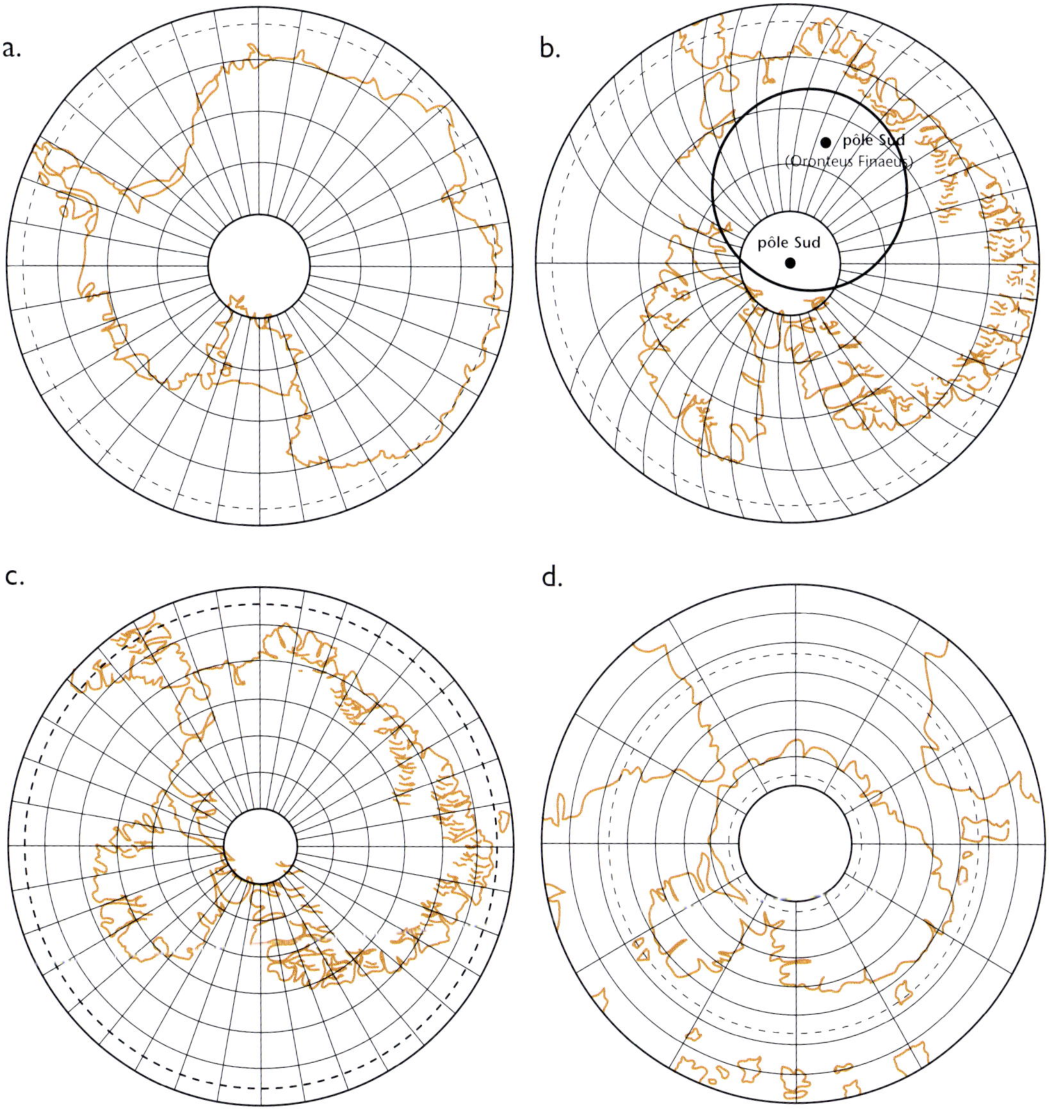

Figure 27. *Quatre cartes demandent à être comparées :*
(a.) celle actuelle de l'Antarctide ;
(b.) celle d'Oronce Fine, de 1531-2 ;
(c.) la même, retranscrite en projection polaire à parallèles équidistants ;
(d.) le globe de Schöner, de 1523-4, venant d'autres sources.

Figure 28. *Carte Piri Re'is, 1513.*

Piri Re'is, 1513

L'amiral turc Piri Re'is a réalisé en 1513 une carte avec l'aide de documents saisis chez un pilote espagnol ayant fait trois traversées sur quatre de l'Atlantique avec Christophe Colomb et capturé à la suite d'un combat en 1501. En tout une vingtaine de *Mappas Mundi*, c'est-à-dire de cartes dessinées au temps d'Alexandre et représentant les parties habitées du monde, ont servi à sa réalisation.

Conservée au palais Topkapi d'Istamboul, retrouvée en 1929 par Hali Edhem, une copie est offerte en 1956 par un officier de marine turc aux services hydrographiques américains. C'est en reconnaissant la fiabilité de cette carte que Charles Hapgood en vint à lancer un programme de recherches au Keene Teachers' College. On trouve une représentation du rivage du continent antarctique faisant face à l'Atlantique.

Le lieutenant-colonel Harold Z. Ohlmeyer, du 8e escadron technique de reconnaissance, écrit à Hapgood le 6 juillet 1960 :

> La côte de la Princesse Martha, de la Terre de la Reine Maud, en Antarctique, semble vraiment représentée sur la partie sud de la carte de Piri Re'is. La concordance entre la carte de Piri Re'is et le profil sismique de cette région, réalisé par l'expédition suédo-anglo-norvégienne de 1949, rend indubitable la conclusion selon laquelle les cartes originelles, qui ont servi de sources, ont dû être faites avant que l'actuelle carapace glaciaire ne couvre les côtes de la Reine Maud.[6]

La représentation d'un serpent dessiné sur le continent antarctique, dans la carte de Piri Re'is, a été expliquée de façon intéressante par Hapgood : la constellation de l'Hydre, entre la Grande et la Petite Ourse, était nommée « Serpent » par les Grecs, visible précisément à des latitudes sud inférieures à 70-72°, donc sur la Terre de la Reine Maud.

Mais le serpent était le symbole par excellence de cette région polaire, ainsi que tant de textes en font état, et tant de représentations archaïques.

6 C. Hapgood, *Les Cartes des anciens rois des mers*, Éditions du Rocher, 1981, p. 246.

Le serpent se cache sous terre pendant l'hiver et change de peau : signe de l'éternelle jeunesse attribuée aux dieux vivant à l'intérieur du cercle polaire.

Mercator, 1569

Gerhard Kremer est le plus célèbre cartographe du XVIe siècle, connu sous le nom de Mercator. Déclarer que les anciens pensaient que la terre était plate, parce qu'ils la représentaient à plat, est aussi insensé que de croire nos cartographes assez ignorants pour en faire autant !

La terre est voisine d'une sphère, et on le sait depuis bien longtemps, malgré des temps d'oubli. Mais comment représenter quoi que ce soit facilement, sinon à plat, sur du papyrus, de l'argile, de la pierre, du papier ? Or, une sphère n'est pas une surface développable ! Impossible de montrer – sans déformation – des dessins tracés sur un globe, des continents situés sur la surface terrestre !

Méridiens et parallèles géographiques sont en réalité des cercles : il est tentant de les représenter sous la forme de droites, sur une planche. Mercator ne fut pas le premier à tracer à plat les parallèles équidistants par des droites parallèles et les méridiens qui se rejoignent aux pôles, par des droites perpendiculaires aux premières, comme dans la réalité, et donc parallèles aussi entre elles.

L'ennui est, qu'à une latitude L, l'espace entre deux méridiens est moindre dans la réalité que sur la planche (multiplié par cos. L). L'échelle serait respectée, à condition d'espacer les parallèles en sorte que la dite échelle soit, à la latitude L multipliée par cos. L. Ce fut l'idée de Mercator qui inventa les cartes marines à latitudes croissantes.

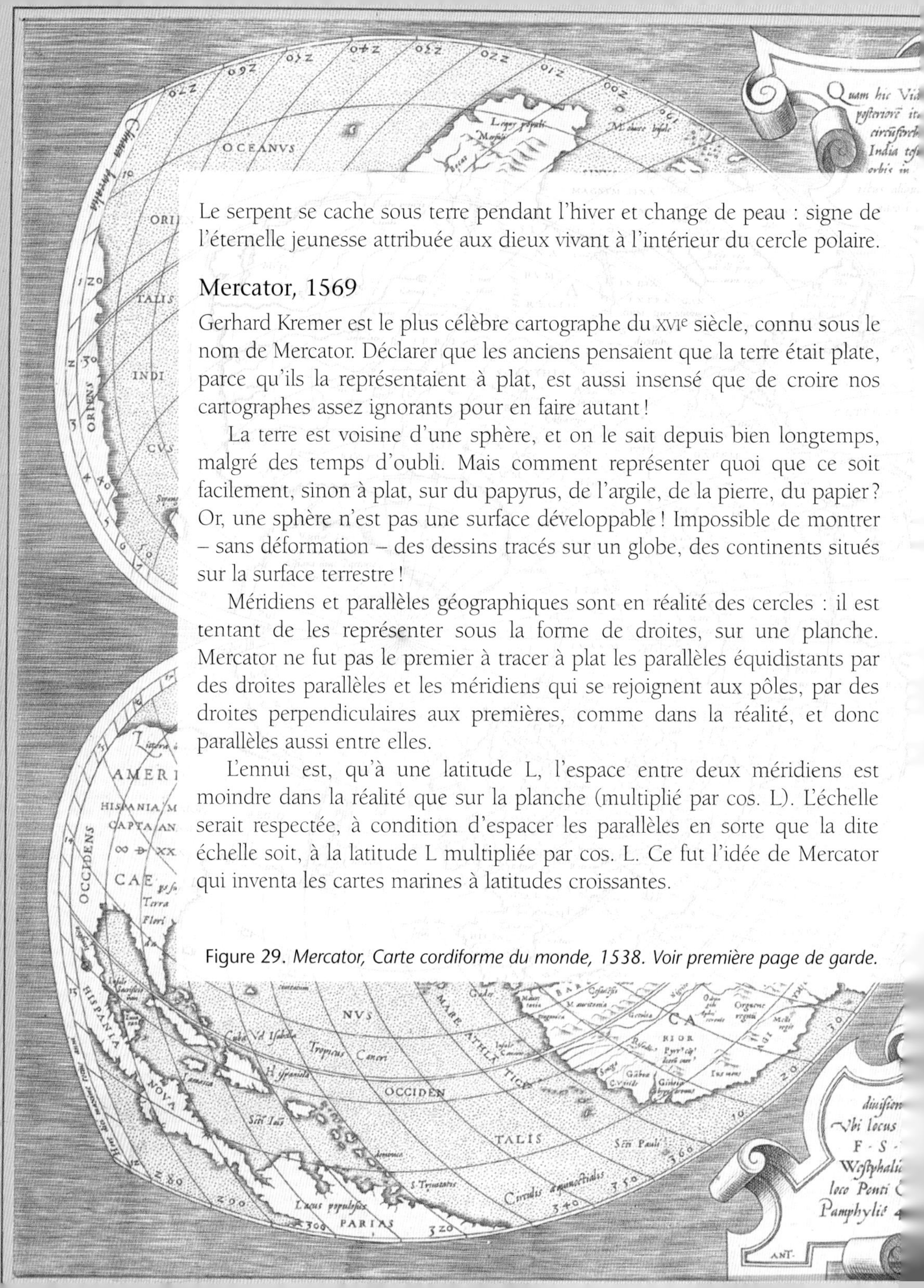

Figure 29. *Mercator, Carte cordiforme du monde, 1538. Voir première page de garde.*

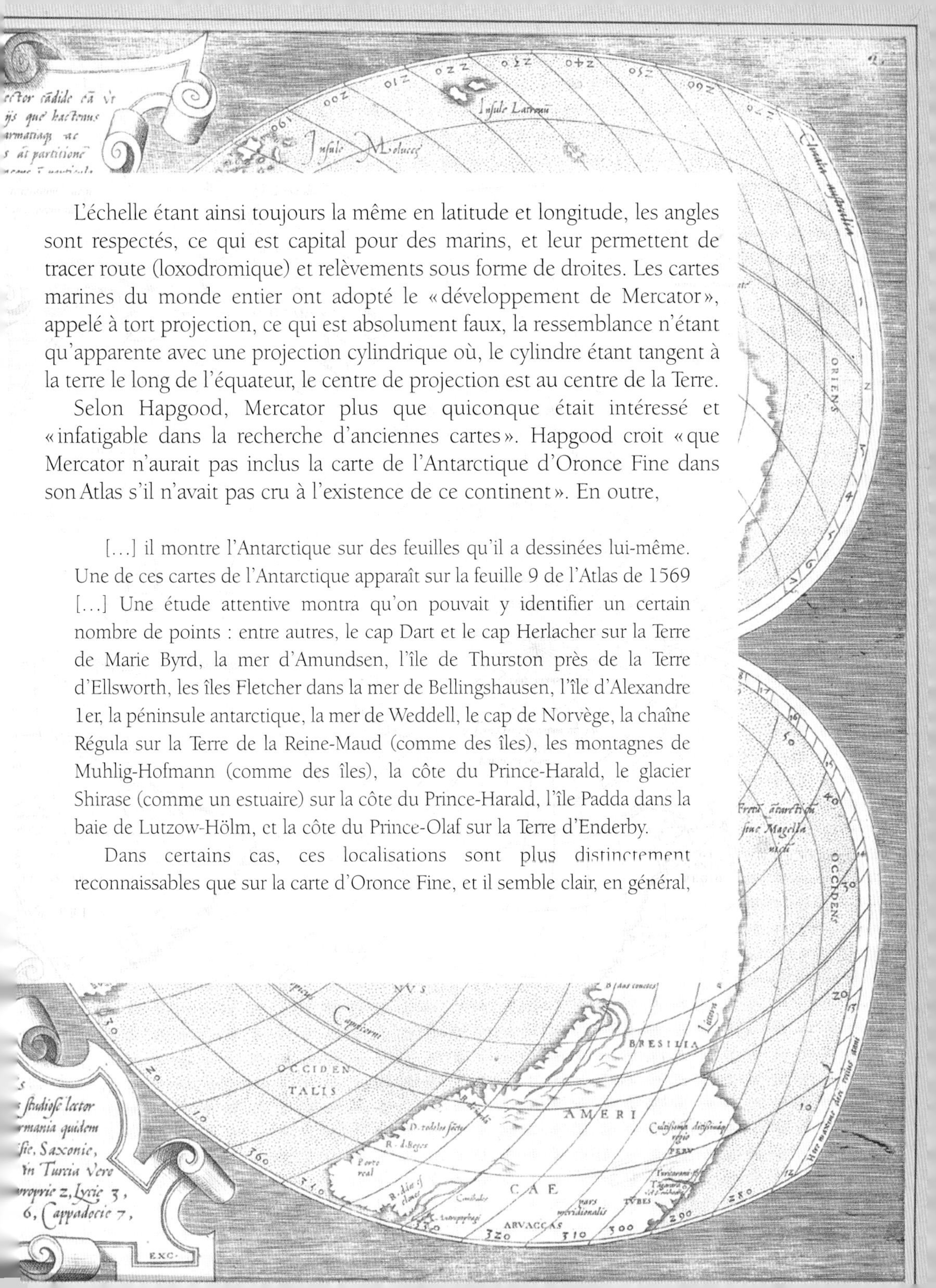

L'échelle étant ainsi toujours la même en latitude et longitude, les angles sont respectés, ce qui est capital pour des marins, et leur permettent de tracer route (loxodromique) et relèvements sous forme de droites. Les cartes marines du monde entier ont adopté le « développement de Mercator », appelé à tort projection, ce qui est absolument faux, la ressemblance n'étant qu'apparente avec une projection cylindrique où, le cylindre étant tangent à la terre le long de l'équateur, le centre de projection est au centre de la Terre.

Selon Hapgood, Mercator plus que quiconque était intéressé et « infatigable dans la recherche d'anciennes cartes ». Hapgood croit « que Mercator n'aurait pas inclus la carte de l'Antarctique d'Oronce Fine dans son Atlas s'il n'avait pas cru à l'existence de ce continent ». En outre,

> […] il montre l'Antarctique sur des feuilles qu'il a dessinées lui-même. Une de ces cartes de l'Antarctique apparaît sur la feuille 9 de l'Atlas de 1569 […] Une étude attentive montra qu'on pouvait y identifier un certain nombre de points : entre autres, le cap Dart et le cap Herlacher sur la Terre de Marie Byrd, la mer d'Amundsen, l'île de Thurston près de la Terre d'Ellsworth, les îles Fletcher dans la mer de Bellingshausen, l'île d'Alexandre 1er, la péninsule antarctique, la mer de Weddell, le cap de Norvège, la chaîne Régula sur la Terre de la Reine-Maud (comme des îles), les montagnes de Muhlig-Hofmann (comme des îles), la côte du Prince-Harald, le glacier Shirase (comme un estuaire) sur la côte du Prince-Harald, l'île Padda dans la baie de Lutzow-Hölm, et la côte du Prince-Olaf sur la Terre d'Enderby.
>
> Dans certains cas, ces localisations sont plus distinctement reconnaissables que sur la carte d'Oronce Fine, et il semble clair, en général,

que Mercator avait à sa disposition, comme sources, des cartes différentes de celles utilisées par Oronce Fine.[7]

« Découvert » tardivement, on l'a vu, et difficilement, comment expliquer que le continent Antarctique ait pu être cartographié par des Européens avant même qu'ils n'y posent le pied ? Comment se fait-il que les résultats de l'hydrographie, l'étude du contour des mers et des côtes que représentent ces documents anciens, soient si proches des conclusions contemporaines ? Leur connaissance en navigation était-elle à la mesure de la précision des cartes de l'Antarctique ? Les cartes du XVIe siècle de Schöner, d'Oronce Fine, de Mercator et de Piri Re'is laissent les chercheurs perplexes. Il est impossible d'avoir pu explorer et dessiner toutes les côtes de ce vaste continent puisqu'il est recouvert de glace. Quelle était la source d'information des cartographes ? Comment ont-ils pu être à ce point proche de la vérité quand on connaît les moyens dont ils disposaient ?

7 C. Hapgood, *Les Cartes des anciens rois des mers*, *op. cit.*, pp. 103-5.

Figure 30. *L'Antarctique sur la carte de Mercator, 1569. Voir dernière page de garde.*

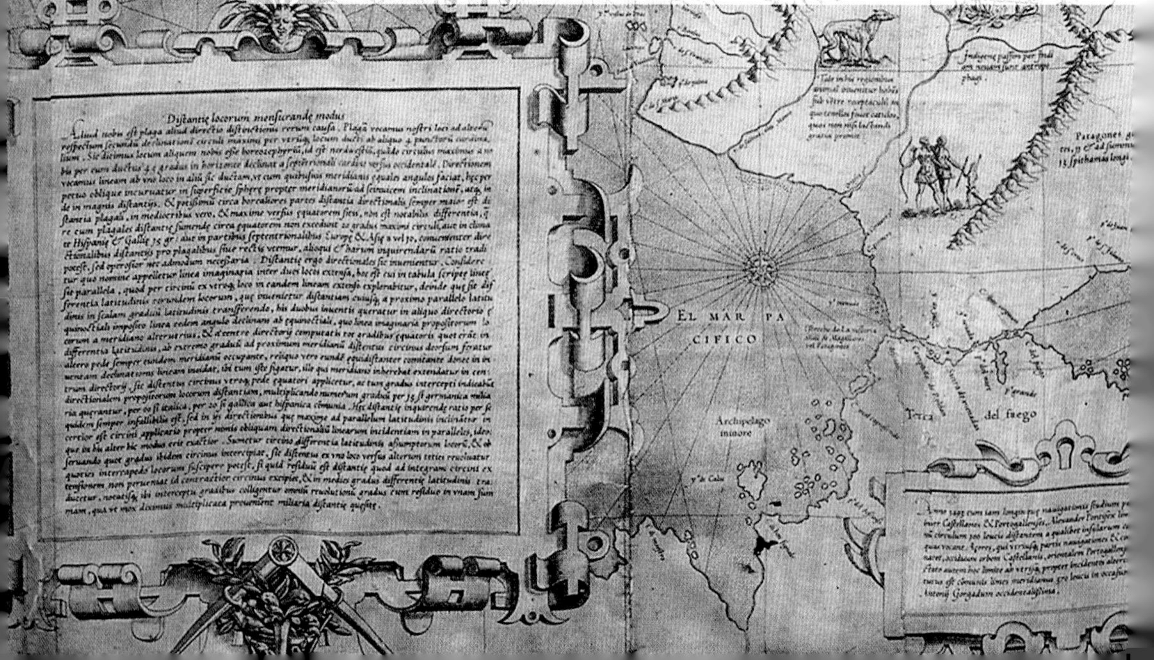

Ce que nous apprennent les cartes anciennes

Allons plus loin. Ces cartes montrent que, avant sa glaciation, l'Antarctique a été fort bien hydrographié. Une hydrographie rudimentaire d'un tel territoire demande une connaissance de la navigation et de la géométrie qui dépasse les possibilités des navigateurs anciens.[8] Pour faire si peu d'erreurs dans les proportions du continent austral, ne fallait-il pas qu'une civilisation avancée y ait vécu ?[9] Il semble légitime de le penser. Le docteur Weishaupt conclut que :

> les cartes d'Oronce Fine et de Mercator à travers leur ressemblance avec le contour actuel de l'Antarctique, suggèrent que la connaissance humaine de ce continent pourrait dater d'une époque plus ancienne que celle de ce siècle… Les deux cartes montrent virtuellement le contour et les détails d'un continent qui, comme l'Antarctique, est centré sur le pôle sud.

8 W. Sullivan, revue *Science* du 27 septembre 1984.

9 C. Hapgood, dans *Les Cartes des anciens rois des mers, op. cit.*, émet la même hypothèse.

Une civilisation peuplant l'Antarctide avant sa période de glaciation serait donc à la source des renseignements dont disposaient les cartographes du début de notre ère.

Or toutes les représentations de l'Antarctique font état de deux grandes différences avec le continent tel qu'on le connaît de nos jours : l'Amérique du Sud pointe en ligne droite sur la terre de Santa Marta (Marie-Byrd), précisément où commence l'arrachement de la péninsule antarctique. Celui-ci n'était donc pas encore survenu, incurvant la Patagonie vers l'est jusqu'aux îles Sandwich du sud, pour revenir vers le sud-ouest rejoindre la Terre de Graham.

La position de l'Antarctique dans son ensemble est différente. Il devait alors s'avancer dans l'océan Indien jusqu'à environ 25° sud : Il aurait donc dérivé par rapport à l'Afrique d'environ 45° vers le sud et autant vers l'ouest, ce qui représente environ 7 000 à 8 000 km, ce qui concorde de façon étrange avec les conclusions liées à la tectonique des plaques.

Les données qui nous viennent du passé, aussi lointain soient-ils, nous apportent à l'évidence des renseignements très précieux. Au stade actuel de notre recherche, nous avons appris que l'ensembles des grands foyers de civilisation font référence à un même passé sur un grand continent, d'où ils ont été chassés par des conditions climatiques trop dures, identiques à celles que l'on rencontre près d'un pôle. Ayant embarqué sur de grands navires, ils ont essaimé dans toutes les directions.

Ce continent, qui ne peut être que l'Antarctique, s'est avéré la source d'indices troublants qui nous indiquent qu'il a été, un jour, dépourvu de toutes glaces. Or nous venons juste d'avoir la confirmation par l'étude de la cartographie ancienne qu'une civilisation nécessairement avancée avait vu le jour sur ce continent alors qu'il n'était pas placé près du pôle…

Comment, alors que toutes ces révélations extraordinaires nous parlent d'un passé qui ne peut pas être très ancien, des dates sont publiées pour l'origine de la moindre roche, des sédiments, des montagnes, des civilisations, en complète contradiction avec nos nouvelles découvertes car beaucoup trop éloignées dans le temps ?

2.3 Incertitudes sur la durée des ères climatiques

Pouvons-nous savoir, avec les moyens modernes de datation, combien de siècles nous séparent de cette époque aujourd'hui inimaginable où des arbres poussaient sur le vaste continent antarctique ? Rien n'est moins sûr...

Dès le début du XXe siècle, l'archéologue réputé Jacques de Morgan[1] avait repéré cette accumulation de paradoxes dans les déclarations scientifiques. Et de noter : « En foule, les géologues et préhistoriens [...] ont exercé leur sagacité sur la recherche des temps quaternaires, sur leur durée et sur celle des temps post-quaternaires ; mais l'on voit que, pour la grande part, ces évaluations, basées sur les conceptions chronométriques les plus diverses, sont du domaine de la haute fantaisie ».

Et Jacques de Morgan cite ensuite les dates publiées par une partie des sommités reconnues de son époque :

Pour l'ère quaternaire entière (ans)

L. Pilgrim	1 620 000	G. de Mortillet	230 à 240 000
Penck	1 000 000	Warren Upham	100 à 150 000
J. Geikie	620 000	Holst	30 000
Walcott	400 000	Ancelin et Ferry	10 000

Pour la durée de l'époque glaciaire

L. Pilgrim	1 290 000	Rutot	140 000
Penck	500 000 à 1 000 000	G. de Mortillet	100 000
Lyell	800 000	Warren Upham	20 à 30 000
Dana	720 000	Prestwich	25 000
J. Lubbock	200 000	Holst	17 000

Pour les temps post-glaciaires

Forel	100 000	Rutot	16 000
Croll	80 000	Heim	16 000
Nuesch	24 à 29 000	Prestwich	8 à 10 000
Gosse	18 280	Holst	5 à 6 900
Sarauw	10 à 25 000	Arcelin et Ferry	4 à 5 000
G. de Mortillet	16 000		

1 J. de Morgan, *La Préhistoire orientale*, Librairie Geuthner, 1926, t. 1, p. 56.

Visiblement, chacun pouvait librement exprimer son opinion, fondée sur sa propre méthode d'approche ! À notre époque, il n'est plus possible d'afficher de pareilles incertitudes. Ce sujet est maintenant enseigné et les étudiants ne comprendraient pas que ce qui leur paraît relever d'études scientifiques reste dans le flou le plus artistique qui soit…

Pour mesurer les différentes périodes climatiques, il existe plusieurs méthodes de datation modernes dont entre autres les datations au ionium, au carbone 14 ou à l'aide de la proportion Oxygène^{16} / Oxygène^{18}. En quoi consistent ces méthodes ? Sont-elles sûres au point que toute incertitude puisse être balayée ?

Datations au ionium

Trois éléments radioactifs existent dans l'eau de mer : l'uranium, le ionium et le radium, qui sont présents dans les océans dans des proportions définies. Ces trois éléments perdent leur radioactivité très lentement, à des vitesses cependant différentes pour chacun des trois. Cette décomposition n'intervient que lorsque l'eau de mer qui les contient se trouve enfermée dans des sédiments, c'est-à-dire au fond de l'océan, toute circulation d'eau étant alors arrêtée. En mesurant la radioactivité des sédiments, on peut donc à priori déterminer depuis combien de temps ils sont emprisonnés au fond de l'eau.

D'autre part, le caractère de ces sédiments, emportés par des rivières pour être déposés dans la mer, dépendra du climat de la période de leur formation. Si les grains sédimentaires sont fins c'est qu'ils ont fait un long parcours dans des rivières coulant sur une terre nécessairement dépourvue de glaciers. S'ils ont été arrachés à la surface de la terre par l'avance des glaciers pour être déversés dans la mer, ils sont grossiers. Si la rivière coule de façon saisonnière, gelée seulement l'hiver, le dépôt se fait en varves, c'est-à-dire en petites couches alternées.

Avec le concours de ces deux informations, la date et le type de sédiment, on peut donc espérer pouvoir dater les glaciers recouvrant un continent comme l'Antarctique, par exemple.

En 1949, au cours d'une expédition de Byrd en Antarctique, trois carottages, appelés N5, N44 et N3, ont été effectués en mer de Ross, au voisinage de 70° de latitude sud et de 180° de longitude. Les résultats bruts donnent, selon le vocabulaire utilisé par les spécialistes :

- pour N5 : entre -18 000 et -3 800 ans, matrice à grains fins et petits cailloux isolés, après - 3 800 ans, gros grains originaires de glaciers ;
- pour N44 : entre - 22 000 et - 3 800 ans, petits grains laminés ; entre - 3 800 et - 1 200 ans, grains moyens originaires de glaciers ; après - 1 200 ans, gros grains originaires de glaciers ;
- pour N3 : entre - 24 000 et - 1 800 ans, petits grains laminés ; entre - 1 800 et + 1 100 ans, grains moyens originaires de glaciers ; après + 1 100 ans, gros grains originaires de glaciers.

Autrement dit, les analyses révèlent pour chacun des trois carottages une période de climat tempéré en Antarctique, période pendant laquelle la mer de Ross était bel et bien libre de glaces. Cette dernière période « chaude » se serait terminée entre - 3800 et - 1800 ans pour les carottes N5 et N44, ou entre - 1 800 et + 1 100 pour N3 !

Nous voyons par cet exemple frappant que cette méthode de datation présente une incertitude importante même si par ailleurs elle nous confirme ce que nous savons déjà sur le climat passé de l'Antarctique.

Datations au carbone 14

Les datations au carbone 14 reposent sur les postulats du chimiste américain Libby, énoncés en 1952. Grâce à ses travaux, on sait que le taux de rayonnement cosmique assure la production de carbone 14 dans la haute atmosphère. Selon Libby, ce taux est resté stable au cours des derniers 40 000 ans au moins. La production de radiocarbone devrait donc avoir été constante pendant cette période.

De plus, le radiocarbone devrait se répartir de façon uniforme dans les airs et les eaux. Libby nomme ce phénomène le « réservoir ». Réparti uniformément dans tous les organismes vivants, il n'y a pas d'accumulation préférentielle : c'est son « principe de simultanéité ».

Une fois sous terre et privé de l'apport de carbone 14 en provenance de la haute atmosphère, le radiocarbone déjà emmagasiné dans un être vivant se décompose lentement. La durée de vie « courte » du carbone 14 le destine tout particulièrement aux époques relativement récentes. Sa quantité diminue donc progressivement, à moins bien sûr qu'il ne soit de nouveau en contact avec l'atmosphère. La quantité de radiocarbone mesurée permet par conséquent de déduire le temps écoulé depuis l'enfouissement, ou l'âge d'une couche sédimentaire.

Avec une déduction aussi rigoureuse, aucune erreur ne semblait possible.

Il existe pourtant des failles à ce merveilleux système. Il suffit de constater combien les deux postulats de base de cette méthode sont tous les deux faux ! :

- Tout d'abord, le carbone 14 ne se répartit pas de façon uniforme partout… Le choix de l'échantillon à analyser devient alors très important si on veut obtenir un résultat cohérent. En effet, chaque organisme, tout au long de sa vie, reçoit une quantité de carbone 14 qui dépend étroitement des relations qu'il entretient avec son milieu. On sait par exemple que l'eau peut transporter suivant l'endroit une quantité de carbone 14 plus ou moins grande. Telle eau, défavorisée sur ce plan, si elle nourrit la croissance d'un arbre dont on fait ensuite une planche de navire, fera dater très certainement celui-ci comme beaucoup plus ancien qu'il n'est en réalité…

  Parfois on peut se douter d'une influence de ce type et envisager alors une correction. Mais il est bien évident qu'il restera toujours une incertitude et que cette méthode de datation est loin d'être probante. Ainsi, chaque date est toujours accompagnée d'un commentaire qui renseigne sur sa valeur : il est clair que les dates non fiables se verront écartées des publications et les résultats sont largement influencés par ce que l'on attend d'eux.
- Ensuite, un chronomètre indépendant, daté par le carbone 14, a vu le jour : il s'agit de la dendrochronologie, c'est-à-dire le patient comptage des anneaux de croissance annuelle des arbres. Par contre, cette méthode ne permet pas de contrôler le carbone 14 au-delà de 7000 ans av. J.-C.

Claire Van Oosterwyck-Gastuche fait remarquer qu'on ne tient absolument pas compte des variation du taux de carbone 14 que la dendrochronologie a découvert. Elle écrit :

> Outre la variation séculaire du taux de C14 qui oscille autour de la droite du temps, on remarque, après 1500 av. J.-C., une véritable dérive : le taux de radiocarbone s'accroît, et les âges deviennent systématiquement plus jeunes.[2]

Quel événement a pu déclencher un tel dérèglement ? L'origine du phénomène, mal connue, a été attribuée à l'accroissement du rayonnement cosmique sur les « réservoirs », à la diminution du champ magnétique, ou à des modifications des contenus des réservoirs de Libby. C'est donc, avec cette augmentation de la radioactivité depuis environ 3 000 ans, l'un de ses postulats les plus fondamentaux qui s'effondre. « Pareille constatation aurait dû logiquement entraîner une véritable révolution dans les âges de la préhistoire, devenus suspects à leur tour. »[3]

Il n'en fut rien. Malgré cette découverte, certains scientifiques campent toujours fermement sur leur position. Les dates sont considérées par eux comme correctes, calibrées en fonction des âges archéologiques et des traitements statistiques élaborés par Wilson et Ward. Ils s'attellent à des procédés de purification, éliminent les matériaux non fiables. Mais ces judicieuses sélections ne relèvent que de spécialistes et échappent à la compétence commune.

En 1996, le problème des datations au carbone 14 resurgit.[4]

On découvre en effet que celles-ci ne prennent pas en compte, en particulier, « les variations d'intensité du champ magnétique terrestre dans le passé ». Selon Carlo Laj,[5] la teneur atmosphérique en carbone 14 a sensiblement varié dans le temps du fait de l'instabilité du champ magnétique.

2 C. van Oosterwyck-Gastuche, *Le radiocarbone, face au Linceul de Turin*, F. X. de Guibert, 1999, pp. 14-18.

3 *Ibid.*

4 Numéro de janvier 1996 de *Science et Vie*, p. 11 : « Carbone 14 : l'affaire se complique ».

5 Directeur de recherche au Laboratoire de modélisation du climat et de l'environnement (CNRS-CEA).

Ce champ magnétique, en effet, arrête les particules cosmiques chargées électriquement qui, en pénétrant dans l'atmosphère, président à la formation du carbone 14 naturel. « Plus le champ magnétique est fort, plus il intercepte de particules cosmiques, et moins il y a de carbone 14 », écrit Laj.

À partir de l'étude minutieuse de trois carottes de sédiments marins extraites au large des Açores, les chercheurs du Centre des faibles radioactivités ont réussi à retracer l'histoire des variations d'intensité du champ magnétique sur 50 000 ans. Ils en ont déduit des fluctuations sensibles de teneur en carbone 14 dans l'atmosphère. Au regard de ces résultats, il leur apparaît que les anciennes datations qui oscillent entre - 20 000 ans et - 40 000 ans pourraient en réalité être vieilles de 2 000 à 3 000 ans !

Avec de pareilles révisions, les périodes chaudes, que nous avons déjà décrites, se rapprochent soudain très rapidement de nous.

Datations O^{16} / O^{18}

L'oxygène^{18} est par construction plus lourd que l'oxygène^{16}. Dans les océans où ils sont tous les deux contenus, il est donc normal de trouver une proportion Oxygène^{16}/Oxygène^{18} plus importante en surface qu'en profondeur.

Les glaces que contiennent les pôles sont essentiellement formées par la condensation de la vapeur d'eau qui provient de l'évaporation de l'eau de mer. Dès lors, il faut s'attendre à ce que la proportion Oxygène^{16} / Oxygène^{18} des glaces soit proche de celle que l'on peut mesurer à la surface des océans.

Or cette proportion n'est pas constante lorsque l'on étudie un carottage prélevé dans un glacier. Il y a même de nombreux changements brutaux de cette proportion.

Une idée a été émise pour expliquer ce phénomène, mais celle-ci n'est valable que si on accepte le principe de l'existence de périodes glaciaires et inter-glaciaires, c'est-à-dire que le volume des glaces des pôles aurait varié dans le passé de façon significative, entraînant du même coup une variation du volume des océans.

Pendant ces périodes inter-glaciaires, l'eau provenant de la fonte des glaces retourne à la mer. La proportion Oxygène^{16}/Oxygène^{18} des océans augmente à cause de cet apport. La formation des glaces subirait alors le même effet au cours de la période glaciaire suivante.

Certains imaginent alors pouvoir lire tout simplement le nombre d'alternance de périodes glaciaires et inter-glaciaires, s'imaginant du même coup prouver l'existence de celles-ci. C'est un peu vite oublier la façon dont cette théorie a vu le jour…

L'élasticité des appréciations

Nous le voyons, il reste beaucoup de travail pour qu'on puisse un jour annoncer des dates avec la même assurance que certains affichent volontiers actuellement.

Partant d'estimations consensuelles recueillies auprès d'un très petit nombre d'autorités éminentes, on affiche aujourd'hui des dates considérées comme certaines. Jusqu'à ce qu'elles soient remplacées par d'autres, tout aussi certaines, à la suite d'une révision… Cette méthode permet de faire régner le silence sur les contradictions ou les découvertes inquiétantes.

Les chronologies attribuées aux ères climatiques de notre planète sont donc en général presentées avec une tranquille certitude. La répétition, la prétendue précision, l'assurance avec lesquelles ces chiffres sont communiqués confortent leur fiabilité officielle et leur assurent bien souvent un consensus. « On sait que… », « Nous sommes assurés que… », « Les diverses méthodes de datation confirment que… » ou « convergent pour nous permettre de penser que… » sont typiquement le genre de phrases qui accompagnent les divulgations scientifiques.

En réalité les dates sont généralement imposées sans référence à la méthode adoptée pour leur caractérisation, à leur degré de cohérence ou à la marge d'erreur possible. Les « décideurs de dates » affirment de façon magistrale.

C'est ainsi que les dates peuvent facilement gagner ou perdre quelques milliers ou millions d'années. Cette marge d'erreur est caractéristique de la souplesse de la littérature scientifique quand il s'agit d'avancer des dates.

En navigation, le marin le moins expérimenté trouverait pour le moins curieux de devoir déterminer les longitudes avec un chronomètre de marine « élastique ». Un tel instrument de mesure est régulièrement réglé. La navigation à l'estime, avec loch et chrono, demande des contrôles incessants, qui permettent de corriger les dérives et les erreurs éventuelles. Ainsi traçait-on parfois un cercle d'incertitude. C'est hélas ce que certains scientifiques se gardent bien aujourd'hui de faire quand il s'agit d'annoncer des dates.

De notre côté, si la datation ne s'oppose pas à notre idée d'une civilisation avancée se développant sur l'Antarctide, il y a peut-être 4 ou 5 millénaires, c'est la localisation de ce continent bien loin de celle qu'il occupe actuellement au pôle, dans un passé si proche, qui nous rend perplexe.

2.4 La dérive des continents

Chacun sait aujourd'hui que les continents ne sont pas immobiles. Au début du XXe siècle déjà, cette dérive des continents était un sujet qui passionnait.

On s'appuyait en particulier sur des arguments morphologiques. La forme du continent de l'Amérique du Sud et de l'Afrique, notamment, permet aisément d'imaginer la probabilité d'un emboîtement. Les formes des deux rives de la mer Rouge ainsi que celles de l'Antarctique en face de l'Australie participent du même effet.

En complétant ces déductions avec l'observation des ressemblances zoologiques et paléontologiques, il a été imaginé le continent Gondwana, lequel aurait réuni dans l'hémisphère Sud l'Australie, l'Antarctique, l'Inde, l'Afrique, Madagascar et l'Amérique du Sud. Ce super continent se serait morcelé au jurassique. Sous l'effet pensait-on alors de la rotation terrestre, les blocs continentaux auraient dérivé tels de gigantesques paquebots sur le fond des océans.

Le paléomagnétisme

C'est l'étude des particules ferro-magnétiques déposées dans les roches sédimentaires ou emprisonnées dans les roches volcaniques. Ces particules permettent en effet de connaître le vecteur induction magnétique du lieu à l'époque de sa formation.

Or ce magnétisme fossile montre des discontinuités dans la localisation du pôle Nord suivant l'endroit où il est étudié. On a pu bâtir les routes étranges suivies par celui-ci par rapport à l'Europe et à l'Amérique : elles divergeaient. Pour annuler cette anomalie, il fallait que les continents aient migré de façon relative. C'est ainsi que la capacité à dériver des continents a été enfin entérinée.

La tectonique des plaques

La tectonique des plaques nous apprend que la surface de notre globe est fragmentée en plaques presque à la manière d'un puzzle. Le Pacifique, l'Eurasie, l'Afrique, l'Amérique, l'Indo-Australienne et l'Antarctique sont les six plus grandes plaques. Les Caraïbes, Cocos, Nazca, Scotia, Philippines, Arabie sont plus petites. Juan de Fuca, les Fidji, les Carolines, l'Adriatique, la Grèce, la Turquie, le sud de la Caspienne et le Tibet sont huit microplaques qui complètent l'ensemble.

Comme on peut le constater, ces plaques sont terrestres (comme la plaque eurasiatique), marines ou mixtes (comme les plaques américaine, africaine). Elles composent la lithosphère, dont l'épaisseur, variable, est formée depuis la surface par :

- une croûte d'épaisseur 20 à 40 km essentiellement de granit de densité 2,67 à 2,77 et réduite sous les océans à une épaisseur de 5 à 8 km de basalte de densité 2,9,
- une discontinuité appelée Moho,
- environ 100 km de manteau supérieur de densité 3,3 à 3,4.

L'ensemble ne représente qu'environ 1 / 100e du rayon de la terre. Ces plaques reposent sur la partie visqueuse qu'est l'asthénosphère, qu'on voit parfois surgir lors d'une éruption volcanique.

Soumise à d'énormes pressions, celle-ci est animée de puissants mouvements de convexion et ce jusqu'à des profondeurs dont on discute, peut-être 2 000 à 3 000 km. Ces mouvements lèchent la surface inférieure inégale de la lithosphère avec assez de force adhésive pour mouvoir les plaques tectoniques. C'est ainsi que se produit la dérive des continents.

Lorsque deux plaques se rapprochent, il peut se produire deux cas de figure :

- Elles peuvent glisser, celle plus lourde sous l'autre. C'est alors une zone dite de « subduction ». Par exemple une plaque marine venant à disparaître et soulevant alors le bord d'une plaque terrestre pour faire s'ériger des chaînes de montagne comme la Cordillère des Andes.

- Elles s'affrontent sans que l'une prenne le dessus sur l'autre. L'Inde-Australie butant contre l'Eurasie a créé l'Himalaya !

Lorsque deux plaques s'éloignent, le magma contenu dans la faille qui les sépare se refroidit et s'incorpore de part et d'autre à chacune d'entre elles, formant une « dorsale ».

L'image du puzzle avoue ici ses limites, car elle sous-entend des pièces indéformables et prisonnières d'un même plan.

Or non seulement les plaques tectoniques peuvent s'agrandir des deux côtés d'une dorsale ou voir leur surface diminuer dans les zones de subduction, mais elles peuvent aussi se déformer sous la pression de leurs contacts mutuels.

Le mouvement constaté, pour chaque plaque, est un mouvement particulièrement lent de l'ordre du centimètre par an. C'est bien trop lent pour expliquer la place du continent Antarctique si loin du pôle il y a seulement quelques milliers d'années.

2.5 Les glaciations du quaternaire

Les temps quaternaires ont débuté par une étrange période glaciaire. Plusieurs glaciations se seraient succédé en Europe du Nord-Est, recouvrant d'une importante chape de glace :

- les îles britanniques, à l'exception d'une étroite bande méridionale, au sud de l'Irlande, et au sud de l'Angleterre entre le canal de Bristol et la baie de Londres (ce qui est tout à fait logique !),
- la Scandinavie, le Danemark, la Hollande, l'Allemagne du nord et toute l'Europe du Nord-Est jusqu'à une frontière sud allant de la Belgique à l'Ukraine un peu au nord de la mer Noire.

Mais par un mystère totalement incompréhensible, cette glaciation s'est arrêtée à l'est aux monts Oural, épargnant :

- toute l'immense Sibérie, jusqu'au détroit de Bering, bien que le nord-est sibérien soit une région montagneuse avec des chaînes élevées, où se trouve Verkoïansk et sa région qui est à présent la plus froide de l'hémisphère Nord,
- toute la Chine du Nord.

Charles Hapgood constate que la chape de glace en Europe est étrangement centrée, en forme de calotte de superficie comparable aux actuelles calottes polaires : le point central de cette surface occupée par les glaciers semble devoir se situer par 71° N et 10° E.

Une étude similaire en Amérique du Nord montre une calotte de glace de taille voisine, mais centrée une dizaine de degrés plus sud que l'Européenne, soit par 60° N et 83° W.

Car d'une façon tout aussi étrange, cette glaciation quaternaire épargna :

- une bande littorale allant jusqu'à Terre-Neuve et un territoire aussi important que cette île, au nord-ouest de Terre-Neuve,

- toutes les îles de l'extrême nord canadien, jusqu'au Groenland,
- le nord-ouest canadien jusqu'au détroit de Béring,
- les lacs Michigan et Huron au sud,
- le sud-ouest de Winnipeg, tout le sud et l'ouest de la Saskatchewan, et tout l'Alberta.

La glaciation s'est arrêtée à l'ouest aux environs du méridien 110° U. Une dernière position remarquable se trouve dans le Yukon, en Alaska, où on trouve les traces d'une calotte glaciaire.

Ces glaciations du quaternaire posent un problème incontournable :

- Aucune dérive importante des continents ne peut être invoquée, car en supposant même qu'un million d'années soit intervenu, avec une dérive d'1 à 3 cm par an, nos continents ne se seraient pas déplacés de plus de 30 km par rapport à leurs positions actuelles.
- Aucune hypothèse ne tient, faisant intervenir un refroidissement global de notre globe justifiant des glaciations circulaires, centrées sur des positions aussi précises, et non en zone couvrant toutes les régions de l'hémisphère Nord jusqu'à une latitude basse pratiquement uniforme.
- Aucune raison ne peut être imaginée, réduisant ces glaciations au seul hémisphère nord en épargnant celui au sud.

L'explication seule possible a le mérite d'être d'une parfaite logique : Les pôles géographique devaient se situer au centre de ces glaciations, ces régions circulaires glacées correspondaient à l'intérieur d'un cercle polaire !

Les coraux poussent dans l'eau de mer jusqu'à des profondeurs pouvant atteindre 50 à 60 m. Il leur faut des eaux chaudes, comprises entre 15° et 30°. Le géologue chinois Ting Ying Ma,[1] étudiant les diverses variétés de corail, parvint à repérer à l'examen des cellules, latitude et température du lieu au moment de la formation.

Le corail fossile trouvé dans des terrains appartenant à l'ordovicien, au

1 Ting Ying Ma, *Research on the past climate and continental drift*, vol 5 et vol 7, Taipei, 1952-1955.

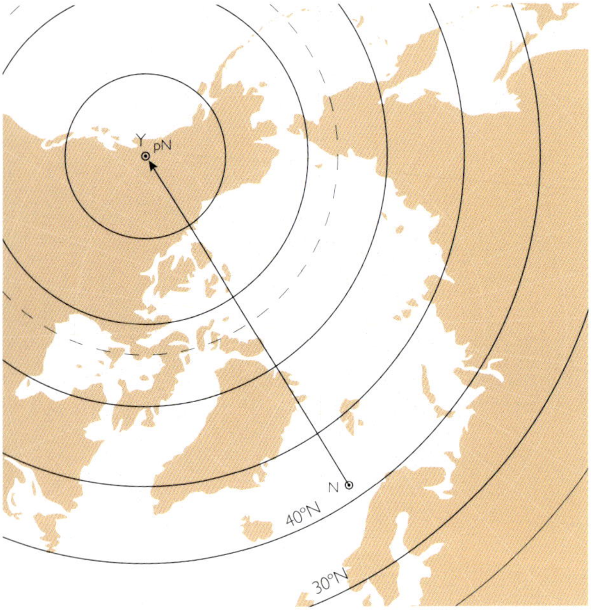

Figure 31. *Env. 2000 av. J.-C., le point Y, actuellement au Yukon, est allé se fixer au pôle Nord (jusqu'env. 1250 av. J.-C.). Env. 1250 av. J.-C., le point N, près de la Norvège, a dérivé vers le point Y. Rotation de la lithosphère de 47°5 dans la direction de la flèche.*

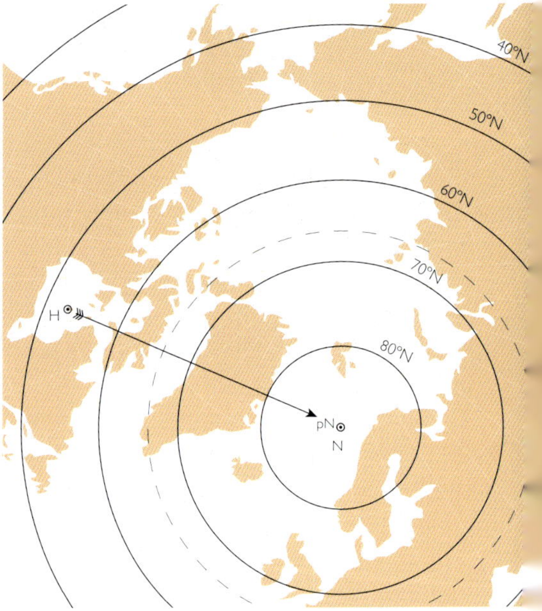

Entre env. 1250 et 1200 av. J.-C., le point N, près de la Norvège, se trouve au pôle Nord. Env. 1200 av. J.-C., le point H, en Hudson, a dérivé vers le point N. Rotation de la lithosphère de 37° dans la direction de la flèche.

Entre env. 1200 et 700 av. J.-C., le point H, en Hudson, se trouve au pôle Nord. Env. 700 av. J.-C., la région située à présent au pôle Nord a dérivé vers le point H. Rotation de la lithosphère dans la direction de la flèche.

silurien, au dévonien, au crétacé, au tertiaire, permit à Ma d'attribuer à ces terrains : altitude, latitude et température quand le corail s'y développa. En particulier, Ma tenta de situer alors, en chaque lieu, où passait l'équateur par rapport à ce dernier – donc où étaient les pôles terrestres.

Ma en déduit les mutations successives des pôles terrestres apparents, accompagnées de mouvements relatifs des continents. Il proclama que la Terre avait connu dans son passé :

- Un « déplacement soudain et total de l'enveloppe extérieure rigide de la Terre, par glissements par rapport au noyau terrestre en rotation ».
- Cela à de nombreuses époques séparées par de longues périodes tranquilles.
- Mais avec une activité volcanique intense lors des ces événements, précédée et suivie à chaque fois par une activité moindre et locale.
- Si la latitude alors du lieu augmentait, la température baissait ainsi que le niveau marin. L'inverse se produisant si la latitude diminuait.

Hapgood rejoignit Ting Ying Ma dans ses conclusions. Par contre il jugea peu fiable les déductions incitant Ma à tracer la trajectoire apparente en zigzag du pôle Nord terrestre par rapport à la lithosphère, partant du voisinage du pôle Sud actuel, pour traverser l'océan Indien et gagner sa position actuelle.

Reprenant une quantité d'observations antérieures, patronné par Albert Einstein, Charles Hapgood, dans *Les mouvements de l'écorce terrestre*, en concluait que le pôle Nord avait dû occuper successivement trois positions géographiques au quaternaire :

- par 60° nord et 135° ouest, au Yukon ;
- par 71° nord et 10° est, à 450 km environ à l'ouest du cap nord de Norvège ;
- par 60° nord et 83° ouest, en baie d'Hudson, au nord-ouest du Québec au Canada.

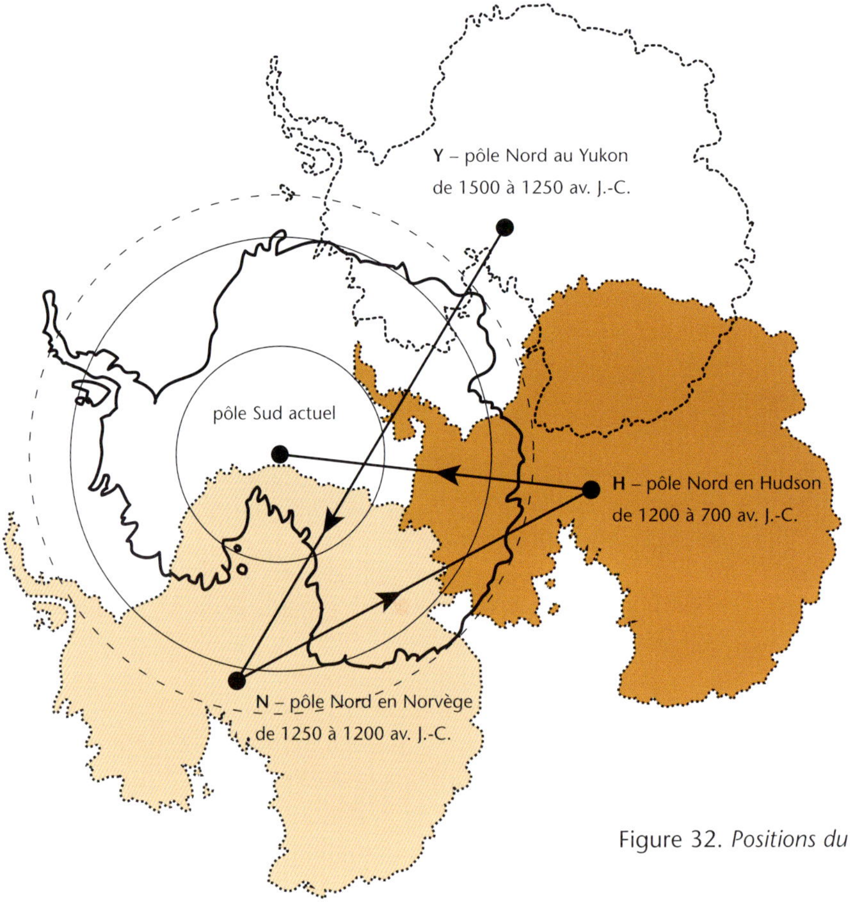

Figure 32. *Positions du pôle Sud.*

En conséquence, le pôle Sud devait se situer en des régions actuellement situées :

- par 60° sud et 45° est ;
- par 71° sud et 170° ouest ;
- par 60° sud et 97° est.

Ces centres sont à des distances orthodromiques de 48°, 36° et 30° les uns des autres. Les calottes glaciaires situées dans l'hémisphère Sud étaient alors essentiellement océanes, ne couvrant à chaque fois qu'une partie du continent antarctique. Ceci explique l'absence de glaciations continentales quaternaires en Amérique du Sud, Afrique et Australie.

Ces positions successives ne peuvent pas être précisées au degré près, mais sans doute avec trois à cinq degrés possibles d'erreur. En outre, elles restent valables pour l'Amérique du Nord en ce qui concerne les glaciations au Yukon et en baie d'Hudson, valables pour l'Eurasie pour ce qui est de la glaciation de Norvège. Mais elles risquent d'être un peu différentes pour les autres continents au cas où les plaques auraient joué les unes par rapport aux autres, lors de ces mutations.

Ceci est particulièrement possible pour l'Amérique du Sud, et surtout pour l'Antarctique, ainsi que le suggèrent les cartes anciennes, qui toutes montrent ce continent très proche de la Terre de Feu en Patagonie, avec la péninsule Palmer alors non arrachée à la Terre Coats. Les cartes de la *Terra Australis* semblent avoir été dressées alors que l'extrémité ouest de la Terre de la Reine-Maud et la pointe méridionale de l'Amérique du Sud se touchaient près des actuelles îles Sandwich, par environ 57° sud et 27° ouest. Cela suppose une double dérive d'environ 2 000 km par rapport à ce point.

La marche de la Terre est très bien réglée. Ses variations annuelles sont parfaitement insignifiantes. Il n'y a que deux possibilités pour expliquer pareils déplacements des pôles :

- soit les pôles géographiques ont soudain migré (L'axe de la terre change d'inclinaison);
- soit les continents ont brusquement dérivé : mais les plaques tectoniques n'ont pu le faire sur des distances aussi importantes, séparément, du fait de l'obstacle présent par les plaques voisines. Dans ce cas, c'est l'ensemble des plaques imbriquées les unes avec les autres qui s'est mis en route, pour une raison interne.

Le rayon équatorial de la terre a 22 km de plus que le rayon polaire, pour une valeur moyenne de 6 367 km. 1 / 297e d'aplatissement est fort peu. Il est déterminé par la vitesse de rotation qui par l'effet de la force centrifuge réduit la gravité à 9,78 m/s^2, au lieu de 9,81 m/s^2 aux pôles.

L'énorme inertie de la masse terrestre s'oppose à ce que sa vitesse de rotation varie de façon nette et sensible à l'échelle humaine, car la stabilité de son axe de rotation ne serait nulle qu'à la condition qu'elle s'arrête de tourner. Il faut donc une grande force pour provoquer un changement. On peut invoquer une cause extérieure, par exemple la chute d'un gros météorite frappant la surface terrestre sous un angle favorable ou une cause intérieure comme la surrection rapide de l'Himalaya, provoquant un déséquilibre temporaire. À ce stade de nos découvertes nous ne pouvons écarter aucune hypothèse.

Mais même des chutes massives de météorites ne peuvent engendrer que des forces de l'ordre de 10 à la puissance 16 ou 18 daN. En d'autres termes, elles sont donc incapables de provoquer les bouleversements que nous avons étudiés. Une météorite tombant sur le globe terrestre correspond, en termes de force, à l'arrivée d'un grain de poussière sur le dos d'un mastodonte au galop !

En réalité, pour provoquer de tels chocs, il faudrait qu'entre en collision avec la terre un astéroïde d'une grande taille. Les conséquences de la collision seraient alors trop dévastatrices pour que la vie subsiste sur terre. Il semble donc improbable qu'une pareille collision explique un changement de la localisation des pôles avec déjà les hommes pour témoins !

On sait que la surface rigide de la terre, la lithosphère, dont la profondeur moyenne est d'environ seulement 1 / 100e du rayon terrestre, est susceptible de glisser sur son support fluide, l'asthénosphère. Mais les certitudes sont difficiles à obtenir quand on ne peut pas encore descendre assez profondément sous la surface du sol. Les forages ne permettent de pénétrer qu'à quelques milliers de mètres au plus. Les grandes profondeurs sont effleurées par les ondes dont l'interprétation reste réservée à des spécialistes, sur des critères discutables, car on manque bien évidemment de retour d'expérience dans ce domaine.

Quelle est la forme sans doute variée de la surface de séparation entre la lithosphère et l'asthénosphère ? La chaleur et la radioactivité qui règnent dans celle-ci y développent sans doute des mouvements de convection comme dans un liquide en ébullition.

Ces mouvements lèchent par-dessous la lithosphère qui est fragmentée en plaques. Pour chacune d'entre elles, ces poussées donnent une force horizontale tendant à la déplacer de l'ordre de quelques centimètres par an, dans une direction précise, ce qui est bien mesuré de nos jours.

Les poussées horizontales des courants de convection dans le manteau exercent donc des contraintes à la base de la lithosphère : c'est la plus colossale énergie potentielle en réserve sur notre globe. La force déployée par les volcans en activité et les tremblements de terre ne représente qu'une infime partie de celle agissant dans le manteau terrestre, capable de soulever des chaînes de montagnes et de déplacer les continents.

Chaque plaque tectonique a nécessairement une certaine quantité qui lui est propre d'énergie de contraintes, caractérisée par un vecteur couple applicable au centre de la terre : son effet permet de le préciser en direction et sens. Quant à son intensité, il est impossible de la connaître vraiment. En effet, chaque plaque est empêchée de se déplacer par suite d'un couple résistant de même direction, opposé en sens et d'intensité presque égale.

C'est la différence des deux qui provoque le déplacement que nous constatons de chaque plaque.

Ce couple résistant est créé par les plaques voisines qui ont d'autres idées pour se déplacer ailleurs. Globalement, la somme de tous les vecteurs couples appliqués par l'asthénosphère sur les plaques est une résultante aléatoire et variable, qui tendrait à faire tourner l'ensemble de la lithosphère sur l'asthénosphère ce qui n'est pas du tout le cas actuellement.

La seule résistance s'y opposant est alors le frottement de l'une sur l'autre. Il semble que les zones de subduction, plongeant jusqu'à des profondeurs de l'ordre de la centaine de kilomètres, agissent comme une ligne de mouillage sur un navire et maintiennent l'ensemble immobile. Il pourrait s'accumuler alors lentement une énergie dans le manteau terrestre stockée sous la forme de contraintes dans les masses rocheuses compressibles. Imaginons une rupture de l'une des ancres de la ligne et une dérive des continents pourrait bien se produire…

La lithosphère, mue par une force considérable, connaîtrait alors une accélération angulaire croissante jusqu'a ce que les forces de compression disparaissent. Ces forces sont gigantesques, mais emmagasinées dans un matériaux qui n'est pas très compressible. Une faible dilatation permet de revenir à une énergie nulle. C'est ainsi que la vitesse de rotation a pu croître jusqu'à ce que l'angle de rotation atteigne 5° environ, mais guère plus.

Cette période d'accélération angulaire peut avoir duré une demi-heure, de façon non uniforme, par suite de la rupture de pans entiers de croûte marine et ce dans les zones de subduction des dorsales océanes.

En supposant une accélération angulaire constante et un angle de 5° en une demi-heure, les continents, portés par ce mouvement intra-terrestre, se seraient déplacés jusqu'à une vitesse angulaire maximum de 20° / h. Une fois le mouvement amorcé, des rouleaux de glissement sont-ils susceptibles de faire leur apparition à la limite asthénosphère-lithosphère, et de modifier du tout au tout leur relative adhésion ? Que la décélération angulaire dure ensuite par exemple cinq heures et la vitesse serait passée de 20° / h à 0, soit 10° / h en moyenne pendant cinq heures. La rotation totale aurait été dans ce cas de 55° en cinq heures et demie.

Cette hypothèse est compatible avec les distances qui séparent les centres de glaciation. Il faut noter au passage que la rotation nécessaire pour faire passer un point unique d'une sphère parfaite d'un endroit à un autre n'est pas nécessairement la plus courte (orthodromique). Il y a donc peu de chance que cela ait été le cas pour les rotations de la lithosphère et il nous faut envisager un déplacement de plus de 48°.

À la surface de la terre, les conséquences dépendront de la position par rapport aux pôles de rotation, ou pôles eulériens. Sur ces pôles, il n'y aura aucun déplacement ni changement de latitude. Sur l'équateur eulérien, le sol prendra une vitesse maximum de 20° / h. C'est un peu plus rapide que la vitesse d'un point situé sur notre équateur, du fait de la rotation de la terre, c'est-à-dire 1667 km / h. Entre ces deux positions, le déplacement horizontal sera proportionné à l'éloignement du pôle eulérien.

Les conséquences pour la vie à la surface sont tout simplement catastrophiques. En effet, du fait de leur inertie et de leur relative très faible profondeur par rapport à leur étendue, les océans ne changent pas tout de suite leur course. Ils escaladent alors les montagnes provoquant des ravages.

De la même façon, le rayon de courbure des plaques tectoniques n'est plus adapté à leur nouvelle position. Les terres qui se rapprochent des pôles s'aplatissent, ce qui entraîne une forte compression de surface et dans l'intervalle un retrait important des océans. Au contraire, les terres qui se rapprochent de l'équateur s'arrondissent, ce qui entraîne des fissures dans le sol et dans l'intervalle une montée des eaux.[2]

Sur la Terre tout entière, et particulièrement en certains points où cela ressort de façon éclatante, on relève des dépôts massifs à des altitudes inadmissibles et inattendues, ou bien dans des estuaires. Un exemple particulièrement frappant est constitué par les *diluvia* du Rhône et de la Durance, fleuves se jetant dans la Méditerranée dans le sud-est de la France.

Ce mot *diluvium* était employé en Europe, surtout au siècle dernier, pour désigner un brusque déplacement des eaux continentales, envahissant l'intérieur des continents, puis retournant aussitôt s'écouler vers la mer, en ravinant les rives des cours d'eau, en charriant sable, graviers, cailloux, blocs petits et gros, parfois énormes. Les eaux ont été

> projetées dans la vallée avec une force d'impulsion dont nous ne pouvons avoir aucune idée par les courants actuels de nos fleuves et de nos mers.[3]

Comment expliquer cette masse énorme et brutale, charriant des masses colossales de débris ? Charles Hapgood imagine le brusque soulèvement des Alpes, ou l'affaissement subit d'une partie de l'écorce terrestre. Un brusque glissement de cette écorce a fort bien pu suffire à donner le même résultat et à avoir effectivement déterminé une surrection alpine brutale.

Sans crises phénoménales des couches terrestres, les dépôts du Rhône et de la Durance entre autres n'auraient pas pu se trouver aussi loin de leur estuaire d'origine. Il en est de même – et de manière bien plus spectaculaire encore – de ces blocs erratiques arrachés à des formations orogéniques précises et retrouvés à des centaines de kilomètres de leur lieu d'origine.

Ces rochers innombrables se retrouvent plus particulièrement au voisinage de la mer mais parfois aussi loin dans les terres, dans les plaines,

2 C. Hapgood, *Les mouvements de l'écorce terrestre*, Payot, 1962.

3 *Ibid.*, p. 61.

sur les collines ou les flancs des montagnes. On les retrouve dans des endroits totalement inattendus, dans des régions qui leur sont géologiquement étrangères.

Partis des monts de Scandinavie, ils ont été catapultés sur les Carpates. Ils ont également traversé la mer du Nord pour échouer en Grande-Bretagne. L'un d'eux est même allé se planter sur le point culminant de l'île de Man ! Au sud de la Suède, à Malmö, un bloc erratique célèbre atteint 4 800 m de long, 300 de large et a une épaisseur de 60 m. Environ deux cent quatre-vingts blocs de dizaines de mètres cubes se sont détachés des Alpes, ont traversé le lac de Genève pour se poser sur le Jura. D'autres de 10 000 à 18 000 tonnes, partis des granits du Canada et du Labrador sont allés joncher le Maine, le New Jersey, le Michigan, l'Ohio, les White Mountains, les Berkshires et les monts Pocono. Comme l'explique Charles Hapgood,

> de gigantesques raz-de-marée s'étaient rués sur les continents, inondant furieusement les monts comme les vallées, charriant une masse de roches, de pierres et de débris.[4]

Tous ces éléments nous permettent d'affirmer que les continents se sont rués contre des océans paisibles. À grande vitesse, ils ont embarqué des masses équivalentes à celles de mers intérieures. Plusieurs énormes houles de retour ont déposé une masse de sédiments à plus de 100 m d'altitude, à mi-hauteur et enfin à une ou deux dizaines de mètres au-dessus du niveau actuel.

L'avocat britannique Sir Charles Lyell, considéré comme le fondateur de la géologie, écrit :

> Admettre qu'il y avait discordance entre les causes de changement anciennes et celles existantes, c'est échafauder le dogme le plus encourageant pour la paresse et le plus décourageant pour la curiosité scientifique [...].

4 Chapitre « Les grandes extinctions » dans C. Hapgood, *Les mouvements de l'écorce terrestre*, *op. cit.*, pp. 184-218.

C'est pourquoi nous rejetons toutes les théories qui admettent la possibilité de catastrophes soudaines et violentes, et de révolutions affectant la terre tout entière et ses habitants, théories qui ne sont limitées par aucune référence à des analogies actuellement existantes.[5]

II est évident qu'en temps normal, il n'y a ni tempête, ni raz-de-marée, ni glissement de terrain, ni tremblement de terre, ni éruption volcanique. Il est évident aussi que notre globe a connu, au cours de son histoire, de longues périodes de stabilité, interrompues de façon exceptionnelle par des catastrophes soudaines et violentes, au cours de crises géologiques, sans analogie avec les conditions actuellement existantes, véritables révolutions affectant des régions entières de la terre, sinon la Terre tout entière.

Les faits sont là, lisibles à la surface de la terre, et il faut bien les examiner. Le même Lyell y est contraint, à l'opposé de ses « principes » dogmatiques.

Lorsque nous arrangeons les formations fossilifères connues, par ordre chronologique, elles constituent une série défectueuse et interrompue. Sans gradations intermédiaires, nous passons de systèmes de couches horizontaux à des systèmes fortement inclinés, d'un assemblage de vestiges organiques à un autre, dans lequel presque toutes les espèces et une grande partie des genres sont différents. Ces solutions de continuité sont si fréquentes que, dans la plupart des régions, elles sont la règle plutôt que l'exception, et qu'elles ont été considérées par de nombreux géologues comme attestant la certitude de révolutions soudaines dans le monde animé et inanimé.[6]

Darwin, disciple de Lyell, écrit dans son célèbre *Journal* à la date du 9 janvier 1834 :

Quel facteur a donc pu exterminer tant d'espèces et de genres entiers ? L'esprit pense d'abord irrésistiblement à quelque grande catastrophe !

5 C. Lyell, *Principles of geology*, John Murray, 1875, p. 318-9.

6 *Ibid.*, p. 298.

> Mais pour ainsi détruire les animaux, petits et gros, dans le sud de la Patagonie, le Brésil, la Cordillère du Pérou, et, en Amérique du Nord, jusqu'au détroit de Béring, il nous faut ébranler toute la structure du globe ! Nul n'imaginera qu'une sécheresse ait pu détruire tous les individus de toutes les espèces depuis la Patagonie méridionale jusqu'au détroit de Béring ! Et que dirons-nous de l'extinction du cheval ? Ont-elles manqué de pâturage, ces plaines qui ont ensuite été parcourues en troupeaux de milliers et de centaines de milliers, par les descendants des chevaux qu'amenèrent les Espagnols ? À coup sûr, aucun fait dans la longue histoire du monde n'est aussi étonnant que ces exterminations vastes et répétées de ses habitants !

Les équidés ont en effet disparu des Amériques vers le deuxième millénaire avant notre ère. On trouve des représentations du cheval dans la civilisation de la culture de Santiago del Estrero au pied de la Cordillère des Andes. Le cheval a donc foulé le Nouveau Continent bien avant l'arrivée des Espagnols, puis il a disparu. L'année suivante, au cours de son voyage sur le *Beagle*, il écrit dans son *Journal* à la date du 30 mars 1835 :

> Il n'était pas besoin de fortes connaissances géologiques pour interpréter l'extraordinaire histoire que le spectacle révélait immédiatement : pourtant, j'avoue que je fus si profondément surpris que je pus à peine me fier à la plus élémentaire évidence.
>
> Je voyais l'endroit où, jadis, de beaux arbres balançaient leurs branches sur le rivage de l'Atlantique, quand cet océan – qui a depuis reculé de 1 100 km – venait jusqu'au pied des Andes. Je vis qu'ils avaient poussé dans un sol volcanique qui avait été élevé au dessus du niveau de la mer, et que cette terre sèche, avec ses arbres debout, avait été engloutie dans les profondeurs de l'océan. Dans ces profondeurs, la terre, qui avait été sèche, se recouvrit de couches sédimentaires qui, à leur tour, furent recouvertes par d'immenses torrents de lave sous-marine ; une des masses ainsi formées atteignit une épaisseur de 300 m.
>
> Ces déluges alternés de pierre en fusion et de dépôts aqueux se succédèrent cinq fois. L'océan devait être très profond pour recevoir des

masses aussi épaisses ; mais les forces souterraines se mirent en œuvre ; et ce que je voyais maintenant, c'était le lit de cet océan, constituant une chaîne montagneuse de plus de 2 000 m.

Si vastes, si difficilement compréhensibles qu'apparaissent ces mouvements, ils se sont pourtant déroulés pendant une période qui est récente, si nous la comparons à l'histoire de la Cordillère. Et la Cordillère elle-même est tout à fait récente si nous la comparons à nombre de couches fossilifères d'Europe et d'Amérique.

Cette époque était récente puisque des traces d'occupation humaine ont été, par Darwin, trouvées le long de ces plages surélevées au pied des Andes :

> Sur la côte ouest d'Amérique du sud, des alignements de terrasses surélevées, contenant des coquillages, ont été découverts par Darwin, et définis comme la preuve d'un grand soulèvement de cette partie du globe terrestre, à l'époque contemporaine. Les terrasses ne sont pas absolument horizontales, mais s'élevant vers le sud. Il a été démontré par les découvertes de M. Darwin (coquillages, os d'oiseaux, têtes de maïs, joncs tressés, fils de coton, dans certaines terrasses qui font face à Callao à une hauteur de 20 m) que certains de ces bords de mer appartiennent à l'époque des humains.[7]

Le soulèvement de la Cordillère des Andes est attribué à un mouvement relatif de la plaque tectonique de l'Amérique du Sud par rapport à la plaque marine Pacifique. Cela s'est donc passé, non seulement au quaternaire, mais à une époque historique fort récente, où l'on cultivait le maïs, tressait des joncs, fabriquait des fils de coton. On est en droit de penser que les cartes de l'Antarctique ont bien été dressées avant l'événement ayant fait dériver l'Amérique du Sud vers l'ouest d'environ 3 000 km, entre la Terre de feu et les îles Sandwich, la Terre de la Reine-Maud dérivant conjointement d'environ 1 800 km vers le sud-est.

Mais alors, ce glissement de la plaque sud-américaine, s'il a été rapide,

7 A. Geikie, *Text Book of Geology*, Macmillan, 1893, p. 288.

par rapport à l'océan, expliquerait des masses d'eau déplacées provoquant une série d'oscillations, ainsi que des épaisseurs de lave, donnant ces « déluges alternés » de « pierre en fusion » et de « dépôts aqueux ».

En outre ce glissement expliquerait une élévation de 2 000 m, ainsi qu'une différence d'élévation, si l'Amérique du sud a pivoté autour de la région de Panama, glissant beaucoup plus dans sa partie méridionale que dans sa partie centrale. Darwin écrit :

> Il est impossible de réfléchir aux changements survenus dans le continent américain sans éprouver un profond étonnement. Il dut jadis grouiller de monstres énormes. Maintenant, nous n'y trouvons plus que des pygmées, si nous les comparons aux races analogues qui les ont précédés. La plupart de ces quadrupèdes éteints sinon leur totalité, vivaient à une époque récente, et ils furent contemporains du plus grand nombre des coquillages marins actuels. [8]

Méditations darwiniennes

> Des changements survenus dans le climat, des éruptions volcaniques, des mouvements de l'écorce terrestre, amenant des irruptions de l'eau de mer, des inondations, sont venus anéantir des peuples entiers, en forcer d'autres à émigrer. [9]

Une des questions les plus importantes de la biologie est assurément celle de l'évolution des espèces vivantes. Être évolutionniste, c'est admettre que la vie se déroule avec des variations de toutes sortes, créant des types, races ou variétés, mais dans le cadre de son organisation fondamentale. Ce n'est pas là, à proprement parler, être fixiste, puisque des variations restent possibles. C'est être « stabiliste », l'espèce elle-même gardant toujours son mécanisme propre de vie et ses équilibres biologiques déterminés.

8 *Journal* de Darwin du 9 janvier 1834.

9 J. de Morgan, *op. cit.*, I, p. 46.

Être transformiste, c'est considérer que les espèces vivantes, végétales et animales, procèdent les unes des autres, par transformations successives et transmission génétiques, que ce soit au départ de la matière brute ou de la matière vivante, le matérialiste faisant émaner la vie de la matière inerte, par processus purement physico-chimiques. Voici ce qu'écrit Darwin, dans une lettre datée de 1861, soit deux ans après *L'Origine des espèces* :

> [...] Mais je crois à la sélection naturelle, non parce que je peux prouver, en aucun cas particulier, que cela a changé une espèce en une autre, mais parce que cela groupe et explique bien (à ce qu'il me semble) un groupe de faits dans la classification, l'embryologie, la morphologie, les organes rudimentaires, la succession et la distribution géologique.

Teilhard, lui, écrit :

> Je sens combien, en soi, l'exploration de la Terre n'apporte aucune lumière, ne fait trouver aucune issue aux questions les plus fondamentales de la vie. J'ai l'impression de tourner, sans y pénétrer, autour d'un immense problème. Plus, je le sais, ce problème paraît grandir à mes yeux, et plus je vois que sa solution n'est pas à chercher ailleurs que dans une foi, plus loin que toute expérience. Il faut forcer et dépasser les apparences...

Maurice Vernet commente :

> Il est très remarquable de voir dans l'un et l'autre de ces textes, que Darwin comme Teilhard déclarent ne pouvoir produire aucune preuve scientifique d'un transformisme inter-espèces. À en juger ainsi, par le témoignage de ceux qui pourraient le mieux en décider, le transformisme est donc une pure hypothèse, et c'est seulement par sa foi que Teilhard – il le reconnaît – continue à la faire sienne. Il ne s'agit donc, dans son cas, que d'une intuition mystique.[10]

10 M. Vernet, *La Grande Illusion de Teilhard de Chardin*, Éditions Gedalge, 1964.

On a parfois parlé de lentes acclimatations pour quelques espèces animales. Les mammouths gelés de Sibérie se seraient adaptés au froid. Leurs oreilles seraient devenues suffisamment petites pour ne pas geler. Leurs poils auraient poussé pour les protéger du froid, comme pour le rhinocéros laineux.

La limite de cette théorie d'adaptation aux régions froides est, pour le mammouth, que ses glandes sudoripares sécrètent en fait un liquide non huileux et que ses poils ne le protègent dans ce cas que de la chaleur. On trouve ce même liquide chez les fauves tropicaux !

Le fondateur de la paléontologie, Cuvier, disait en 1827 :

> Lorsque le voyageur parcourt ces plaines fécondes, où des eaux tranquilles entretiennent par leur cours régulier une végétation abondante, et dont le sol, foulé par un peuple nombreux, orné de villages florissants, de riches cités, de monuments superbes, n'est jamais troublé que par le ravage de la guerre, ou par l'oppression de l'homme au pouvoir, il n'est pas tenté de croire que la nature ait eu aussi ses guerres intestines, et que la surface du Globe ait été bouleversée par des révolutions et des catastrophes. Mais ses idées changent dès qu'il cherche à creuser ce sol aujourd'hui si paisible. Elle a laissé, dans les pays du nord, des cadavres de grands quadrupèdes que la glace a saisis, et qui se sont conservés jusqu'à nos jours, avec leur peau, leur poil et leur chair. S'ils n'eussent été gelés aussitôt que tués, la putréfaction les aurait décomposés. Et, d'un autre côté, cette gelée éternelle n'occupait pas auparavant les lieux où ils ont été saisis, car ils n'auraient pas pu vivre sous une telle température.
>
> C'est donc le même instant qui a fait périr les animaux, et qui a rendu glacial le pays qu'ils habitaient. Cet événement a été subit, instantané, sans aucune graduation. Et ce qui est clairement démontré pour cette dernière catastrophe ne l'est pas moins pour celles qui l'ont précédée. Les déchirements, les redressements des couches plus anciennes ne laissent pas doute que des causes subites et violentes ne les aient mises en l'état où nous les voyons ; et même, la force des mouvements qu'éprouva la masse des eaux est encore attestée par les amas de débris et de cailloux roulés qui s'entreposent en beaucoup d'endroits entre les couches solides.

> La vie a donc souvent été troublée sur cette terre par des événements effroyables. Des êtres vivants sans nombre ont été victimes de ces catastrophes.
>
> Ainsi, nous le répétons, c'est en vain que l'on cherche, dans les forces qui agissent maintenant à la surface de la Terre, des causes suffisantes pour produire les révolutions et les catastrophes dont son enveloppe porte des traces.[11]

En Afrique et en Amérique, la découverte de squelettes d'animaux démembrés et rongés, dont les os sont dispersés, indique une mort naturelle. En revanche, on peut difficilement attribuer une mort naturelle à des troupeaux entiers enterrés alors que leur chair et leurs ligaments n'étaient pas encore décomposés. Tous les os, même les plus petits, sont restés en place.

Que dire des fosses de la Bréa en Californie, et des cimetières géants de poissons embarqués à l'intérieur des terres ? Ils ont été enfouis en si peu de temps que les corps des fossiles sont tordus, les bouches grandes ouvertes, la couleur des écailles parfois visible…

Ces cimetières géants portent la marque manifeste d'une violence anormale qui a déplacé des bêtes énormes jusqu'à arracher leurs membres. Cette violence s'est exercée avec une telle rapidité que ces animaux se sont retrouvés enterrés à l'abri des intempéries et des prédateurs survivants.

Philippe Taquet a montré la nécessité d'« événements géologiques », dont le soulèvement de l'Aïr, qui auraient permis l'ensevelissement d'un dinosaure « dans un sédiment sableux fin très rapidement après sa mort ».[12]

Comment les hommes auraient-ils pu oublier de mentionner dans les mythologies les bouleversements associés aux mouvements de l'écorce Terrestre ?

Derrière des textes connus depuis longtemps se cache peut-être la description des cataclysmes gigantesques dont nous venons de faire l'hypothèse…

11 G. Cuvier, *Discours sur les révolutions de la surface du globe*, 1828.

12 Ph. Taquet, *L'Empreinte des dinosaures*, Éditions Odile Jacob, 1994.

3.1 La Polynésie

Dans l'épopée nommée *Kumulipo*, un chant de création hawaiien débute ainsi :

À l'époque où les cieux firent demi-tour,
À l'époque où le ciel fut obscurci…
La source de l'obscurité qui fit l'obscurité !
La source de la nuit qui fit la nuit !
Une obscurité intense ! Une obscurité profonde !
Obscurité du soleil ! Obscurité de la Nuit !
Rien que la NUIT ![1]

Tangaroa-le-chef envoya un de ses frères « à la recherche d'un pays en ce monde ». Ne trouvant rien, il retourna « au ciel » et à « la montagne » (*rangi*). Il aperçut enfin une « nappe blanche », une terre ou un récif. Après s'être dirigé dans cette direction, il s'aperçoit qu'il ne peut pas tenir dessus : « il n'y avait rien où il put prendre pied et se reposer ». Le texte mythologique explique ce fait par l'action de Tangaroa-l'ouvrier qui aurait « répandu sur la surface des flots une avalanche de pierres spongieuses ». Cette « Terre tombée du ciel », sur laquelle on ne peut prendre pied, où « il ne pousse aucun arbre », est tout simplement une île de pierre ponce, comme on en vit d'immenses près des îles de la Sonde, dans l'océan Indien, après l'éruption du Krakatoa.[2]

1 M. Beckwith, *The Kumulipo*, University of Hawaii Press, 1972, 1, 2, 3 et 7-11.

2 E. Caillot, *Mythes, légendes et traditions des Polynésiens*, Leroux, 1914, p. 250.

Figure 33. *Figurine en bois provenant de Rarotonga, datant de la fin du XVIIIe ou début du XIXe siècle apr. J.-C. Elle pourrait représenter Tangaroa, le roi polynésien de la Création.*

3.2 La Chine

Les îles des Immortels

Très loin à l'est de la mer orientale se trouve un gouffre sans fond : le Kouei-hiu
Où retournent toutes les eaux du monde.
Au-dessus du Kouei-hiu, il y a cinq îles merveilleuses,
Où résident les immortels,
Vêtus de plumes et munis d'ailes,
Où croissent les plantes d'immortalité dont ils se nourrissent.
D'abord, ces îles n'étaient pas fixées sur le fond de la mer ;
Elles flottaient librement…
Les immortels se plaignirent à l'empereur du ciel.
Celui-ci donna l'ordre à Yu-kiang de fixer les îles,
Avec quinze grosses tortues, trois pour chaque île…
Elles devaient se relayer… durant soixante mille ans…
Cependant il advint qu'un géant… se mit à pêcher les tortues.
Il en ramena six, d'un seul coup.
Les deux îles, privées de leur support,
Dérivèrent jusqu'au pôle Nord,
Et sombrèrent dans la mer.[1]

Si, grâce à ses pattes, la tortue sait donner les quatre directions cardinales, elle se tient aussi sur une base plate et carrée, comme la terre. Son dos est rond, comme le ciel, et, par sa longévité, elle symbolise l'immortalité et donc l'univers polaire originel.

Ces îles se mirent réellement en route avec la plaque tectonique antarctique vers le pôle. Comment imaginer par la suite, après plusieurs siècles passés dans l'hémisphère boréal, qu'il ne s'agissait pas du pôle Nord mais bien du pôle Sud, à l'autre bout du monde ?

1 M. Granet, *La Pensée chinoise*, Albin Michel, 1950, p. 357.

Le déluge d'Yao

Le récit du cataclysme qui a mis fin au bonheur des hommes au septième ki est rapporté par plusieurs sages chinois. Le monstre Kong-Kong est désigné comme la cause du déluge. Niu-va passe alors derrière lui et rétablit l'ordre du monde.

Selon Lo-Pi, Kong-Kong excita le déluge et brisa les liens qui unissaient le Ciel et la Terre. Niu-va combattit Kong-Kong, rétablit les quatre points cardinaux, rendit la paix au monde, la Terre étant « redressée ».

Pour Yun-Tse, Kong-Kong donna de ses cornes contre le mont Pou-tcheou, renversa les colonnes du Ciel et rompit les liens de la Terre. Heureusement, Niu-va rétablit le Ciel, et tira des flèches contre dix soleils.

Enfin pour Hoai-Nan-Tse, après que Kong-Kong a donné un coup de corne contre le mont Pou-tcheou, les colonnes du Ciel en furent brisées et les liens de la Terre rompus.

Ces trois évocations sont très similaires. Elles décrivent un événement majeur, analogue au bouleversement décrit par les Polynésiens.

Jadis, lorsque Niu-koua entreprit d'aménager l'univers,
Les quatre pôles étaient renversés,
Les neuf Provinces étaient fissurées,
Le Ciel ne couvrait point partout,
Le feu incendiait sans s'éteindre jamais,
Les eaux inondaient sans jamais s'apaiser,
Les bêtes féroces dévoraient les hommes valides,
Les oiseaux de proie enlevaient les débiles.
Niou-koua, alors, fondit les pierres de cinq couleurs pour réparer le ciel azuré ;
Elle coupa les pieds de la tortue pour dresser les quatre pôles ;
Elle tua le dragon noir pour mettre en ordre le pays de Ki ;
Elle entassa de la cendre de roseau pour arrêter les eaux licencieuses.
Le ciel fut réparé,
Les quatre pôles se dressèrent,
Les eaux licencieuses furent asséchées,

Le pays de Ki fut mis en équilibre,
Les bêtes féroces périrent,
Les hommes valides subsistèrent, [...]
Et l'union se fit entre le Yin et le Yang. [2]

Enfin, l'empereur Yao fit « reléguer à la Région des Ténèbres » le monstre Kong-Kong. En outre, le maître de Fo-hi et de Niu-va est qualifié de premier des Immortels (Sien) : c'est une double évocation d'une région polaire.

Les eaux s'élevaient jusqu'au Ciel.
Mugissantes, elles enveloppaient les montagnes et couvraient les collines.
Les hommes périssaient dans cette mer. [...]
On souffre beaucoup de la grande inondation des eaux
Qui couvrent les collines de toutes parts, surpassent les montagnes,
Et paraissent aller jusqu'aux Cieux. [3]

Les Chinois sont coutumiers des inondations : mais on ne voit jamais des fleuves escalader collines et montagnes. Par contre, un large et rapide glissement de la croûte terrestre, sans que l'océan et les fleuves ne se mettent en mouvement du fait de leur inertie, explique parfaitement un tel événement exceptionnel.

Il est accompagné du feu des volcans ne s'éteignant jamais, des cendres volcaniques entassées mais aussi du mouvement du ciel par rapport à sa course habituelle :

Kong-Kong brisa le pilier du Ciel et rompit l'amarre.
Aussi le Ciel bascula-t-il, s'inclinant vers le Nord-Ouest,
Si bien que le Soleil, la Lune et les Constellations
Durent s'acheminer vers le couchant,
Tandis que, sur la Terre qui, basculant en sens inverse

2 M. Granet, *La Pensée chinoise*, *op. cit.*, pp. 344-6.

3 R. Wilhelm, *Histoire de la civilisation chinoise*, Payot, 1931, p. 74.

Cessa d'être comblée vers le Sud-Est, tous les cours d'eau
Prirent la direction de ce coin béant de l'espace.[4]

Le sol chinois a donc soudain glissé, en entraînant le corollaire d'une chute apparente des astres dans le sens inverse. La marche apparente des astres a changé, aussi bien que les lois nécessairement immuables de la rotation de la terre.

Les Yin, également appelés les Chang, succédèrent aux Hia.

Cette glorieuse dynastie parvint à remettre de l'ordre sur terre et mer : « T'ang le victorieux, fondateur des Yin, régla le cours des fleuves » et « pacifia l'intérieur des mers ».[5]

4 M. Granet, *La Pensée chinoise*, *op. cit.*, p. 544-6.

5 M. Granet, *La Civilisation chinoise*, Albin Michel, 1948, p. 21.

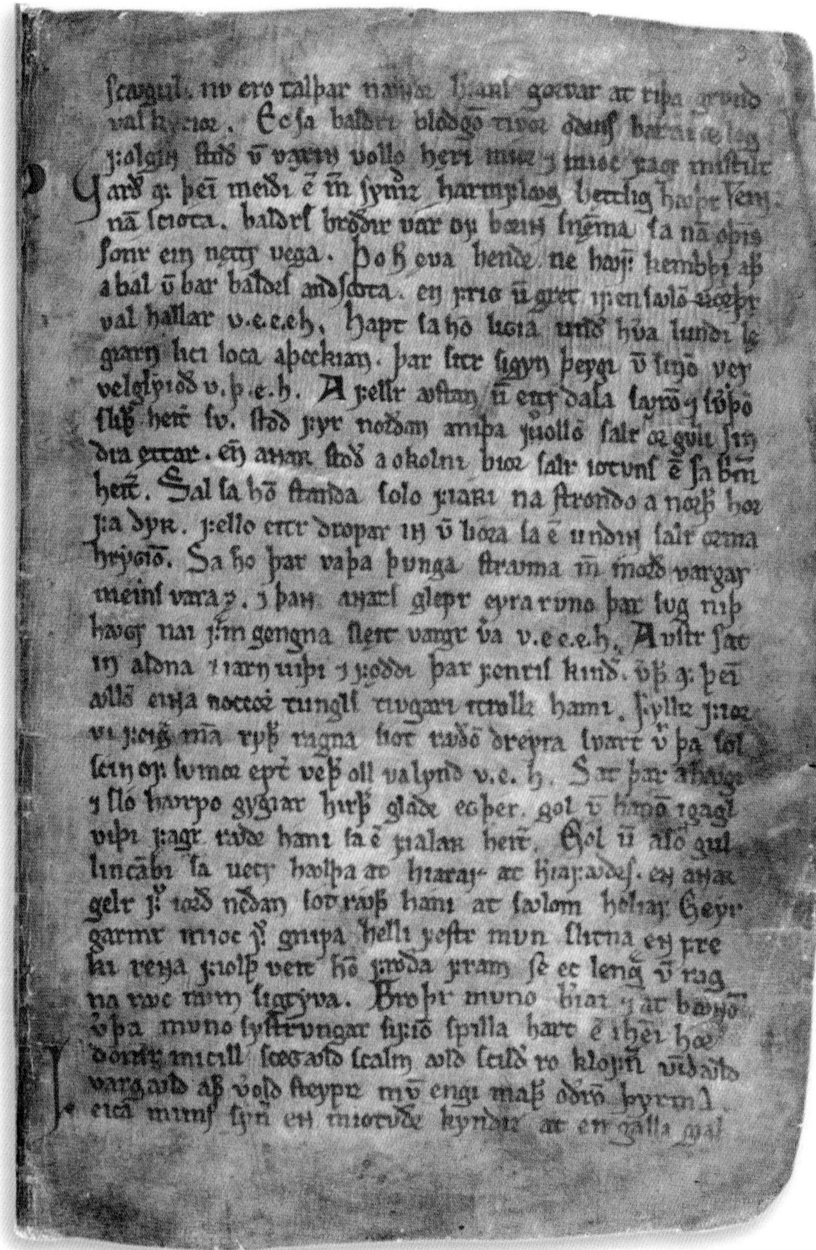

Figure 34. *Texte tiré du* Codex Regius de L' Edda, *une collection de poèmes anciens d'Islande.*

3.3 L'Islande

Ici, les images du cataclysme et de ses répercussions se font de plus en plus précises et complètent les mythologies précédemment visitées.

Le grand hiver Fimbul

L'*Edda* annonce une bataille « qui doit précéder la fin du monde ». L'ordre bien réglé de la nature va être bouleversé par un événement majeur, où les forces de la nature seront déchaînées. À qui, ou à quoi attribuer cette catastrophe ? Au destin fatal des dieux, *ragnarok*. Le mot *rokkr* signifiant ténèbres, les poètes norrois dirent *ragnarokkr*, ou crépuscule. Cela deviendra ainsi le fameux Crépuscule des dieux.

Arrivera l'hiver Fimbulvetr !
La neige tombera alors en rafales des quatre points cardinaux,
Et il y aura de grandes gelées et des vents acérés.
Le soleil ne brillera pas !
Trois hivers semblables se succèderont,
Et entre eux, il n'y aura pas d'été.
Mais auparavant, surviendront trois autres hivers,
Au cours desquels de grandes batailles se dérouleront
À travers le monde entier.
Alors, poussés par la cupidité, les frères s'entre-tueront,
Et ni le meurtre, ni l'inceste
N'épargneront les pères et les fils. [1]

Ce monde ne pouvait pas durer, car les dieux eux-même avaient ébranlé ses fondements. Les signes de la catastrophe se multiplient. Alors, on voit surgir une portée de loups, fils d'une géante et de Fenrir. L'un de ces loups est assez hardi pour poursuivre le soleil et le saisir dans sa gueule.

Le soleil devient noir, et les étés aussi. Car le ciel, privé de soleil fut

1 Snorri Sturluson, *L'Edda : Récits de mythologie nordique*, Gallimard, 1991, pp. 95-6.

toujours gris et froid comme en hiver, rempli de neiges tourbillonnantes venues des quatre coins de l'horizon ! Sur la terre, tout chancelle, rien n'est plus sacré, le meurtre règne en maître.

Quel est donc ce grand hiver, avec rafales, gelées, neiges, mais aussi avec tremblements de terre, et soleil chassé de sa course normale, devenu noir, absent du ciel ? La Norvège a-t-elle glissé largement vers le pôle Nord, pour connaître un climat polaire ? La vie sociale devient impossible. Comment compter ces années terribles ? Trois, puis trois ? Quelques dizaines ?

Ces conditions exceptionnelles devaient favoriser des chutes épaisses de neige, la terre étant encore tiède ou chaude, et l'air en altitude étant glacial et incapable désormais de se charger en eau.

Le scalde chante ainsi ces temps terribles :

Les frères s'affronteront, et se mettront à mort,
Les cousins violeront les lois sacrées du sang.
L'horreur régnera parmi les hommes,
La débauche dominera.
Viendra l'époque des haches, et l'époque des épées,
Brisés seront les boucliers.
Viendra l'époque des tempêtes, et l'époque des loups,
Avant que le monde ne s'effondre.
Un loup dévorera le soleil,
Et les hommes estimeront que cela est un terrible malheur.
Un autre loup s'emparera de la lune,
Et il provoquera ainsi un immense dommage.
Les étoiles disparaîtront du ciel.[2]

La modification de la marche apparente du soleil et de la lune, le fait qu'ils soient ravis par un loup, montre que leur course est dorénavant plus basse sur l'horizon, et donc moins visible. Ce qui est normal, si la latitude a augmenté.

Les étoiles septentrionales restent immanquablement visibles où que l'on

2 Snorri Sturluson, *op. cit.*, pp. 95-6.

se trouve dans l'hémisphère Nord. Par contre, celles de l'hémisphère austral disparaissent au fur et à mesure qu'on se rapproche du pôle Nord, jusqu'à disparaître complètement.

Ce constat d'ordre astronomique ne peut laisser indifférent. Un brusque glissement vers le pôle ne peut se faire sans dégâts colossaux :

La terre tout entière se mettra à trembler,
De même que les montagnes,
À tel point que les arbres seront déracinés,
Que les montagnes s'écrouleront [...]
Alors, l'océan déferlera sur les terres.
Parce que le serpent de Midgard,
Saisi par sa fureur de géant, gagnera le rivage [...]
Ce sera dans le déferlement des flots que Naglfar prendra la mer,
Piloté par le géant qui s'appelle Hrym.[3]

La mer arctique sera bousculée par la montée vers le nord de la plaque eurasiatique qui comprend la Scandinavie. Une énorme masse d'eau déferlera nécessairement sur les terres. Cela n'est-il pas susceptible de balayer toute vie ? Végétaux et animaux ont dû être massivement entraînés, et déposés irrégulièrement en fonction du relief, plusieurs trains de houle se succédant jusqu'à ce que le niveau marin retrouve son équilibre.

Et l'homme ? Quelques-uns ont sans doute réussi à s'échapper.

Comment ? Dans des grottes, peut-être. En mer, surtout : ceux qui étaient embarqués, en mer du Nord ou en Arctique, n'auront que peu été affectés par le glissement des terres, les masses marines échappant aux secousses et aux mouvements brusques, par une formidable inertie. Ils auront été soulevés, déplacés, mais sans aucune brutalité.

Le loup Fenrir marchera la gueule béante,
Sa mâchoire rasant la terre,

3 Snorri Sturluson, *op. cit.*, pp. 95-6.

Et sa mâchoire supérieure touchant le ciel,
Et il l'ouvrirait encore davantage s'il y avait de la place.
Des flammes jailliront de ses yeux et de ses narines.
Le serpent de Midgard soufflera tellement de venin
Qu'il en aspergera l'air tout entier ainsi que la mer.
Il sera absolument effrayant,
Et il s'avancera aux côtés du loup.
Heimdall se lèvera et soufflera fougueusement dans Giallarhorn…
Le frêne Yggdrasil se mettra à trembler…
Le frêne Yggdrasil frémit de toute sa hauteur.
Et la peur s'emparera de toute créature,
Tant au ciel que sur la terre.
Ensuite Surt lancera des flammes sur la terre,
Et incendiera le monde entier.
Helmdall souffle haut dans le cor élevé…
Le frêne Yggdrasil frémit de toute sa hauteur.
Il gémit, le vieil arbre.
Le géant s'est libéré…
De l'Est arrive Hrym brandissant le bouclier,
Le monstre immense se met dans une fureur de géant ;
Le serpent fouette les flots…
De l'Est vogue le bateau…
Et Loki le gouverne…
Du Sud s'avance Surt, le feu flambant à la main…
Les falaises s'effondrent,
Les femmes-trolls trébuchent…
Du Sud s'avance Surt, le feu flambant à la main…
Les falaises s'effondrent,
Les femmes-trolls trébuchent…
Tous les hommes délaisseront leur demeure terrestre
Quand avec fureur frappera le défenseur de Midgard.
Le soleil s'obscurcira,
La terre sombrera dans la mer,

Les étoiles resplendissantes disparaîtront du ciel.
La fumée tourbillonnera,
Le feu rugira,
Les hautes flammes danseront jusqu'au ciel. [4]

Le monde sort de ses gonds, le tronc d'Yggdrasil est secoué de tremblements : l'axe du monde semble bousculé et déplacé. C'est alors le grand hiver Fimbul, l'époque des haches, des épées, des boucliers brisés, des loups. Horreur, débauche, inceste, mise à mort, peur, frappent les hommes et bouleversent la vie sociale.

Des noms de dieux et des fables souvent délirantes sont imaginés : ce double réflexe ne permet-il pas d'apprivoiser des épreuves surhumaines, rudes, sinon intolérables ? Il reste que l'*Edda* décrit la venue brutale, en quelques heures, d'une dérive de la Scandinavie jusqu'au pôle Nord, à une époque historique. La description est unique, montrant l'arrivée de l'âge glaciaire ! Rien ne permet de préciser quand il survint, ni combien d'années ou dizaines d'années il dura.

La fin de l'hiver

La terre surgira de la mer
Elle sera verte et belle.
Les champs donneront des fruits sans avoir été semés.
Vidar, Vali, Modi, Magni, Baldr, Hodr habiteront à Idavoll,
là où autrefois s'élevait Asgard.
Tous ensemble, ils prendront place et converseront :
Ils évoqueront leurs antiques secrets,
Et s'entretiendront de tous les événements
Qui autrefois se déroulèrent,
Du serpent de Midgard et du loup Fenrir.

4 Snorri Sturluson, *op. cit.*, pp. 96-9.

Ils trouveront dans l'herbe les tablettes d'or
Qui avaient appartenu aux Ases.[5]

Un second changement de latitude s'est produit, en sens inverse.

En effet, après un nouveau déchaînement des forces de la nature de même acabit que le premier, le grand hiver cesse, et pour une seconde fois, la terre émerge des flots. Cette fois-ci, elle est verte et fraîche. La chose est bien évidemment avérée. Le climat de la Scandinavie a alors connu ce qu'on a appelé un « optimum climatique », sensiblement plus chaud que le climat actuel.

Le cataclysme narré à travers les âges

À en croire différentes légendes, deux bouleversements brutaux de la nature se sont donc succédé à plusieurs années, ou dizaines d'années d'intervalle. Les souvenirs de ces deux événements se sont confondus, mêlés et amplifiés. Ils sont présents dans les récits du pilote Nagifar, du géant Hrym, du loup Fenrir, de Loki, Beli, Frigg, Surt et du dieu Odin.

Ce dernier a sans doute existé. Le prologue de L'*Edda* en prose le présente comme le petit-fils de Priam, roi de Troie. En outre, ce nom est attribué à un chef, celui des Ases, qui aurait traversé la Russie par le Don et le Dniepr pour gagner le Danemark au IVe siècle avant notre ère.

Guerriers, chasseurs, éleveurs de porcs, les Ases se seraient heurtés aux Vanes de Njord qui étaient marins, cultivateurs, commerçants, juristes, artistes, pacifiques, riches exploitants de mines et travaillant le métal. Après une longue guerre entre les deux peuples, ils auraient fini par fusionner pour devenir les Vikings.

Les fjords de Norvège présentent de longues et profondes échancrures qui animent la réflexion des spécialistes. Selon Jacques de Morgan, ce sont

> des vallées d'érosion qui n'ont pu se former qu'à l'air libre, sous l'action des rivières [...] Ces déchirures du sol, si exactement prolongées sous la mer,

5 Snorri Sturluson, *op. cit.*, p. 101.

existaient à l'état continental lorsqu'un changement de niveau a déterminé leur submersion partielle sous la nappe océanique. Ce changement semble avoir été très brusque, sans quoi les fjords n'auraient pas conservé leur aspect de vallées [...]. Mais le niveau actuel de la mer dans les fjords n'est pas celui qui a toujours été depuis leur enfoncement, les terrasses glaciaires en sont la preuve. Les deux terrasses du Christiana sont l'une à 75 m, l'autre à 163 m au-dessus du niveau de la mer, et ces terrasses sont d'anciennes plages marines.[6]

6 J. de Morgan, *La Préhistoire orientale*, Librairie Geuthner, 1926, pp. 66-7.

3.4 Mexique et Guatemala

Situés entre les océans Pacifique et Atlantique, le Mexique et le Guatemala offrent des traces tangibles des civilisations venues des deux océans, et ce bien qu'une culture proprement mexicaine se soit développée avant les Aztèques et les Mayas.

Du côté Atlantique, rien ne s'oppose à de très anciennes visites maritimes, même si elles étaient sans doute exceptionnelles. Au second millénaire de notre ère, des visites effectuées par des Normands ou des Basques eurent certainement lieu, mais sans apporter d'influence marquante aux civilisations mexicaines. Les mutations les plus récentes sont intervenues évidemment à la toute fin du XVe siècle avec et après Christophe Colomb.

L'apport culturel le plus important du Mexique vient sans doute du côté Pacifique, car on trouve des similitudes anciennes entre les Olmèques mexicains et les Péruviens pré-incas, par exemple des dizaines de milliers de pyramides tronquées à étages : Les teocallis du Mexique trouvent leurs parentes au Pérou, avec les wakas. Au Pérou, rappelons que de multiples civilisations avancées ont prospéré : Chavin, Tiahuanaco, Chimu-Mochica et, tout à la fin, les Incas.

En revanche, leurs dieux – qui ont pour noms Mammacocha, Viracocha, Pariakaka, Wallalo ou Wampu – n'ont aucun équivalent mexicain. Coincé entre la haute chaîne des Andes et le Pacifique, le Pérou était bien tourné vers le Pacifique, mais il évoluait de façon isolée depuis des millénaires. La similitude essentielle entre les Olmèques et les anciens peuples péruviens, celle qui nous intéresse ici, est donc le souvenir commun d'un pays originel situé au sud du Pacifique.

En particulier, on trouve le souvenir de la disparition de la constellation des Pléiades. La terre qui est restée dans les mémoires se trouvait donc à une latitude sud supérieure à 76°. Or, ce souvenir commun ne peut que très improbablement avoir été communiqué d'un peuple à l'autre, tout spécialement par les Olmèques. Au Pérou en effet, avant l'arrivée de Pizarre, les civilisations qui ont coexisté ou se sont succédé depuis – c'est le plus

Figure 35. *Dessin de Quetzalcóalt, d'après une représentation dans le* Codex Borbonicus.

probable – le deuxième millénaire avant notre ère n'ont plus subi d'influence extérieure majeure, et se sont épanouies de façon autonome. Ainsi, même en ce qui concerne les similitudes architecturales ou cultuelles, il est difficile de comprendre comment ces informations ont pu circuler, les peuples péruviens vivant largement en retrait du reste des grandes civilisations olmèques et mayas.

Les traditions décrites par le célèbre *Popol-Vuh* montrent, de même, que les hautes cultures mexicaines ne doivent absolument rien au Pérou depuis des millénaires.

Ce mystérieux document semble absolument dénué d'influences de civilisations venues de l'Atlantique ou du Pacifique. Il ne doit rien à la Chine, ni aux autres grandes civilisations peuplant les côtes des deux océans. Et pourtant, la terre d'origine du peuple mexicain y est longuement évoquée.

Le *Popol-Vuh* aurait été écrit par un sage quiché, c'est-à-dire un sage du Guatemala parlant une langue maya. Des traditions millénaires y sont recensées. Au début du XVIIIe siècle, le père Francisco Ximénèz le découvre et le traduit. « Le *Popol-Vuh* [écrit-il] s'est conservé parmi les Indiens, sous le sceau d'un tel secret que, parmi les anciens prêtres, on ne faisait même pas mention de la chose. »

Ce document s'articule en quatre « âges » qui sont autant de séquences historiques. Les trois premiers âges correspondent à des périodes passées et révolues. Le quatrième raconte le présent.

Les différents âges sont séparés par un cataclysme destructeur qui anéantit chaque fois l'état antérieur. Chaque âge s'achève par « une mutation brusque et totale ». [1]

1 Tous les passages cités sont issus de Recinos, Villacorta, du Père F. Ximénèz et tirés de l'ouvrage de R. Girard, *Le Popol-Vuh*, Payot, 1954.

Le Premier Âge, souvenirs polaires

Après une énumération des dieux, « le *Popol-Vuh* décrit la formation du monde ». « Grandioses étaient la description et le récit de la création du Ciel et de la Terre, de comment tout fut formé et partagé en quatre parties, de comment le Ciel fut marqué et mesuré. »

Directions cardinales, hauteur du pôle céleste sont à redéfinir. Il faut observer et mesurer, « en cherchant les angles du firmament et en mesurant tout ce qu'il y a en lui [...] en établissant les points de base de ce que le Ciel et la Terre contenaient [...] Les côtés, les angles, les distances et les points de base étaient déterminés une fois pour toutes », pour la durée d'un Âge. Le nouveau calendrier fixera les « travaux de la milpa », le maïs et les cultures. « Chacune des positions extrêmes du soleil est considérée » : directions du lever et du coucher du soleil aux solstices d'été et d'hiver.

« Tzakol, Bitol, Alom et Cajolom » furent les quatre premiers dieux. « En date du Un Chouen », Dieu

> tira de lui-même sa divinité et fit le Ciel et la Terre. Tout fut créé par Dieu notre père et par sa Parole. Là où il n'y avait ni Ciel ni Terre, il n'y avait que la Mer calme et tout ce qu'il y a au Ciel
>
> Dans le calme et les Ténèbres, dit le *Popol-Vuh*, Tzakol, Bitol, Tepeu, Gucumatz, Alom et Cajolom resplendissaient d'une clarté éblouissante, ils étaient couverts de manteaux de plumes vertes comme celles du quetzal. C'est pourquoi on les appelait Gucumatz [...] Ils avaient des sentiments très élevés [...] Leur nature était celle de grands savants et de grands penseurs.
>
> Aux quatre dieux cosmiques : Tzakol, Bitol, Alom et Cajolom, s'en ajoutent deux nouveaux : Tepeu et Gucumatz, lesquels, avec Cœur du Ciel ou Cabaguil, forment un septemvirat théogonique.

Le monothéisme serait sous-jacent à un polythéisme apparent :

> Comme il n'y a qu'un soleil, bien qu'il ait des positions différentes, il n'y a qu'un seul Dieu, polyonyme et polymorphe, qui se manifeste dans les positions significatives de l'astre.

> Aussi bien le *Popol-Vuh* que le Chilam Balam de Chumayel sont d'accord au sujet de l'ordre de progression de la Création, réalisé par un Créateur qui est un Dieu incréé, cause première de toute existence, existant avant tout et précédant ses œuvres.

Un thème est fondamental – celui « des dieux ou des serpents couverts d'un manteau de plumes » :

> Gucumatz, équivalent de Quetzalcoatl, peut être traduit par : serpent aux plumes de quetzal […] D'après le *Popol-Vuh*, la voix de Cœur du Ciel s'exprime par le plérôme : Foudre, Eclair, Tonnerre.

Chez les Chortis,

> [la] hache de pierre est le symbole de la foudre, le tambour du tonnerre, et l'épée de bois de l'éclair […] La formation des montagnes, côtes et vallées […] fut quelque chose de surnaturel, d'étrange et de merveilleux.
>
> Ensuite se forma le chemin des eaux, et celles-ci commencèrent à couler au pied et parmi les montagnes […] L'apparition de la terre révèle un paysage maritime de rivages larges et plats, limité par des montagnes, et sillonné de rivières […] Aussi bien les Chortis que les Mexicains conçoivent la terre comme une île entièrement entourée d'eau.

Les ténèbres, le froid obligeant les dieux à se couvrir de manteaux de plumes, une origine insulaire sont autant d'éléments qui nous orientent une fois de plus vers le continent antarctique.

La création de l'univers ressemble à une dérive des continents ayant amené le peuple mexicain dans une région près du pôle Sud. Ainsi les rivières qui apparaissent peuvent être le chemin que les eaux de l'océan montées à l'assaut des montagnes durent se frayer pour couler à la mer.

Au cours du Premier Âge, les hommes étaient condamnés à vivre « dans des cavernes, ravins ou terriers, comme des bêtes ». « Les hommes vivaient dans des cavernes et des rochers, en lutte avec les fauves ».

Le froid polaire explique le contraste frappant entre des « grands savants » et « penseurs » aux « sentiments élevés », monothéistes, et une vie misérable où il fallut se terrer dans des grottes en se couvrant de plumes pendant la dure nuit polaire, sur le pays des dieux, montagneux et arrosé de rivières, isolé au milieu des eaux australes.

Le dénommé Gucup Cakix est le père de deux fils terribles dont le premier, le géant, Zipacna, est un faiseur de montagnes et de volcans, et le second, Caprakan, « remue les grands et les petits volcans [...] et fait peur au ciel en faisant remuer la terre ». Sur cette terre, le volcanisme était donc actif et les séismes fréquents.

Pour se débarrasser de Zipacna, le façonneur de volcans, quatre cents jeunes gens creusent un trou « pour planter un mât de volador ». Ce jeu traditionnel rappelle les temps les plus anciens où l'axe du monde était vertical. Des nacelles tournent autour de lui à l'horizontale, tels les astres quand on est près du pôle. Ne se laissant pas ensevelir dans le trou, Zipacna provoque la mort des jeunes gens en faisant s'écrouler la maison où ils s'étaient réunis.

Hunahpu – le soleil – et Ixbalamqué – la nouvelle lune – attirent alors le géant dans une grotte et laissent tomber la montagne sur lui. Le géant se fait écraser et se « change en pierre ». Les traditions mayas mentionnent aussi que les hommes se changeaient en pierre, c'est-à-dire, à mon sens, en glace.

« Hunrakan et ses manifestations : le tonnerre, la foudre et l'éclair parlèrent, et dirent aux Jumeaux qu'ils doivent maintenant supprimer Caprakan, le dernier des géants. » Ils le « trouvèrent en train de remuer les montagnes », et « s'arrangèrent pour mener le géant là où naît le soleil ». Les Jumeaux le « renversèrent » et « l'enterrèrent ». Ainsi finit le Premier Âge.

Quelques indices de ce passage du *Popol-Vuh* concordent donc étrangement pour situer le premier séjour des Mexicains près d'un pôle.

Le Deuxième Âge

« Une espèce de brume enveloppait les dieux. » La danse des géants évoque cet âge ténébreux. Lorsqu'elle se déroule, les acteurs qui personnifient le soleil et la lune se couvrent le visage de voiles. Ils illustrent l'époque où « la terre n'était pas encore éclairée. »

> Le même concept se répète dans la mention que les Ahpu sont nés pendant la nuit, c'est-à-dire quand le soleil et la lune n'avaient pas encore été créés.

Les Ahpu sont sept héros civilisateurs. Frères et fils de l'un d'entre eux, Hun Batz et Hun Chouen sont de « grands sages » de « nature divine ». Ils détiennent le « don des arts », sont de bons joailliers, écrivains, ciseleurs et tailleurs de pierre. Aussi, ils chantent et prient, sont « devins, joueurs de flûtes et tireurs de sarbacane [...] Ils apprennent aux hommes la science et les arts de la vie. »

Tous les jours, les sept Ahpu se retrouvent pour jouer au jeu de paume. Revêtus de leurs habits de fête, les joueurs sont autant de dieux solaires. Ils jouent sur un terrain cosmique : « les deux zones du terrain étaient séparées par une ligne symbolisant le ciel clair et le ciel obscur, le jour et la nuit, la lumière et les ténèbres ». Des figures hiéroglyphiques « montrent, dans les lignes qui correspondent à l'orient et l'occident, la position des six soleils cosmiques qui, avec le central figuré par la balle, complètent le septemvirat divin ».

Les sept Ahpu sont conviés à prendre le chemin des enfers pour jouer au jeu de paume. Un oiseau messager de Hunrakan, le dieu du Tonnerre et de la Foudre, leur montre le chemin. Il faut suivre la route de Xibalba qui n'est autre que le monde infernal. Si les seigneurs de ce lieu veulent jouer avec les Ahpu, c'est semble-t-il dans l'intention de les « dépouiller de leurs éléments de splendeur ». En souvenir des sept Ahpu, « la flamme sacrée devait toujours rester allumée », le dénommé Nahual restant le dieu du foyer.

Un rite commémore cette rude période : le supplice de la caverne noire. Il consiste à « rester enfermé dans un antre infernal plein de fumée, alimenté par du bois de pin et des cigares » qui dégagent une « odeur fétide et irrespirable ». Cette description de la grotte fait irrésistiblement songer à celle où les anciens peuples vivaient en attendant le retour du soleil à l'intérieur du cercle polaire, ou en tout cas à son voisinage immédiat.

Venaient ensuite le supplice de « la grotte du Froid » et enfin celui de « la caverne des tigres qui rugissaient et se déchiraient ».

Les prêtres invoquaient le retour de l'aube et de la vie : « Que la germination vienne ! Que l'aube vienne ! » Ils finissaient par faire sortir le « Seigneur resplendissant, celui des rayons pénétrants, celui de l'extension du firmament ! »

Une période annuelle d'obscurité alterne avec une aube interminable, puis avec un soleil culminant à une quarantaine de degrés au-dessus de l'horizon… À une latitude de 70°, il faut effectivement entretenir un feu régulier pour se chauffer convenablement, mais aussi pour s'éclairer dans les cavernes pendant la période obscure. Ce qui n'empêchait pas les habitants et les Ahpu de cet âge de chanter, prier, jouer de la flûte, ciseler des bijoux, tailler des pierres, et d'étudier les arts et les sciences. Le Deuxième Âge chorti, se termine sur une aube qui n'en finit pas de se faire attendre.

Troisième Âge, les hommes de bois

Au Troisième Âge, « les gens se multipliaient comme le sable de la mer », et « le pays ne pouvait plus les contenir ». On cultive le haricot et le maïs. Ces hommes étranges erraient sans but, et n'avaient ni pieds, ni mains, ni sang. « On ne pouvait distinguer leurs doigts de leur chair. »

« Une inondation, un grand déluge » vient « balayer les hommes de la troisième création » :

> Une pluie aussi noire que les ténèbres tomba jour et nuit, sans arrêt, et des torrents de résine tombèrent du ciel. Enfin, de violents ouragans achevèrent de détruire les créatures de bois, dont les yeux furent arrachées des têtes, les chairs rongées, les entrailles tordues, les nerfs et les os mâchés par les séides du dieu de la mort. Même les animaux et les ustensiles de ménage se révoltèrent contre les hommes de bois, et prirent part au châtiment céleste.

> Les marionnettes se mirent à courir deux par deux comme les épis de maïs, les unes derrière les autres, et montèrent sur les maisons. Mais en arrivant aux gouttières, elles tombaient. Elles essayèrent de monter aux arbres, mais ils s'écroulèrent sous leur poids. Elles voulurent se réfugier dans des grottes, mais celles-ci les repoussaient dès qu'elles s'approchaient.
>
> On ne pouvait décrire d'une façon plus éloquente le tableau dantesque mais réel d'un cataclysme produit par des tremblements de terre, ouragans et éruptions volcaniques. Ainsi furent exterminés les hommes, et telle fut leur ruine.

Les survivants furent rares et ainsi se clôture le funeste Troisième Âge.

Il est clair que lors de chaque mutation qui marque le passage d'un âge à l'autre, coupure entre deux époques où la marche apparente des astres est parfaitement réglée, des événements majeurs ont lieu. Le changement prend toujours la forme d'un cataclysme ravageur…

Le Quatrième Âge

> On ne voyait plus alors, dit le *Popol-Vuh*, qu'un seul des danseurs, Ixbalamqué. « Lève-toi, dit-elle à Hunahpu », et sur le champ il revint à la vie. Aussitôt ils s'élevèrent, enveloppés de lumière. Alors s'illuminèrent la voûte du Ciel et la surface de la Terre.

Le peuple mexicain a quitté la terre ancestrale pour gagner le continent américain. Dans le même temps, les jumeaux, le soleil Hunahpu, et la nouvelle lune Ixbalamqué, seront à nouveau toute l'année visibles quotidiennement

« Ensuite montèrent aussi les quatre cents jeunes gens que tua Zipacna, et ainsi ils devinrent les compagnons des jumeaux, et se changèrent en étoiles du ciel. » Devenus étoiles, les quatre cents ressuscités sont conviés par la lune et le soleil à « illuminer l'aube de la quatrième création ». Ils deviennent la constellation des Pléiades, « laquelle sera l'éternelle compagne du soleil et de la lune ».

Cette évocation stellaire précise ouvre des perspectives passionnantes. Pour les Mexicains, les étoiles, nombreuses et serrées, de la constellation des Pléiades sont au nombre de quatre cents. Auparavant, elles étaient donc des jeunes gens courageux, avant d'être tuées par le façonneur de volcans, Zipacna. Elles cessèrent alors d'être visibles au-dessus de l'horizon.

On peut donc en déduire que le lieu où les Mexicains vivaient en Antarctique a alors dérivé à une latitude dépassant 76° à 78° sud. La remontée des Pléiades, après l'événement majeur qui a inauguré le quatrième et dernier Âge, suppose nécessairement un départ pour une latitude inférieure à 76° sud.

Comme dans les mythes polynésiens, les Pléiades vont redevenir éternellement visibles. Pour le soleil et la lune, il faudra sortir du cercle polaire antarctique. La « montée vers la lumière » sera fonction de l'éloignement du pôle, jusqu'aux régions tropicales. Ce grand départ, cette migration salvatrice, fut décidée après délibération.

« Ils se réunirent, arrivèrent et tinrent conseil dans l'obscurité de la nuit. »
« Alors, ils envoyèrent leurs prières au milieu des ténèbres de la nuit. »

Désormais sous les feux du soleil, le peuple laisse éclater la joie : « Ils trouvèrent la nourriture… qui entra dans la chair de l'homme », le maïs savoureux pour les affamés. « Ils furent tout joyeux » d'avoir trouvé de nouveaux lieux

> pleins de choses bonnes et savoureuses, où abondaient les épis jaunes et blancs, où abondaient aussi la patate et le cacao, où l'on trouvait des sapotilliers, des anones, des jocotes, des nances et du miel. Remplis d'aliments juteux étaient les lieux qui se nommaient Paxil et Cayala.

Le haricot et le maïs seront d'ailleurs la base de l'alimentation des nouveaux hommes du Quatrième Âge. « Les Mexicains ont conscience de ce que leur paradis mythique, la patrie du maïs, des dieux et de la culture, se trouvait au Sud. »

Figure 36. *Hippopotames sur une fresque de la période bovidienne, Tin Tazarift, Algérie. Relevé d'après une photo de András Zboray.*

3.5 Le Sahara

Climat méditerranéen du Sahara de fraîche date

De la Mauritanie à l'Égypte, de la Méditerranée au Tchad, le désert s'étend. Couvrant près de 8 millions de kilomètres carrés, le Sahara est bien le plus grand désert du monde. Mais qu'il soit recouvert de sable ou de pierre, il est également l'un des plus arides. Dans certaines régions, les précipitations ne dépassent pas 100 millimètres par an.

Le Sahara a pourtant connu une période climatique très douce, fraîche et humide, de type méditerranéen. Des lacs et des fleuves immenses occupaient des territoires aujourd'hui secs et infertiles.

> Dans les temps anciens, le Tchad constituait une vaste mer intérieure. Sur la côte tunisienne, le Chott-el-Djérid et le Chott-el-Melghir s'unissaient en un vaste lac, le lac Triton, en communication avec la mer.
>
> Entre les bassins du lac Triton et du lac Tchad, la région montagneuse jouissait d'un climat frais. Des forêts s'élevaient sur ses pentes, de belles prairies et des champs cultivés s'étendaient dans la région de Tripoli et les eaux bienfaisantes du petit fleuve Cynips irriguaient les environs de la Grande Leptis. De beaux cours d'eau, comme le Ger descendu du Tassili et du Hoggar, coulaient librement dans la plaine.
>
> Sur la côte, se pressaient des peuples de race méditerranéenne, Anou, Nasamons, Gyndanes, Lotophages, Machlyes, Zygantes, Maxyes et Numides. Dans l'ouest, les Maures se reliaient aux Atlantes et se livraient à la navigation et à la pêche. Au pied de l'Atlas, les Gétules vivaient dans les hautes herbes des savanes, avec des buffles et des éléphants. Les Garamantes nomadisaient plus au sud, d'un bout à l'autre de la grande steppe. L'ancien Nil fertilisait la région actuelle du Bahr-bala-mâ, et des prairies encerclaient la ligne des grands oasis ; dans ses eaux nageaient les hippopotames.
>
> Encore à l'époque carthaginoise, les savanes de la Gétulie sont capables de nourrir les éléphants de l'armée d'Hannibal. Les expéditions de Suetonius Paulinus et Cornélius Balbus montrent qu'aux premiers siècles de l'ère chrétienne, le pays des Garamantes était garni de cités florissantes, comme

Garma ou Cydamus. Suetonius Paulinus s'avance jusqu'au fleuve Ger, Cornélius Balbus va jusqu'au Tibesti-tou, sans qu'il semble que leurs colonnes aient particulièrement souffert au cours de ces expéditions sahariennes.

Dans la région de la crête centrale, du lac Triton au Tchad, la nature est encore prospère et fertile. On connaît le plaisant voyage que firent trois jeunes Nasamons qui, partis de la Cyrénaïque, s'avancèrent vers le sud, jusqu'au lointain Azigymba, en marchant sur des steppes émaillées de fleurs. Un peu plus tard, les centurions Julius Maternus et Septimus Flaceus s'enfoncèrent à leur tour dans le centre de l'Afrique et atteignirent le Tchad.

C'est à partir du IIIe siècle apr. J.-C. que la progression du désert s'accrut avec une rapidité inquiétante. Les sables ont envahi toute la Libye, jusqu'au Bornou et au Fezzan. Dans l'ouest, ils atteignent le Niger et la côte de Mauritanie. C'est alors que l'empereur Septime Sévère introduit le chameau. L'éléphant disparaît définitivement de la Gétulie. Les chevaux se trouvent cantonnés en zone côtière et sur les plateaux, où l'alfa remplace les céréales.[1]

Le Sahara fut autrefois très habité [...] Il connut une faune analogue à celle qui vit aujourd'hui dans la savane [...] Le caractère aquatique de la faune indique un milieu très humide, avec de nombreuse rivières en activité [...] Dans la langue des Touaregs, Tassili signifie « Plateau des Rivières ».[2]

Selon diverses estimations, généralement admises par la communauté scientifique, un tel climat remonterait à quelque dix mille ans.

On a pourtant retrouvé des grottes, celles de Tassili, sur les murs desquelles de grandes fresques apportent un éclairage bien différent. Les fresques de Tassili sont d'admirables compositions de type réaliste. Elles sont comparables à celles de Lascaux.

1 Éd. Le Danois, *Le Rythme des climats dans l'histoire de la terre et de l'humanité*, Payot, 1950, pp. 189–91.

2 H. Lhote, *À la découverte des fresques du Tassili*, Arthaud, 1958, pp. 18 et 47.

Elles témoignent de l'élevage de différentes variétés animales et de récoltes abondantes, mais aussi de fleuves sur lesquels on naviguait en pirogue, soit autant de traces peu discutables d'un climat tout à fait favorable et propice au développement des cultures et de la vie des hommes.

Des bovidés au Sahara

Toujours au Sahara, la découverte de meules de pierre, de fragments de poteries, de haches en pierre, de poinçons en os, de petits disques taillés dans des coquilles d'œuf d'autruche, de colliers, de pendeloques, d'émaux en schiste, indique une importante population de « pasteurs bovidiens », et de ce fait révèle un climat favorable à l'élevage de tels animaux.

Figure 37. *Élevage, peinture de Jabbaren, Algérie.*

On peut même avancer que le climat était humide : Lhote a trouvé « au milieu des fresques, des reproductions de la barque égyptienne du Nil », et à 2 000 m d'altitude, au Tassili, des « pirogues en jonc qui semblent tourner autour de trois hippopotames ».

Une influence égyptienne apparaît à Aouanrhet, Jabbaren et Timenzouzine, où l'on peut voir « de petites déesses à tête d'oiseau [qui] appartiennent à l'époque historique, peut-être à la XVIIIe ou XIXe dynastie, ce qui les situe approximativement env. 1200 av. J.-C. ».

Henri Lhote pense discerner plusieurs périodes : celle des chasseurs, ou du bubale, celle des pasteurs et des bovidés, celle des pasteurs à chars et à cavalerie et enfin celle du chameau, introduit seulement au début de notre ère.[3]

3 H. Lhote, *À la decouverte des fresques du Tassili*, *op. cit.*, pp. 73-4, 83 et 244.

Figure 38. *Une troupeau de bœufs, Tin Tazarift, Algérie.*

Bouleversement climatique

Hugot reconnaît que le désert actuel n'est devenu tel qu'à la suite d'un profond changement climatique.

> Entre 2000 et 1000 av. J.-C., une brusque aggravation s'est produite. On ne retrouve aucun signe précurseur d'une dégénérescence de l'industrie atérienne. On la retrouve au contraire dans toute sa pureté, riche de ses plus belles formes ; et puis plus rien ! Ses auteurs paraissent avoir disparu comme par enchantement.
>
> Si les Atériens ont disparu si brusquement et sans aucune transition, c'est peut-être tout simplement parce qu'un brusque changement climatique a bouleversé les données de l'écologie saharienne.
>
> L'eau venait à manquer par suite d'une profonde altération de climat, ce qui était un paradis commença à se transformer en enfer [...] Dès lors, l'exode était obligatoire.
>
> [On a la] preuve des grandes migrations commandées par les modifications de climat [...] Si l'Europe, presque en même temps, passait du glacial au tempéré, le Sahara, lui, suivait une voie parallèle, en progressant inexorablement du tempéré au désertique.

Ce changement de climat a été si brutal que les habitants des régions sahariennes ont proprement déserté la région. Ils l'ont fuie, comme s'ils redoutaient quelque chose de bien pire que la chaleur du désert :

> En certains lieux du Sahara, les chercheurs ont souvent l'impression que les derniers occupants du pays sont partis en fuyant un soudain et redoutable cataclysme, car ils retrouvent, comme s'ils avaient été abandonnés la veille, et dans la plus grande hâte, des objets mobiliers, si fins, si beaux, qu'ils font la joie des yeux et l'orgueil des musées.[4]

Le Yukon étant au pôle, au début des temps quaternaires, l'équateur

4 H.-J. Hugot, *Le Sahara avant le désert*, Éditions des Hespérides, 1974, pp. 20, 28, 74, 84.

Figure 39. *Chars rupestres du Sahara, Tassili, Algérie.*

passait par Dakar, Tamanrasset, et le Sinaï, au fond de la mer Rouge. Le climat était équatorial, et convenait à l'époque des chasseurs, ou du bubale. La forte pluviosité et la chaleur tropicale convenaient à une tenue vestimentaire réduite au pagne, à la chasse et à la pêche, aux lions, rhinocéros, éléphants, hippopotames, girafes. Cette période était celle de l'Ancien Empire en Égypte, et les néolithiques sahariens n'avaient pas besoin de construire des habitations en pierre, mais n'étaient nullement des sauvages, et possédaient un art raffiné, que révèlent leurs dessins élégants, ou leurs bijoux.

Le brusque changement climatique, et un nouveau climat frais et humide, débutera quand la région européenne à l'ouest du cap nord de Norvège viendra brutalement à dériver au pôle Nord, décimant la population dont les sites sont abandonnés. Dorénavant, Tamanrasset, au cœur du Hoggar, se retrouve par environ 40° nord.

Le néolithique d'influence soudanienne laisse la place à un type polymorphe, faisant penser aux Éthiopiens,

> dont il a la gracilité, le profil longiligne, la souplesse. Bœufs, moutons, chèvres, chiens, chapeaux à larges bords, sorte de bonnet phrygien, toques à plumes, cheveux très diversement arrangés et colorés, apparaissent.
>
> L'art des « pasteurs bovidiens » est dynamique, mouvementé, avec une finesse de traits, la beauté de la couleur et un style inimitable.[5]

5 H.-J. Hugot, *op. cit.*, p. 269.

Le sud-est canadien venant à son tour au pôle Nord, Tamanrasset se retrouvera par 20° nord, le Sahara oriental commencera à se dessécher, mais non l'occidental.

Le cheval apparaît. On sait qu'il n'a été domestiqué que tardivement,

> au début du IIe millénaire en Asie, et introduit pour la première fois en Égypte lors des invasions Hyksos, au cours de la période intermédiaire entre le Moyen et le Nouvel Empire.[6]

Les Équidiens ou Caballins succèdent aux Bovidiens. On trouve de nombreuses représentations de chars, tirés par un à quatre chevaux, dont les fines roues ont 4 ou 6 rayons, avec des nacelles légères, pour un à trois conducteurs. Le style classique est le « galop volant », rappelant l'époque mycénienne, et plus loin, l'art des steppes.

> La construction d'un char implique l'emploi de métal, et c'est ce qui fait problème pour nos chars sahariens, surgissant dans un contexte néolithique. Car un char suppose des bandages, des clavettes, des rondelles, des rivets ou des clous, des pièces d'attelage en métal, à la rigueur en bronze, mais surtout en fer.[7]

6 H.-J. Hugot, *op. cit.*, p. 291.

7 *Ibid.*, pp. 280-3.

Ces chars si souvent reproduits gravés ou peints sur les dalles rocheuses du Hoggar, du Tassili, et sur les autres massifs montagneux, sont enlevés au galop : « ils ne sont pas faits pour aller doucement », comme des chars à bœufs. « C'est ailleurs qu'au Sahara qu'il faut chercher l'origine des chars. » « Ils sont arrivés brusquement là où ils ont été représentés. » Les « peuples de la mer » ont été « défaits env. 1230 » av. J.-C. par le pharaon Merneptah. Les « premiers chars ont eu une existence éphémère au Sahara ». Leur « représentation ne serait alors que la commémoration d'un événement capital dont l'origine est, bien entendu, extra-saharienne ».[8]

On peut donc situer assez précisément la fin de la période bovidienne, et l'intrusion des chars au Sahara, pour une courte durée, au XIIIe siècle avant notre ère.

Le grand désert par excellence possédait alors assez d'humidité pour permettre à des bœufs, puis à des chevaux, de s'aventurer, de paître, à une époque cruciale correspondant à l'explosion de l'île de Santorin et la guerre de Troie.

8 H.-J. Hugot, *op. cit.*, pp. 280-3.

3.6 L'Égypte

Le culte rendu dans les temples égyptiens au soleil venu à disparaître jadis

Les contes les plus divers évoquent l'événement majeur à la suite duquel le soleil cessa brusquement de circuler normalement dans le ciel.

Selon un de ces contes, une goutte de la salive de Rê (le Soleil), « coulant de sa bouche, tombe sur le sol ». Isis (la Lune) la mélange à de la terre, et « en façonne un serpent qui mord Rê ».

> Cet événement provoque alors un cataclysme similaire à une fin du monde : la Terre est dans l'obscurité, les tessons de poterie se mettent à marcher, les pierres à parler, et les montagnes à se promener.[1]

C'est une description saisissante de ce qui a dû se passer si le sol, par secousses, glisse à grande vitesse : tout ce qui n'est pas fixé à la terre prend un mouvement relatif rapide. Les objets de toute nature et les cailloux sont sens dessus dessous. Les pierres, par le bruit que leur mouvement provoque, semblent parler. Et les montagnes, subissant les glissements que la géologie constate aujourd'hui, se déplacent, se promènent.

L'âge d'or est souvent évoqué, dans ce continent divin, avant qu'il ne se transforme brutalement en enfer :

> *La terre connaissait l'abondance, les ventres étaient remplis ; il n'y avait pas de disette.*
> *Les murs ne tombaient pas, les épines ne piquaient pas, du temps des dieux primordiaux.*
> *Le dévoiement n'existait pas sur terre,*
> *le crocodile n'emportait pas sa proie, le serpent ne mordait pas.*[2]

1 D. Meeks et C. Favard-Meeks, *La Vie quotidienne des dieux égyptiens*, Hachette, 1993, pp. 158-61.

2 *Ibid.*, p. 180.

La nostalgie de l'époque la plus ancienne, doublement heureuse matériellement et moralement, incite à dire que la nocivité naturelle des plantes et des animaux bénéficiait d'un état de bonté disparu lui aussi avec la transformation du climat et des mentalités.

Les cultes rendus dans les temples cherchaient à vénérer la puissance du soleil, et le combat cosmique y mettant fin dans la terre ancestrale : il fallait demander aux puissances célestes que cela ne se reproduise pas en Égypte.

Le temple, solide sur ses bases, symbolisera la stabilité souhaitée de l'ordre cosmique naturel, malgré ses mutations brutales supprimant lumière et chaleur :

Tant que le Ciel sera établi sur ses quatre supports,
que la Terre sera établie sur ses fondements,
tant que Rê brillera le jour, que la lune luira la nuit,
tant que les étoiles resteront à leur place,
le temple [...] durera stable dans le ciel, sans fin, comme Rê,
éternellement.[3]

Le support le mieux connu du culte de Rê était l'obélisque, dont le pyramidion plaqué d'or devait capter les rayons de l'astre. Sa stabilité devait être à l'image de celle souhaitée pour l'axe du monde, sa direction verticale était celle que vint à prendre cet axe dans la terre des dieux, à savoir la verticale, au pôle. L'observation que donnait l'ombre précise du pyramidion le terminant à son sommet permettait de mesurer sa longueur à midi, sur un sol parfaitement horizontal, et d'en déduire l'inclinaison de l'axe du monde, donc la latitude. Les époques où la longueur de l'ombre était la plus courte ou la plus longue permettait de déterminer les solstices.

« La statue principale du temple [...] est enfermée dans une chapelle, le naos, au plus profond du temple » : « elle est plus inaccessible que ce qui se manifeste dans le ciel, plus voilée que la condition de l'autre monde, plus révérée que les habitants de l'océan primordial ».

3 D. Meeks et C. Favard-Meeks, *op. cit.*, pp. 185-7.

L'obscurité accumulée par la nuit, la profondeur du temple, et l'étroit réduit sacré du naos, était à l'image du soleil absent pendant la terrible nuit polaire. Les prêtres jeûnaient et veillaient en attendant la venue du jour, et la statue du dieu-soleil était sortie aux yeux de tous quand l'astre du jour émergeait de l'horizon : « Le visage du dieu est révélé au moment où le soleil point à l'horizon », et la prière disait :

> Lève-toi sur la terre, de la même façon que tu sors du Noun [l'océan primordial] ! Que tes rayons illuminent le monde. Ta barque demeure stable dans le ciel.[4]

Ce culte montre que le lever quotidien du soleil, la stabilité de la marche apparente de l'astre dans le ciel, n'était plus une évidence nécessaire, depuis que les lois de l'ordre cosmique avaient subi autrefois de profondes altérations.

Le *Livre des Morts*

Ce livre de l'Égypte ancienne abonde d'invocations du retour à la vie. Ces prières sont récitées par les morts qui veulent, comme Osiris, revenir à la vie. Ils cherchent à renaître de la longue nuit sous terre, cette nuit glacée qui précède l'aube espérée. La nuit des morts rappelle celle de l'île originelle polaire, bouleversée par le chaos.

Ainsi, une description émerge du souvenir lointain du chaos, ayant entraîné le continent primordial près du pôle, avec l'apparition de la première longue période d'une terrifiante obscurité.

Cette nuit particulière a lieu au moment du « grand écoulement des mondes », lors de « la Destruction ». Des « combats » ou des « catastrophes » ont eu lieu « au milieu des Ténèbres ». « Tempêtes » et « inondations » se sont produites et « l'écroulement des mondes » a eu lieu.

C'était lors de « la grand nuit du jugement » qui s'avéra « fatale ».

La nuit est aussi évoquée comme succédant à la « journée de massacres et de confusion ». La nuit « massacre les mortels » au milieu « des violences

4 D. Meeks et C. Favard-Meeks, *op. cit.*, pp. 180, 185-7, 195.

et des forces brutales déchaînées » où « la voix gronde comme un tonnerre dans les vastes régions des morts ».

Ce fut pendant le « chaos des premiers temps », un moment « originel ».

Dans « cette région où règnent les ténèbres [...] les routes sont plongées dans une éternelle nuit ».

À son arrivée dans la vallée des ténèbres, le mort s'interroge :

Quel est donc cet endroit où j'arrive à présent ?
Hélas, je n'y trouve point d'air pur pour respirer. L'eau y manque !
Partout je ne sens ni ne devine, au milieu des Ténèbres, qu'abîmes et précipices !
Quelle obscurité opaque !
Mes pas hésitants explorent le terrain, et je n'avance qu'à tâtons.
Autour, on sent errer des âmes en détresse.
En vérité, on ne peut ici vivre dans la paix de l'esprit,
ni y connaître les voluptés de l'amour.

Le chaos ayant amené la nuit polaire a éveillé de multiples volcans. Ainsi l'activité volcanique du continent originel est largement évoquée sous la forme de différentes images. Le volcan est présent sous la forme d'un lion, Rehu. Il est ainsi décrit : « Des flammes sortent de ta bouche, ta tête est entourée de feu ». « Il triture les morts dans sa gueule, pendant que ses yeux lancent des éclairs. »

Un serpent vit dans les flammes du lion. Il s'agit du serpent Rerek qui, tel un esprit rampant, habite dans les montagnes et ravive le feu. On reconnaît les coulées de lave parcourant les flancs du volcan : « Étendu sur le flanc de la montagne est couché le grand serpent. Le voici, Celui-qui-vit-dans-les-flammes ».

Des flots de lave incandescente ou des rivières de pétrole pouvant former des étangs sont évoqués : « un lac de feu », des « champs de feu », le « lac du double feu », ou encore « la cité dont l'entrée est entourée de flammes ».

« En vérité, tes torrents sont du feu liquide dévorant. Les dieux et les esprits regardent ces torrents de feu, et reculent sans étancher leur soif. »

Pourtant les récoltes évoquées contrastent avec la dévastation par le feu : elles permettaient les « offrandes pour les dieux », aux « bords fleuris du lac », dans les « champs de la paix ».

Le dieu « debout sur le pont de la barque, au gouvernail », la « conduit » alors « sur la surface limpide des eaux ». Il « navigue dans cette barque » et « parcourt les routes célestes », menant aux « champs de la céleste Hermopolis », « en paix, en paix – enroulant et déroulant les cordages ».

En la terre des dieux, dans ces « régions de la paix », sur le « lac », dans les « villes », sont les « esprits bienheureux », qui demeurent dans « la belle Amenti », la « terre sacrée du seigneur de vérité et de justice », « seigneur de la loi écrite ».

Ainsi une « divinité unique » « régnait déjà au ciel, à une époque où la Terre avec ses montagnes n'existait pas encore ». « Créateur de tout ce qui existe », « à l'aube des temps », il « modela la langue des hiérarchies divines », « arracha de l'océan premier les êtres » et les sauva sur une île du lac d'Horus.

Ce pays divin a brusquement dérivé au voisinage du pôle. Toutes les étoiles de l'hémisphère opposé cessèrent d'être visibles : « En cette zone maudite où sont tombées, précipitées dans l'Abîme, les étoiles, elles n'ont pu retrouver leurs anciennes orbites ».

L'axe du monde est plus ou moins fortement incliné sur l'horizon selon la latitude du lieu : au pôle, il est vertical. « Djed, la colonne vertébrale d'Osiris », est bien l'axe du monde.

Une cérémonie commémorative était celle du « redressement vertical du Djed couché ».[5]

5 Tous les extraits cités sont tirés de G. Kolpaktchy, *Livre des morts des anciens Égyptiens*, Dervy, 1991.

Une légende à Héliopolis

« Le véritable créateur est Râ, le soleil, le grand dieu d'Héliopolis et de la plupart des villes d'Égypte. » « Ce roi-dieu », « après de longs siècles de règne », est « considérablement affaibli ».

> Ses os étaient maintenant en argent, ses chairs en or, sa bouche en lapis-lazuli [une pierre semblable à de la glace] [...] Profitant de sa décrépitude [Isis] employa les moyens les plus déloyaux pour lui arracher le talisman le plus précieux qui lui restât, le secret de son nom magique, grâce auquel elle comptait acquérir une puissance supérieure à celle des autres dieux.
>
> Râ se décida à faire un exemple ,[...] les hommes eux-mêmes s'étant joint à la conspiration [...] Après avoir consulté [...] l'assemblée des dieux, il dépêcha Sekhmet, la déesse à tête de lionne, avec ordre de les massacrer sans pitié.

« La nuit seule l'arrêta dans sa course meurtrière, et Râ, pris de pitié », résolut d'épargner le reste des humains. Pour apaiser Sekhmet ivre de carnage, il fit mélanger de la bière et du suc de mandragores au sang des humains, et répandre autour d'elle une quantité considérable de ce liquide.

> À son réveil, la déesse aperçut ce breuvage, le but, s'adoucit, s'enivra et oublia ses victimes. Râ avait pardonné aux hommes qui se repentaient, mais, fatigué de régner, il abdiqua et choisit une retraite inaccessible sur le corps de la vache Nouît, déesse du ciel, sa fille.
>
> On discerne sans peine dans cette légende le souvenir d'un des cataclysmes qui bouleversèrent toute une partie du monde, comme ce déluge dont parlent les textes chaldéens, aussi bien que la Bible, qui dévasta la Mésopotamie et les contrées avoisinantes.[6]

Ici, une époque ancienne semble attachée au nom de Râ, le soleil, dont

6 G. Jéquier, *Histoire de la civilisation égyptienne*, Payot, 1913, pp. 37-8.

la marche apparente change brusquement. Un ouragan (ou un océan ?) se rue comme une lionne ivre de carnage, faisant un grand massacre d'humains dans sa course meurtrière, et s'arrête bientôt, épargnant ceux qui restent.

Le soleil Râ disparaît d'un coup dans une retraite inaccessible. C'est le début d'une nouvelle ère.

Un descendant de Râ est Osiris, « fils aîné de Qeb, le dieu-terre, et de Nouît la déesse-ciel », « Osiris personnifie en même temps la végétation, la nature fertile de l'Égypte et l'eau vivifiante du Nil ». Avec Isis, sa femme – ou sœur – il organise la société, l'agriculture, la culture des céréales et de la vigne, et « part à la conquête du monde, conquête toute pacifique où il se soumet les hommes par la persuasion et la douceur ».

Osiris est donc bien le soleil de retour, bienfaisant, mais jamais puissant comme son père.

« Le dieu Set, le propre frère d'Osiris, forme avec lui le contraste le plus absolu. On peut même dire qu'il en est l'exacte contrepartie » : il représente « le désert brûlant », « la foudre et la tempête ».

« Set le rouge » combine « un piège perfide », « enferme » Osiris « dans un coffre en bois, et le jette à la mer où il est dévoré par les poissons ». Ici, il faut voir la survenue de la nuit polaire, personnifiée par Set.

Isis « entreprend de longues et patientes recherches pour retrouver les restes de son mari », « finit par rassembler tous les morceaux sauf un, le phallus qui avait été dévoré par le poisson oxyrhynque », mais ne put « le rappeler à la vie ».

La lune, Isis, continue à se montrer au cours de la longue nuit polaire : Elle porte donc en elle le germe donnant l'espoir que la lumière n'est pas définitivement éteinte, et qu'elle reviendra en ce monde. Horus est cet espoir réalisé. Mais cet enfant soleil est Harakté, éclairant les horizons, nord et sud. Il est le scarabée roulant sa boule à l'horizon, porteur de vie.

La momification et les cérémonies qu'Horus consacra à son père, firent qu'Osiris put « jouir d'une vie nouvelle dans le séjour des morts »,[7] et il devint roi dans les enfers.

7 G. Jéquier, *op. cit.*, pp. 41-3.

Chaque centre religieux, en Égypte – Hermopolis, Memphis, Héliopolis – interprète le passé d'une façon particulière, mais non contradictoire : complémentaire.

À Héliopolis, deux époques distinctes se succèdent, toutes deux dans le continent austral. Cette vaste région apparaît à une époque ancienne, régie par une marche apparente du soleil Râ, stable, sous un climat dont rien n'indique qu'il soit froid.

Une autre époque lui succède, où le soleil est Osiris, après une terrible tempête anéantissant une partie de l'humanité et constituant un événement majeur. Une nouvelle ère favorise l'agriculture et l'organigation sociale et religieuse.

Un nouveau bouleversement met fin à l'ère d'Osiris, dorénavant relégué aux Enfers. Horus évoque le jour polaire, en compétition sans fin avec la nuit polaire, Set.

Modification de la marche apparente du soleil en Égypte, à une époque ultérieure

Plusieurs indices nous permettent de penser qu'en Égypte, la marche apparente du soleil a été modifiée plusieurs fois. Un papyrus évoque un tel événement majeur :

Je suis Schou, sous la figure de Râ
Assis au milieu de l'œil de son père.
Je ferai tomber la terre dans le bassin de l'eau,
Mettant le Sud à la place du Nord dans le monde entier !
Que ma voix soit entendue
Comme fut entendue la voix de la grande oie Nakak dans la nuit !
Je suis Bah, le grand ![8]

L'expression se retrouve souvent : si la marche apparente du soleil, pendant quelques heures, a été en gros dirigée vers l'est, vers le levant, le

8 Fr. Lenormant, *Histoire ancienne de L'Orient*, A. Lévy, 1882, t. III, p. 135.

nord et le sud ont bien été intervertis, le soleil semblant vouloir pendant un temps se coucher à l'est. Cela ne put se faire sans une vitesse du sol vers l'ouest, supérieure à deux ou trois mille kilomètres à l'heure, ou un peu plus. Donc avec un vent apparent du même ordre, se faisant entendre comme une voix, ou le cri d'une oie. Un déluge égyptien survint au temps d'Osorkon III, au VIIIe siècle avant notre ère.

« Le Noun remonta en cette terre tout entière », c'est-à-dire une invasion marine comparable à celle qui survint dans l'océan primordial. Ce Noun « vint battre les deux versants montagneux, comme au temps des origines. Cette Terre était livrée à sa puissance, comme à celle d'une mer ». « Noun est le Grand Océan qui entoure la Terre et s'étend dans le monde inférieur. »[9]

Les destructions furent totales, mais la civilisation en fut moins touchée qu'ailleurs. La situation de l'Égypte fut privilégiée, relativement loin des océans. Mais de tels évènements peuvent expliquer la fin de l'Ancien Empire, puis celle du Moyen Empire.

La fin de l'Ancien Empire

On fait souvent remonter la fin de l'époque dite de l'Ancien Empire à env. 2140 av. J.-C. Dans un papyrus retrouvé par W. Golénischeff, l'histoire tragique de la disparition de cette époque glorieuse est narrée sous la forme littéraire du conte prophétique.

Selon une convention généralement admise, ce genre littéraire, « très goûté des Égyptiens », selon Gustave Lefebvre, consistait à raconter « comme s'ils étaient encore à venir, des événements… appartenant déjà au passé ».[10] Nous rencontrerons bientôt un genre similaire dans la littérature romaine et dans les prophéties bibliques.

Le conte prophétique égyptien en question nous offre une peinture dramatique de la fin de l'Ancien Empire : invasion du Delta, désordres, violences, ruines, misère, pénurie d'objets fabriqués, exacerbation de

9 P. Garelli et M. Leibovici, *La Naissance du monde*, Éditions du Seuil, 1959, p. 22 et 24.

10 G. Lefebvre, *Romans et Contes égyptiens de l'époque pharaonique*, Adrien Maisonneuve, 1988, pp. 92-4.

l'égoïsme et insensibilité devant la mort sont accompagnés d'un bouleversement de la nature.

Le disque solaire étant voilé, il ne brillera plus de façon que les hommes puissent [le] voir.
On ne vivra plus, car les nuages [le recouvriront].
Et les hommes seront [comme] abasourdis du fait de son absence.[11]

Et plus loin, « le soleil s'éloignera des hommes. Il se lèvera bien quand c'est l'heure, [mais] on ne saura pas qu'il est midi, on ne distinguera pas son ombre » : autrement dit, sur le cadran solaire, l'ombre du soleil sera, même à midi, trop éloignée du pied du gnomon pour être mesurable.

« Le visage ne sera pas ébloui quand on le regardera [le soleil], et les yeux ne seront pas humides d'eau : il sera dans le ciel comme la lune. » Toutefois, sa révolution normale ne sera pas troublée, « ses rayons seront devant le visage à la façon d'autrefois ».

Une brusque augmentation de la latitude peut seule expliquer un parcours solaire apparemment plus bas sur l'horizon, l'astre donnant simultanément moins de lumière et de chaleur.

Pendant ce temps, sur terre, d'autres bouleversements irréversibles se produisent :

Les fleuves d'Égypte étant à sec, on pourra traverser l'eau à pied.
On cherchera l'eau [nécessaire] aux bateaux pour naviguer,
le lit [où elle coulait] étant devenu la rive ; la rive [à son tour se transformera] en eau,
et l'eau fera place [de nouveau] à la rive.
Le vent du Sud s'opposera au vent du Nord : le ciel n'appartiendra plus à un vent unique.[12]

11 Papyrus 1116 B de la bibliothèque de Saint-Pétersbourg.

12 *Ibid.*

Seul un mouvement brusque et rapide du sol peut avoir été capable de vider subitement le Nil, ainsi que les autres fleuves d'Égypte de leur lit. La modification du climat qui suivit le changement de latitude fut très brutale. Elle a fait apparaître un vent du sud contraire au vent du nord, jusqu'alors unique.

3.7 La Grèce

Les meilleurs archéologues et hellénistes s'accordent aujourd'hui sur l'existence de plusieurs bouleversements sismiques exceptionnels survenus en Grèce et en Crète autour du IIe millénaire avant notre ère. Ils décrivent les effets des catastrophes successives dont certaines avaient une portée générale, c'est-à-dire mondiale. Ces événements ne relèvent pas de facteurs humains mais sont liés « à de violents bouleversements géologiques, tels que séismes, éruptions volcaniques, effondrements ». [1]

Les découvertes de l'archéologue Nicolas Platon permettent de corroborer de telles déclarations. Sur l'île de Santorin, au nord de la Crète, sous des dizaines de mètres de cendres durcies, une ville égéenne du XIIIe siècle avant notre ère a été découverte !

Des palais à étages, non fortifiés, d'élégantes embarcations à voiles carrées et à rames avec passagers en beaux costumes assis et abrités, des pêcheurs et autres cueilleurs de lotus indiquent une vie heureuse et raffinée.

L'intérêt de cette découverte réside, pour notre étude, en ce que la végétation et les animaux représentés ne cadrent pas avec le climat méditerranéen de cette région. Les palmiers, les lions, les singes, certains poissons et crustacés sont d'origine tropicale, en plein cœur de la Méditerranée ! Nicolas Platon a cherché, à partir de ce site remarquable, les causes des catastrophes totales qui ont « renouvelé radicalement les formes de civilisation, […] la destruction de fond en comble des premiers palais ». Il s'est efforcé de montrer que la fin de ces civilisations originelles « paraît avoir été soudaine, radicale, générale ».

Plus tard, les nouveaux palais ont connu un destin semblable. Ils n'ont pas été détruits par des envahisseurs achéens, installés à Cnossos et ailleurs en Crète, mais bien par une terrible et nouvelle catastrophe naturelle.

Les textes de l'Antiquité qui nous sont parvenus se bornent à faire des inventaires d'hommes et de vivres. Il faut attendre le VIIIe siècle av. J.-C., avec

1 H. van Effenterre, *La seconde fin du monde*, Éditions des Hespérides, 1974 ; A. G. Gallanopoulos et E. Bacon, *L'Atlantide, la vérité derrière la légende*, Albin Michel, 1969.

Hésiode et Homère, pour trouver des traces de la mémoire des survivants de ces grands déchaînements naturels. Le VIe siècle verra fleurir avec Périclès, Euripide et Eschyle une abondante littérature sur les anciennes catastrophes qui ont dévasté les premières civilisations grecques. En revanche, ce n'est pas le souci de la véracité historique et chronologique qui prime, les catastrophes majeures ayant déjà été enjolivées et déformées après plusieurs siècles de transmission orale.

Hésiode

On se rappelle que la terrible bataille qui oppose les Titans à Zeus et ses fils est d'une violence extrême. Couleurs flamboyantes, bruits assourdissants, tremblements paroxysmiques : tous les ingrédients d'un cataclysme naturel sont réunis dans ce passage de *La Théogonie* d'Hésiode. Toutes les grandes puissances de la terre participent au combat.

Ils combattaient les uns contre les autres
Au cours des mêlées puissantes,
Les dieux Titans et les fils de Cronos,
Les uns, les Titans altiers, sur le haut de l'Ortrys,
Les autres sur l'Olympe…
Leur cœur plus que jamais avait soif de guerre ;
Et tous, dieux et déesses, en ce jour,
Eveillèrent un horrible combat,
Tous, et les dieux Titans, et les fils de Cronos,
Et ceux qu'avait ramenés Zeus de l'Érèbe souterrain au jour
Terribles et puissants, doués d'une force sans pareille.
Ils avaient chacun cent bras
Qui jaillissaient, terribles, de leurs épaules,
Ainsi que cinquante têtes…
Ils se dressèrent en face des Titans dans l'atroce bataille,
Tenant des rocs abrupts dans leurs mains vigoureuses…
Des deux côtés on montrait ce que peuvent la force et les bras.
Terriblement, à l'entour, grondait la mer infinie.

La terre soudain mugit à grande voix
Et le vaste Ciel, ébranlé, lui répondit en gémissant.

Les combattants sont infiniment puissants, plus qu'aucune armée d'hommes ne le sera jamais. Leur force est proprement surnaturelle. Ce ne peut être qu'une guerre entre des puissances supérieures.

En plus des Titans, les divinités de la terre, des mers et du ciel s'en mêlent et prennent violemment part au combat. C'est une guerre totale où les plus grandes puissances du monde s'affrontent.

Le haut de l'Olympe chancelait sur sa base,
Un lourd tremblement parvenait jusqu'au Tartare brumeux [...]
Les carreaux de la foudre volaient,
Accompagnés de tonnerre et d'éclairs,
Faisant tournoyer la flamme divine,
Précipitant leurs coups. Et tout autour,
Le sol source de vie crépitait, en feu.

La terre est en effervescence. La mer se déchaîne. Le cataclysme est au comble de sa puissance dévastatrice.

Et en proie à la flamme, les bois immenses criaient à grande voix
La terre bouillait toute,
Et les flots d'océan et la mer inféconde.
Un souffle brûlant enveloppait les Titans...
Tandis que la flamme montait immense vers la nue divine...
Une prodigieuse ardeur pénétrait l'Abîme.
Le spectacle aux yeux, le son aux oreilles,
Etaient ceux que feraient, en se rencontrant,
La Terre, et le Ciel sur elle épandu.
Le bruit ne serait pas plus fort si,
L'une s'écroulant, l'autre s'écroulait sur elle...
Et les vents, se mettant de la partie,

Faisait vibrer le sol ébranlé, la poussière soulevée,
Le tonnerre, l'éclair, la foudre flamboyante...
Un fracas effrayant sortait de l'épouvantable lutte,
Où se révélaient de puissants exploits.
Alors, le combat déclina.[2]

Il s'agit bien d'un événement majeur. En même temps que le ciel est ébranlé et que l'Olympe chancelle, les astres, censés être fixés sur la voûte céleste, changent de trajectoire.

François Le Normant décrit le cataclysme à la lumière d'Hésiode :

> La localisation et la forme épique que ce récit revêt chez Hésiode ont été influencées par le souvenir d'une grande convulsion terrestre produite par l'effort des feux souterrains, qui eut les contrées grecques pour théâtre, et déjà les hommes pour témoins ; sans doute celle que les géologues appellent le Soulèvement du Ténare, la dernière des crises plutoniennes qui ont bouleversé l'ancien monde, et qui fit sentir ses effets du centre de la France jusqu'aux côtes de la Syrie.
>
> L'Italie en effet fut brisée dans toute sa longueur, la Toscane éclata en volcans, les Champs Phlégréens s'enflammèrent, le Stromboli et l'Etna s'ouvrirent dans une première éruption.
>
> En Grèce, le Taygète se souleva au centre du Péloponnèse. De nouvelles îles, Mélos, Siphos, Thermia, Délos, Théra, sortirent des flots bouillonnants de la mer Egée. Les hommes qui assistèrent à cette effroyable convulsion de la nature se crurent naturellement pris au milieu d'un combat des Titans [...] contre les puissances célestes, assistées d'autres forces terrestres en conflit avec les Titans, les Hécatonchires ; et leur imagination se représenta ces adversaires tout-puissants, les uns postés sur le sommet de l'Othrys, les autres sur le sommet de l'Olympe, cherchant réciproquement à s'écraser en se lançant des roches enflammées.[3]

2 Hésiode, *Théogonie* (éd. et trad. P. Mazon), Les Belles Lettres, 1928, v. 628-86 et 708-10.

3 Fr. Lenormant, *Histoire ancienne de l'Orient*, A. Lévy, 1882, t. I, p. 51.

Homère

Je chante Pallas, illustre déesse, au clair regard [...]
Du chef du dieu porteur d'égide, elle s'élança,
Brandissant un dard aigu : la Terre fit une clameur immense,
Et, dans la secousse qu'elle en reçut,
L'onde des mers se répandit, puis se tint immobile.
Le fils d'Hypérion en arrêta ses chevaux rapides,
Jusqu'à ce que, de ses épaules divines,
Pallas eut déposé ses armes immortelles. [4]

Homère fait clairement allusion à un bouleversement grave, avec mouvement des océans à l'encontre des terres, ainsi qu'un arrêt de la course normale du soleil.

L'Odyssée raconte aussi cet événement si puissant que « le vaste Olympe en fut ébranlé ». Homère situe un événement majeur de ce genre lors de la guerre de Troie, vers le XIIIe siècle avant notre ère.

Des flammes éblouissantes font entrer « les belles eaux » du fleuve « en ébullition [...] comme bout la graisse d'un porc soigneusement nourri ». Aussi, « l'onde bouillonnait ». « Le Zanthe ne voulait plus couler », « suspendait son cours », terrassé par « la violence du feu ».

Nul doute que, chez Hésiode comme chez Homère, un tel événement cataclysmique fut très soudain, même s'il a paru durer une éternité à ses contemporains.

En réalité, l'action débute d'une manière très abrupte par « ce jour », et tout s'arrête de même assez brutalement par « Alors, le combat déclina ».

Ainsi, dans *L'Odyssée*, c'est Héphaistos, le dieu du Feu, qui met fin aux incendies. « Il éteignit le feu que les dieux font flamber. » La fougue du Xanthe fut domptée. « Les fleuves s'apaisèrent », car Héra les retint.

Pour dater le cataclysme, il faut savoir que le temps était mesuré en lunaisons, comme en Égypte.

4 Homère, « Hymne à Pallas », *Hymnes homériques* (trad. P. Mazon), Librairie Garnier, 1937.

Chantez la lune au vol plané [...]
Lorsque vient la soirée où le mois se partage,
Et que, sortant de l'Océan où s'est lavé son beau visage...
Séléné la divine lance son char vers les cieux,
Alors son cercle est plein...
Et ce jour sert aux hommes à dater leurs actions. [5]

Eschyle

L'ordre du ciel, apparemment immuable pendant des siècles, se métamorphose brutalement. Le changement du ciel permet de marquer plusieurs époques historiques sous les règnes successifs d'Ouranos et de Cronos, puis de Zeus.

Eschyle pense que la troisième époque, dans laquelle nous sommes toujours en réalité, sera bientôt chassée par un nouveau ciel. Cet ordre, dit-il, « qui commande aujourd'hui, je ne tarderai pas à le voir ignominieusement chassé aussi ».

Que l'éther, en déroute par la foudre,
Confonde l'orbite des astres !
Que la tresse à double pointe soit lancée contre moi,
Que l'éther soit ébranlé,
Par la foudre, et par la rage des vents sauvages !
Que leur souffle, secouant la terre,
L'arrache de ses fondements, avec ses racines !
Que la houle bruyante et rude des mers
Confonde dans le firmament l'orbite des astres !
La terre vacille,
Tandis que dans ses profondeurs mugit la voix du tonnerre !
Les éclairs jaillissent en zigzags enflammés,
Un cyclone fait tourbillonner la poussière,

5 Homère, « Hymne à Séléné », *Hymnes homériques, op. cit.*

Tous les vents bondissent les uns contre les autres,
Et l'éther se confond avec la mer !
Voilà donc la rafale que Zeus,
Pour m'épouvanter, déchaîne ouvertement sur moi.[6]

L'expression d'Eschyle est étonnante. Un simple tremblement de terre fait que la « terre vacille », vibre. Mais lors d'un événement majeur, tel qu'il semble être ici décrit, la terre est « arrachée dans ses fondements », « avec ses racines ». Serait-ce la manière antique de décrire le déplacement brutal des plaques tectoniques ? La confusion s'installe dans l'orbite des astres, le ciel est différent. Mais ce serait plutôt la terre même, « arrachée dans ses fondements » qui se meut, dans le vacarme de la « voix du tonnerre » sortant de ses profondeurs.

Euripide

Dans la tragédie d'Euripide, *Hippolyte*, un raz-de-marée submerge les terres, à l'entrée du golfe Saronique :

Parvint un bruit, comme si Zeus avait tonné sous terre.
Puis, un profond grondement nous fit tressaillir.
Alors, sur la rive grondante, nous voyons un prodige :
Une vague dressée jusqu'à toucher le ciel,
Et qui cache à nos yeux
Les falaises de Sciron, et le rocher d'Asclépios.
Puis elle s'enfle et bouillonne d'écume
Sous le vent de la mer en progressant
Vers le point de la rive où était le quadrige.
Avec la grosse lame qui crève,
S'abat, sort du flot, un taureau sauvage monstrueux.
Son mugissement remplit la Terre,

6 Eschyle, « Les Suppliants, Les Perses, Les Sept contre Thèbes, Prométhée enchainé », *Tragédies*, t. I (éd. et trad. P. Mazon), Les Belles Lettres, 1941.

Dont l'écho nous répond et nous fait trembler.
Nos yeux n'en pouvaient supporter la vue.[7]

Le bruit que produit la terre en se décrochant par secousses de son support est comme un tonnerre souterrain, un «profond grondement». Ses mouvements brutaux par rapport à la mer, dont l'inertie est immense, oblige cette dernière à un déplacement tout relatif à l'encontre des terres. Le prodige que représentait pour les Grecs cette vague dressée jusqu'au ciel, son élan irrésistible et son grondement ont dû à juste titre faire trembler tout le monde.

On comprend mieux dès lors que les Crétois aient pris le taureau pour emblème, et l'aient utilisé comme figure de proue de leurs puissants voiliers qui labouraient les mers.

Une autre œuvre d'Euripide, *Iphigénie en Tauride*, fait la description d'un tremblement de terre conjoint à un changement dans la course des astres :

J'ai cru, bien loin d'ici, me trouver à Argos
Dans ma chambre de jeune fille, endormie,
Quand le dos de la Terre commença à trembler.
Je sortis en courant, et je vis s'écrouler
Le faîte du palais, et du sommet des colonnes,
Tout le toit en ruine s'affaisser sur le sol…
De la douleur, jaillit une autre douleur,
Tandis que tournoient les chevaux ailés,
Car le Soleil a renversé sa course,
Détourné son œil, son rayon sacré…

Oreste dit à sa sœur Iphigénie, pour se faire reconnaître d'elle :

Tu sais qu'il y eut un conflit entre Atrée et Thyeste ?
– Oui ! la querelle au temps de l'Agneau d'or.

7 Euripide, *Tragédies complètes* (éd M. Delcourt-Curvers), Gallimard, 1962.

– Te souviens-tu l'avoir brodé sur une belle toile ? [...]
Avec l'image du Soleil qui renverse son cours ?
C'est alors que Zeus renversa les chemins lumineux des étoiles,
Du soleil radieux, et de l'aube au front blanc.
On le raconte ainsi, mais j'ai grand peine à croire
Que l'astre rayonnant, détournant ses chevaux,
Ait déplacé son domaine embrasé, pour le malheur de tous [...]
Et de là le conflit qui changea le cours ailé du soleil [...]
La septuple Pléiade, aussi, vit renverser sa route.

Tous les astres ont changé leur course, y compris les sept étoiles des Pléiades.

Il est clair que, de la même manière que lorsque nous sommes dans un train à l'arrêt, nous avons l'impression que le train voisin avance alors que c'est le nôtre qui se met en mouvement, les témoins des cataclysmes ont eu l'impression que le soleil s'en allait, alors que c'est la terre qui était sous leurs pieds qui se dérobait.

S'il demeure difficile de penser que les continents puissent se détacher de leurs racines profondément ancrées dans les abîmes du sol, il l'est plus encore d'imaginer que le soleil ait pu se détourner de son chemin.

Platon

Ce philosophe grec héritier de Socrate, au IVe siècle avant notre ère, a conté dans le *Critias* et le *Timée* son histoire de l'Atlantide. Le récit recueilli par Solon parle de huit mille ans, qui sont certainement des lunes : car les Égyptiens comptaient ainsi. Cela ramène assez bien le récit au XIIIe siècle avant notre ère, à l'époque mémorable des combats de Ramsès II et Ramsès III contre les Peuples de la mer.

La fin du Moyen Empire, les bouleversements géologiques survenus lors de la guerre de Troie, de Thyeste et Atrée, les alliances des Égyptiens avec les Libyens et les Grecs, leurs retournements contre eux, correspondent au temps où l'île de Santorin explosa, et où Moïse sortit le peuple hébreu d'Égypte.

« Les hommes ont été détruits », dit Platon, « et le seront encore, et de beaucoup de manières. Par le feu et par l'eau, eurent lieu les destructions les plus graves. Mais il y en a eu d'autres moindres». Et Platon de poursuivre en s'appuyant sur la légende grecque de Phaéton :

> Phaéton fils d'Hélios, ayant attelé le char de son père, mais incapable de le diriger sur la voie paternelle, incendia tout ce qu'il y avait sur la terre, et périt lui-même, frappé par la foudre. Cela se dit en forme de légende. La vérité, la voici ! Une déviation se produit parfois dans les corps qui circulent autour de la Terre. Et, à des intervalles largement espacés, tout ce qui est sur terre périt alors, par la surabondance du feu.
>
> Alors, tous ceux qui habitent sur les montagnes, dans les lieux élevés, périssent, plutôt que ceux qui demeurent proches des fleuves et de la mer. Au contraire, d'autres fois, quand les dieux purifient la terre par les eaux, et la submergent, seuls les bouviers et les pâtres, dans les montagnes, sont sauvés ; mais les habitants des villes [...] sont entraînés dans la mer par les fleuves. La vérité est que, dans tous les lieux où il n'y a pour l'en chasser, ni un froid excessif, ni une chaleur ardente, il y a toujours, tantôt plus, tantôt moins, la race des hommes.

Le souvenir de ces grands événements a été conservé, en Égypte, «par écrit, depuis l'antiquité, dans les temples, et la mémoire en a été sauvée».

Alors que les Grecs, et les autres peuples, «à chaque fois que les choses se trouvent un peu organisées, en ce qui touche l'écriture, et tout le reste qui est nécessaire aux États, à des intervalles réglés, les flots du ciel retombent», ne laissant «survivre» «que des illettrés et des ignorants». Les Grecs «ne se rappellent qu'un seul déluge terrestre, alors qu'il y en a eu beaucoup, antérieurement».

L'école pythagoricienne voulut systématiser, rationaliser, en imaginant des cycles astronomiques, amenant régulièrement des déluges variés. Alors que ces événements majeurs furent aléatoires.

Selon les brusques et importantes dérives des plaques tectoniques, en Méditerranée, selon leur direction, certains rivages furent balayés par la mer, profondément, d'autres, moins.

Les volcans entrèrent en éruption. Des crevasses apparurent, des poussées orogéniques aussi, affectant certaines régions plus que d'autres. Platon simplifie, en privilégiant rivages ou montagnes, l'action de l'eau ou du feu. Il note cependant avec justesse une déviation se produisant parfois, rarement, dans la marche apparente des astres.

3.8 Rome

Le déluge de Deucalion selon Ovide

Jupiter, dieu de la foudre, du tonnerre et de la lumière décide donc un jour d'annihiler le genre humain. Il provoque un cataclysme où tous les éléments participent, et se déchaînent. La colère de Jupiter est phénoménale et se fait ressentir dans tout son corps qui est telle une terre polaire et désolée.[1]

Son visage terrible est voilé
De ténèbres noires comme de la poix ;
Sa barbe est chargée de brouillards ;
L'eau coule de ses cheveux blancs ;
Sur son front, siègent des vapeurs ;
Ses plaines et son sein ruissellent.

Le puissant dieu met les nuages à contribution, il les presse de sa main, ce qui fait éclater un « terrible fracas ». Les répercussions sur terre sont catastrophiques.

D'épaisses nuées se déchargent du haut des airs.
Iris aspire les eaux, apportant un aliment aux nuages.
Les moissons sont couchées à terre.

Jupiter ordonne aux eaux de se joindre à l'anéantissement des terres et des hommes.

Il convoque les fleuves : ouvrez vos demeures,
Renversez vos digues, lancez vos eaux à toutes brides.
Ceux-ci, d'une course effrénée, roulent vers les mers.
Le dieu lui-même a frappé la terre de son trident :
Elle a tremblé, et, par cette secousse,

1 Tous les extraits sont tirés d'Ovide, *Les Métamorphoses* (éd. et trad. G. Lafaye), Les Belles Lettres, 1980.

A ouvert la retraite des eaux.
Débordés, les fleuves s'élancent
À travers les plaines découvertes ;
Avec les récoltes, ils emportent les arbres,
Les troupeaux, les hommes, les maisons,
Les autels domestiques et leurs objets sacrés.
Déjà on ne distinguait plus la mer de la terre, tout était océan ;
L'océan lui-même n'avait plus de rivages.
L'onde charriait des lions au poil fauve,
L'onde charriait des tigres.
L'immense débordement de l'océan avait recouvert les collines ;
Des flots jusqu'alors inconnus
Battaient les sommets des montagnes.

Le déluge de Deucalion diffère d'une banale inondation. Il faudrait un raz-de-marée peu ordinaire pour « recouvrir les collines » et « battre les sommets des montagnes ». Il convient de noter une secousse qui fait trembler la terre, comme par un coup de trident, et qui est responsable d'un grand fracas. La mise en route brutale du sol, décrite par Ovide, est assez ample pour affecter les fleuves qui sautent hors de leur lit, et Neptune, l'océan qui vient recouvrir les plaines, les récoltes, les troupeaux, les humains, les maisons… Deucalion et sa sœur Pyrrha auraient été les seuls rescapés de ce redoutable déluge. La « colère » de Zeus tombe, « il dissipe les nuages, Il montre la terre au ciel et le ciel à la terre… Il ne subsiste plus rien des fureurs de la mer ; Déposant son trident, le roi des océans apaise les flots ». Triton « sonne dans sa conque le retrait de la mer et des fleuves débordés. Toutes les eaux reculèrent ; maintenant la mer a des rivages ; Les fleuves rentrent dans leur lit où ils coulent à plein bord, Les forêts montrent leurs cimes dénudées et leur feuillage où reste encore attaché un dépôt de limon ».

La catastrophe est donc limitée dans le temps. Les éléments reprennent leur place, laissant les terres dévastées. On note que fort logiquement, les fleuves sont à leur plus fort débit, pour évacuer l'eau embarquée par l'escalade des océans.

Le mythe de Phaéton selon Ovide

Phaéton est le fils du soleil et d'une mortelle. Le soleil, imprudent, autorise son fils présomptueux à conduire son char de feu pendant une journée. Incapable de maîtriser les chevaux, le char de Phaéton vacille, « bondit au plus haut des airs », « se précipite [...] avec de profondes secousses ». Il finit par être « emporté comme un vaisseau poussé par le souffle impétueux de Borée », le vent du nord. Les chevaux du char se jettent « dans une région de l'air inconnue ». Le soleil alors « abandonne la piste battue », c'est-à-dire habituelle, « ne suit plus la même direction qu'auparavant ».[2]

Les étoiles et les constellations qu'elles constituent suivent une même trajectoire en un lieu donné, à une vitesse constante. Il en est presque de même du soleil, sensiblement plus lent, qui parcourt en un an les douze signes du zodiaque en sens inverse de leur rotation apparente. Ovide l'explique en employant l'image de l'Empyrée, ou du Grand Olympe, pour désigner la sphère céleste liée aux étoiles, et le char du soleil qui suit la piste battue et habituelle, jusqu'au caprice de Phaéton qui menacera de détruire la Terre entière.

Les chevaux du char « sortent de la carrière », « se ruent au hasard », « s'élancent dans les hauteurs de l'éther » ou vers les abîmes avec fougue.

Phaéton ne sait plus comment se diriger, ni « de quel côté est son chemin ». Doit-il se diriger « vers le couchant » ou « vers le levant » ? Il « demeure stupide ».

Les étoiles, à leur tour prises de panique, la Grande, la Petite Ourse et le Dragon, les « étoiles glacées du Septentrion [...] tentent de s'échauffer » et de plonger dans la mer. Comme si elles étaient prises de secousses, elles ont semblé changer de position en faisant des mouvements incohérents. Le corollaire de cette image est que le sol de la Grèce a subi des mouvements d'une amplitude sans commune mesure avec un simple tremblement de terre.

Ovide donne deux précisions importantes sur cet événement. Tout d'abord, la dérive anarchique apparente du soleil a eu lieu en plein jour et a

2 Ovide, *op. cit.*

été parfaitement visible. Ensuite, Callisto, la Grande Ourse, et son fils Arcas, la Petite Ourse, sont « élevés au plus haut du ciel », ce qui suppose une brusque augmentation de la latitude.

Il s'agit sans aucun doute possible d'un événement majeur. Il s'ensuit de multiples et inévitables conséquences. La terre « s'entrouvre », le sol « est sillonné de fentes », « de grandes villes périssent avec leurs remparts », des territoires entiers ainsi que des populations sont réduits en cendre par l'incendie. Les forêts brûlent. « Des montagnes surgissent », le nombre des Cyclades augmente. L'Hèbre et le Stymon en Espagne, le Rhin, le Rhône, le Pô, le Tibre sont à sec.

« Le Nil s'enfuit au bout de l'univers » : les sept bouches du delta sont « taries, ne sont plus que du sable ». La mer se resserre, s'affaisse « en dessous de sa place ordinaire » : « ce qui fut l'océan n'est plus que sables arides ». Aussi, des phoques, couchés sur le dos, flottent sans vie à la surface des mers.

Le mythe de Phaéton, tel qu'il est rapporté par Ovide, ne permet pas de préciser ni de dater un événement majeur certain mais fort ancien. Plusieurs ensembles de souvenirs ont pu se superposer et se fondre, être compilés avec érudition mais sans véritable souci chronologique.

La prophétie réalisée

Dans sa tragédie *Hercule sur Œta,*[3] Sénèque dit d'Hercule : « cet être formidable ne pouvait pas être procréé en une seule nuit ».

Sénèque prophétise qu'un jour, « tous les dieux périront », « tomberont dans le chaos » et surtout qu' « un jour viendra pour l'univers où toutes ses lois seront bouleversées » :

Tremblant, et détaché du Ciel,
Le soleil fera tomber son disque lumineux,
Le palais céleste, en sa chute,
Entraînera orient et occident.

3 Sénèque, *Tragédies* (éd. et trad. F. R. Chaumartin), Les Belles Lettres, 1999.

Ce procédé poétique, consistant à prophétiser a posteriori, est classique et fréquemment utilisé par les auteurs romains.

À la fin de sa vie, Hercule est immolé sur un bûcher. Il implore Jupiter, son père, le dieu suprême :

Fais perdre à l'univers ce jour où je meurs
Laisse venir la nuit,
C'est maintenant, ô mon père,
Qu'il faudra ramener l'aveugle chaos, et que,
Rompant de part et d'autre leurs attaches,
Les deux pôles devraient s'écrouler.

C'est ce qu'il advint. Des bouleversements ont affecté les lois de l'univers en modifiant la marche apparente du soleil. « Et voici que le soleil s'arrête, à la fin de sa course. Pour toi. Hercule, le ciel s'arrêta dans sa révolution. »

Chez les Romains et les Grecs, la mort d'un tel héros ne pouvait connaître un hommage moindre que l'avènement du soleil même, et le bouleversement de ses lois.

Le déluge selon Sénèque

Les déluges et la retraite du soleil sont évoqués en différents textes de la mythologie latine. Les dieux et les héros changent de figure, et les événements décrits ne sont pas non plus toujours les mêmes. On peut en déduire qu'il y a eu peut-être plusieurs événements majeurs à des époques différentes, avec toujours les mêmes ingrédients. Un débordement spectaculaire des eaux, des poussées orogéniques et le retrait du soleil accompagné d'un bouleversement dans la marche apparente des étoiles.

Pour la littérature latine, le mythe de Phaéton et le déluge de Deucalion constituaient deux dérèglements majeurs dans le cours du monde. Sénèque, l'écrivain latin du Ier siècle de notre ère, raconte à son tour un cataclysme. Comment se fait-il que la disparition du soleil soit là encore évoquée ?

On se rappelle que, avant la guerre de Troie, Atrée, le père d'Agamemnon, dispute le trône de Mycènes à son frère Thyeste. C'est alors, selon Apollodore, que « Atrée stipula avec Thyeste qu'il serait roi si le soleil rétrogradait ». Atrée avait peu de chance de devenir roi, étant donné la bizarrerie de la condition et la très faible probabilité d'un tel événement. Thyeste accepta les conditions, et c'est alors que le soleil se coucha à l'est !

Sénèque va là dans le sens d'Euripide pour qui, nous l'avons vu, « le soleil a renversé sa course ». Dans sa tragédie *Thyeste*,[4] Sénèque évoque un autre événement majeur, tout aussi singulier. Le chœur s'adresse ainsi au soleil :

Père de la Terre et des vivants,
Dont le lever met en fuite tous les astres dont se pare la nuit ténébreuse,
Pourquoi changes-tu de route ?
Et pourquoi éteins-tu ta lumière au milieu de l'Olympe ?
Pourquoi ô Phébus nous dérobes-tu ton aspect ?
Le messager du soir, Vesper, n'appelle point encore les feux nocturnes,
Ce n'est pas encore le moment où ton char,
Déclinant vers l'Hespérie,
T'avertit qu'il faut dételer tes coursiers parvenus au bout de leur carrière ;
Le buccin n'a pas encore sonné pour la troisième fois,
Annonçant que le jour va bientôt tomber et la nuit venir,
Le laboureur est surpris de voir subitement l'heure du souper
Alors que ses bœufs ne sont point encore las.
Quelle cause t'a chassé de ta carrière céleste ?
L'alternance régulière des phénomènes célestes est donc détruite ?
N'y aurait-il plus orient ni occident ?
Combien grande est la stupeur de l'Aurore, mère du dieu,
Accoutumée à lui rendre les rênes lorsque les premières lueurs du jour l'embuent de rosée,
En voyant changer les limites de son royaume !
Elle n'est guère capable de plonger dans la mer ses coursiers las,
Et de plonger dans les flots leur crinière trempée de sueur.

4 Sénèque, *op. cit.*

Et lui aussi, Soleil, peu fait à son nouveau séjour,
Est surpris de voir l'aurore en se couchant.
Il force les ténèbres à surgir quand la nuit n'est pas encore prête !...
Quel que soit ce prodige,...
Nos cœurs tremblent, frappés d'une immense crainte !...
Que la nature m'engloutisse à jamais !...
Les Chariots, qui jamais ne se baignent dans la mer,
Seront engloutis dans le gouffre universel,
Avec le Serpent onduleux qui, semblable à un fleuve, sépare les deux Ourses,
Avec la petite Cynosure enlacée à l'immense Dragon.
C'est nous qui, parmi tant de générations,
Avons paru dignes d'être écrasés par la chute du ciel désaxé...
Avons-nous mérité que le ciel, ses pôles arrachés, nous écrase ?
La fin du monde arrive-t-elle en notre temps ?

Sénèque décrit clairement un événement majeur, pour une fois précis. Le ciel est désaxé, ses pôles arrachés. L'alternance régulière des phénomènes célestes est détruite, le soleil change subitement de route. Ce désastre intervient vers le milieu de l'après-midi, quand les animaux des cultivateurs n'ont pas encore terminé leur journée de labeur. Le jour allant bientôt tomber, le soleil déclinant vers le couchant hésite et finit par disparaître alors que la nuit n'est pas encore prête à venir. Le soleil force les ténèbres à surgir. En outre, la Grande et la Petite Ourse, ainsi que le Dragon qui serpente entre les deux, nommé jadis à juste titre le Serpent, plongent au plus bas dans leur course sous l'horizon, se baignent et sont engloutis.

On peut en déduire que les déclinaisons de ces trois constellations étaient supérieures à 70°. Il fallait alors nécessairement que la latitude de la Grèce soit inférieure à 20°. Cette position suppose un climat sinon équatorial, du moins tropical : une hypothèse étrangement confirmée par le célèbre mythe de Tantale.

Vois-tu comme l'eau des sources se retire dans le sol ?

Et comme elle abandonne ses rives desséchées ?
Vois-tu comme les nuages sont taris par un vent de feu ?
Tous les arbres jaunissent, leurs rameaux se dressent dépouillés,
Car leurs fruits s'enfuient.
L'isthme qui, de part et d'autre, bruit du murmure des flots qui le pressent,
L'isthme, dont la mince langue de terre sépare les mers voisines, s'élargit à présent,
Au point de ne plus entendre leur mugissement que de loin.
Déjà, la terre s'est rétrécie,
Et les ondes du Phoronée sont taries,
L'Alphée ne fait plus couler ses eaux sacrées.
Et les cimes du Cithérion se dressent sans qu'aucune couche de neige blanchisse leur surface.
Les nobles Argiens craignent le retour de leur antique sécheresse…
Tantale est debout, le gosier vide.
Au-dessus de sa tête coupable,
Se tient suspendue une chère abondante…
Ça et là, un arbre, pliant sous le poids de ses branches
Et courbé par la masse de ses fruits, se penche,
Et par ses oscillations vient faire jouer ses fruits devant sa bouche toute grande ouverte…
Il détourne les yeux, ferme ses lèvres et enchaîne sa faim…
Alors vient le consumer une soif aussi pénible que sa faim.
Lorsqu'elle a brûlé son sang, lorsque ses feux l'ont embrasé,
Le malheureux se redresse pour chercher à atteindre les flots qui sont devant lui ;
Mais leur cours fugitif se détourne et se tarit dans leur lit desséché…
Leur rapide courant ne lui laisse boire que le limon resté au fond.[5]

Cette longue citation le dit bien : les sources se retirent dans le sol, les nuages sont taris par un vent de feu, les fleuves ne coulent plus, les rives

5 Sénèque, *op. cit.*

sont desséchées et les arbres jaunissent, ainsi que leurs fruits dont les branches ne peuvent supporter le poids. Le plus logiquement du monde, « aucune couche de neige » ne vient plus « blanchir la surface des montagnes », la Grèce ayant glissé vers une région du Sud. Le niveau moyen de la Méditerranée baisse, puisque l'isthme de Corinthe (la mer ionienne et égéenne) s'élargit.

La dérive des continents annoncée par le chœur de « Médée »

Des siècles viendront, dans la vieillesse du monde,
Où Océan rendra sa liberté aux choses,
Où la Terre s'étendra, immense,
Où Téthys découvrira des continents nouveaux.
Et Thulé ne terminera plus le monde.[6]

Une base militaire américaine, située au nord du Groenland et longtemps tenue secrète, a pris le nom de Thulé, en souvenir d'une île, peut-être l'Islande, que les anciens considéraient comme la plus septentrionale de la mer du Nord.

Comment ne pas rester intrigué par ce seul fait : les changements successifs de positions occupées par les terres, en latitude, en particulier pour les régions scandinaves, autorisaient donc Sénèque à prévoir un changement de pôle apparent.

Un tel changement ferait que les glaces libéreraient un des continents, aujourd'hui emprisonnés dans la banquise…

6 Sénèque, *op. cit.*

3.9 L'Inde

Les démons de la nuit

Les hymnes védiques donnent une bonne description des manifestations violentes et lumineuses ayant éclairé la nuit polaire :

> Du fait de l'existence des démons, la société divine mène une existence difficile [...] Les Rudra sont une sorte de doublets des Marut, la troupe des jeunes guerriers atmosphériques engagés dans la bataille qu'est l'Orage [...] Les Marut, compagnons ordinaires d'Indra, sont dits fils de Rudra.[1]

Les Marut sont :

> luisants comme des serpents [...] éblouissants et forts [...] éclatants comme des feux. [...] Indra ! Terrible, au milieu des terribles Marut [...] Votre charge, ô Marut, paraît éblouissante ! [...] Comme l'aube, ils allument dans les Nuits obscures des rayons de feu ! [...] [Avec] leur lumière éblouissante [...] ils ont revêtu leur plus vive couleur ! [...] Vous avez fait trembler les hommes, et trembler les Montagnes ! [...] L'inlassable armée des Marut a de terribles desseins, comme ceux des Géants ! [...] Vous ébranlez le ciel, ô terribles Marut, et secouez même l'inébranlable ! [...] Quand ceux dont la charge est terrible ont fait trembler les rocs. [...] Quand les vigoureux Marut ont ébranlé le fond du ciel ! [...] Cachez les Ténèbres haïes, apportez la Lumière ardemment désirée ! [...] Les Marut lancent leurs éclairs, frappent avec la foudre, brûlent avec le vent, ébranlent les Montagnes ![2]

On constate que des secousses profondes ont ébranlé les montagnes, pendant les heures où le sol de la terre ancestrale a glissé d'un coup, rejoignant le voisinage du pôle Sud, pendant que la marche apparente des astres du ciel a été bouleversée.

1 G. Dumézil, *Les dieux souverains indo-européens*, Gallimard, 1977, pp. 35-6.

2 I. Velikowsky, *Mondes en collisions*, Stock, 1950, pp. 235-40.

Un changement de climat radical

Le dieu suprême Ahura Mazda déclare :

Moi, Ahura Mazda, le premier des pays excellents que j'ai créés fut l'Airyana Vaêjo,
ou la bonne création – ou arrosé par la bonne rivière Dâitya !
Puis, Angra Mainyu le destructeur a formé, pour s'y opposer,
un grand serpent, et l'hiver – ou la neige – création des Daêvas.
II y eut dix mois d'hiver et deux mois d'été.

Il ajoute :

Beau Yima, fils de Vivanghat !
Voici que, sur le monde matériel, vont fondre les Hivers de malheurs,
qui feront tomber la neige à gros flocons, à l'épaisseur d'une aredvî,
sur les Montagnes les plus hautes.
Et tout ce qu'il y a d'animaux dans les lieux les plus désolés,
et sur les sommets des Montagnes,
et dans les profondeurs des campagnes,
se réfugiera de ces trois lieux dans des abris souterrains.
Avant cet Hiver, le pays portait des pâturages, avant que les eaux ne l'eussent inondé.
Mais après la fonte des neiges, on considérera comme une merveille,
ô Yima, dans le monde matériel,
un lieu où l'on apercevrait la trace d'un pied de mouton. [3]

L'arrivée massive de cet hiver si particulier, puisqu'il est accompagné par des inondations, une neige excessive et une destruction quasi complète de la faune, est soudaine et inattendue. En effet, avant l'arrivée de la nuit et du froid, les terres étaient fertiles et n'avaient donc jamais connu de pareilles conditions climatiques.

3 Premier *Fargard* du *Vendidad*, III, 4-91, dans L. B. G. Tilak, *Origine polaire de la tradition védique*, Arché, 1979.

La montagne originelle

En 1898, le Dr William F. Warren écrivait un livre dont le titre ne pouvait qu'attirer mon attention, *Le Paradis trouvé, le Berceau de la race humaine au pôle Nord*. Comme le nom de l'ouvrage l'indique, l'auteur faisait remonter l'origine de l'humanité au pôle Nord.

Un savant védique, Lokamanya Bal Gangâdhar Tilak, reprit le travail de Warren et le publia en 1903 sous le titre *Le foyer arctique des Védas*. Un de ses neveux sortira, en 1956, *L'Origine polaire de la tradition védique*. Tous ces ouvrages sont excellents, à un détail près, et il est de taille : le berceau de l'humanité ne peut pas se trouver au pôle Nord, mais au pôle Sud.

En plus de toutes les évidences que les textes des civilisations originelles ont déjà mises en relief, une preuve a été soulignée par Charles Hapgood : tous les textes, qu'ils soient d'origine indienne, mexicaine, polynésienne ou islandaise, parlent d'une montagne élevée. Or, aucune montagne de ce genre ne se trouve sur l'océan Arctique. On ne trouve pas non plus de trace importante de civilisation en mer arctique.

Par ailleurs, comment imaginer une migration partie du voisinage du pôle Nord, traversant l'immensité des steppes asiatiques sans laisser aucune trace ? Comment des hommes auraient-ils pu franchir la plus haute montagne du monde, l'Himalaya, pour gagner les hauts plateaux de l'Iran et arriver dans l'Indus ? Au contraire, on ne trouve aucun obstacle logique et matériel au fait de quitter le continent antarctique à la voile pour débarquer dans le golfe Persique, gagner le Nil par la mer Rouge ou l'embouchure de l'Indus. Cela représente en effet un mois de voile à cinq nœuds de vitesse moyenne (modique) avec un vent de travers (favorable).

Une multitude de textes indiens, persans, grecs et mésopotamiens situent l'origine de l'humanité au pôle. Il y avait, il faut le reconnaître, une certaine logique pour ces habitants de l'hémisphère Nord à la situer au pôle Nord. On le concevait d'ailleurs encore communément au siècle dernier, avant les grandes expéditions contemporaines. Les germanophiles, inventeurs du mythe des Indo-Européens civilisateurs du monde situaient, comme le docteur Warren, l'origine des hommes en Arctique. René Guénon et Julius Evola furent aussi des tenants de cette idée.

Sait-on que la croix gammée, à l'origine le svastika, outrageusement récupéré par les nazis, se retrouve sur tous les continents du monde ? Il est présent en Chine, en Amérique centrale, jusqu'à l'île de Pâques, et ce depuis les époques les plus reculées. Son origine est sans doute polaire. La croix représente les quatre points cardinaux.

Or, près du pôle, le point de repère est assez voisin de la verticale et est de ce fait très difficile à préciser. Les étoiles tournent en vingt-quatre heures à l'horizontale. La croix donnant les directions semble tourner au pôle Sud, dans le sens inverse des aiguilles d'une montre en regardant le sol, la même configuration apparaissant sur les poteries élamites, et dans le sens inverse en regardant le ciel.

Pendant plus de trois mille ans, le souvenir restera d'un axe du monde proche de la verticale, vu de la terre des ancêtres. Or, en Inde comme en Perse, seul le pôle nord céleste est visible, à 20 ou 30° au-dessus de l'horizon, avec les Grande et Petite Ourses tournant autour de lui. Aussi, les textes anciens transposeront au nord ce qui était au sud. Les « Sept brillantes » seront présentes dans les textes sous le nom de Rishis. Selon un jeu de mots, Rishis deviendra Rikshaw, un chariot à quatre roues tiré par trois chevaux.

Le déluge de Manou

Manou ou Vaivaswata était un saint monarque. Il fut le témoin et le rescapé d'un déluge infernal grâce à la protection de Brahma, le seigneur des créatures qui avait pris l'aspect d'un mystérieux poisson. Ce déluge est raconté dans le Brâhmanas et le Mahâbhârata.

Brahma apparaît d'abord sous la forme d'un petit poisson qui sollicite la protection de Manou. De peur d'être englouti par de plus gros poissons que lui, il lui demande de le sortir de la rivière et de le mettre dans un vase rempli d'eau.

Manou s'exécute. Le poisson grossit d'une manière spectaculaire. Il lui faut toujours un habitat plus gros. Bientôt, un lac et même le Gange ne lui suffisent plus. Il finit dans la mer. Pour récompenser le sage Manou qui l'a traité avec bienveillance, le poisson, devenu gigantesque, lui apprend qu'un formidable déluge va dévaster la terre entière.

Dans peu, tout ce qui existe sur la terre sera détruit.
Voici le temps de la submersion des mondes.
Le moment terrible de la dissolution est arrivé,
pour tous les êtres mobiles et immobiles.

Il lui prescrit de construire un navire solide et d'embarquer avec lui « toutes les graines ». Manou s'exécute.

Bientôt, le poisson réapparaît. Manou attache les cordes de son embarcation à sa puissante corne. Alors le poisson « fit naviguer le navire sur la mer avec la plus grande rapidité, malgré l'impétuosité des vagues et la violence de la tempête, qui ne laissait distinguer ni la terre, ni les Régions Célestes ». Après de longues années, ils arrivent sur une terre, au sommet du mont Himavat (sans doute l'Himalaya). Le poisson se fait alors connaître sous sa véritable identité :

Je suis Brahma, seigneur des créatures. [...] Aucun être ne m'est supérieur.
Sous la forme d'un poisson, je vous ai sauvés du danger.
Manou, que voici, va maintenant opérer la création.

Manou peut alors commencer à créer tous les êtres.[4]

Le peuple indien n'est aucunement marin. Toute sa tradition reflète la peur et la haine de l'océan. Pour quitter le continent originel, Manou est aidé par un grand marin, un des fondateurs des premières villes au fond du golfe Persique.

C'est pourquoi la vallée de l'Indus fut peuplée vers la même époque que l'Égypte et Sumer.

4 G. Pauthier, *Livres sacrés de l'Orient*, Firmin Didot, 1840, « Lois de Manou », p. 337.

Figure 40. *Brahma, fragment de statue.* XIe-XIIe *siècles. Schiste bleuté, statuaire de l'Inde : région de Gwalior.*

Quand un « cycle du Monde » prend fin

Quand un cycle du Monde est détruit par le Vent […]
il se lève au début un grand nuage destructeur du cycle, et d'abord une poussière fine,
puis une grosse poussière, puis du sable fin, puis du gros sable, et puis des graviers,
des pierres, et finalement des rochers aussi gros que les arbres au sommet des collines.
Le vent retourne le sol à l'envers,
de larges surfaces se fendent et sont projetées en l'air,
toutes les demeures de la Terre sont détruites […]
les mondes s'entrechoquent.[5]

5 *Visuddhi-Magga*, cité par I. Velikowsky, *Mondes en collisions*, Stock, 1950, p. 47.

3.10 La Mésopotamie

Chronologie mésopotamienne

Des tablettes sumériennes ont été retrouvées en Mésopotamie, dans la ville de Larsa, sur lesquelles on peut lire la liste des rois ayant régné avant le déluge, *lam abubi*.

Une dizaine de rois auraient ainsi gouverné cinq ou six villes. Rien ne permet de savoir si ces villes se sont succédé ou ont coexisté. Mais le règne respectif des rois, à en croire ces vestiges, aurait duré de 241 200 à 456 000 longues années ! Ces nombres d'années démesurés trouvent une explication logique quand on connaît le degré de connaissance des Mésopotamiens dans le domaine de l'astronomie.

Les astronomes mésopotamiens savaient, entre autres choses, prévoir les éclipses avec précision. Env. 325 av. J.-C., Bérose, prêtre de Bel-Mardouk, écrivait une histoire de Babylonie. Son mépris pour la culture grecque était tel qu'on n'en trouve nulle trace dans son histoire. Les sources qu'il a utilisées ont été trouvées dans les monumentales bibliothèques de Ninive, Babylone, Alexandrie, Byzance et Carthage.

Les Mésopotamiens avaient arrondi l'année à 360 jours, le nombre des lunes étant approximativement de 12 dans une année, et l'année étant constituée de 12 mois de 30 jours. Ce nombre était un multiple diviseur très efficace pour connaître les années de règne des rois.

Le prêtre Bérose attribuait 3 600 ans à un *sar*, c'est-à-dire à une année divine. 360 ans aurait été un nombre plus logique : au voisinage du pôle, l'année dure en effet un jour et une nuit.

Mais, sans doute pour conférer aux dieux le prestige qui leur revenait, et ridiculiser les dieux grecs qui étaient loin d'atteindre une telle longévité, Bérose eut l'idée de multiplier par 10 ces 360 jours humains. Ainsi, si l'on divise simplement le nombre d'années de règne des rois par 3 600, ils n'excèdent pas 150 ans. Faut-il en déduire que les hommes vivaient réellement plus longtemps que nous ne le faisons aujourd'hui ? Ou bien, plus raisonnablement, que les règnes englobaient en réalité une lignée de rois qui portaient le même nom ?

En étudiant les lignées royales décrites chez les érudits mésopotamiens, on peut situer une période de trois siècles au plus entre un déluge qui a dévasté les terres, et l'apparition des Sumériens qui ont débarqué mystérieusement en Mésopotamie.

Volcanisme

Le voyage d'Enki est narré à travers un océan tumultueux :

Après qu'il eut mis à la voile,
Après que le Père eut mis à la voile contre Kur,
Après qu'Enki eut mis à la voile contre Kur,
Contre le roi, Kur lança les petites pierres,
Contre Enki, il projeta les grosses pierres,
Ses petites pierres, pierres à la main,
Ses grosses pierres, pierres de roseaux « dansants »,
Ecrasèrent la quille de la barque d'Enki
Combattant comme une tempête à l'assaut !
À l'attaque du Roi, l'eau à l'avant du bateau
Dévorait comme un loup !
À l'attaque du Roi, l'eau à l'arrière du bateau
Frappait comme un lion ![1]

Cette traversée de l'océan déchaîné part de la montagne sainte Kur. On peut reconnaître, une nouvelle fois, des volcans en éruption crachant des blocs de lave durcie loin dans la mer tempétueuse.

Le Ciel et la Terre séparés

Après une période de richesse et d'abondance, le Ciel et la Terre ont été séparés l'un de l'autre, ce qui est synonyme de mouvement anarchique des astres :

1 S. N. Kramer, *L'Histoire commence à Sumer*, Arthaud, 1957, p. 225.

Quand le ciel eut été éloigné de la Terre,
Quand la Terre eut été séparée du Ciel,
Quand le nom de l'homme eut été fixé,
Quand An eut emporté le Ciel,
Quand Enlil eut emporté la Terre ![2]

L'ambition de Gilgamesh

Uruk, fondée par Enki, le roi civilisateur, fut ravagée comme on sait par un grand déluge nommé Abubi. Les autres villes saintes de la région connurent le même sort. Abubi a fait périr une multitude d'hommes et de femmes et a anéanti les cultures. « Les eaux furieuses de la mer primordiale montent à l'assaut de la terre. » La mer sortie de son lit au fond du golfe Persique est allée frapper les monts Zagros à l'est, ceux d'Arménie au nord et ceux du Liban à l'ouest. L'océan finit par retourner dans son lit en laissant une telle masse de dépôt sédimentaire que le rivage recula d'environ 130 km. Le Tigre et l'Euphrate, au lieu de se jeter séparément dans le golfe, se sont alors rejoints en une seule embouchure pour former le Shatt-el-Arab.

Gilgamesh, roi d'Uruk, est le cinquième roi de la première dynastie après le déluge. Dans son épopée, il est question de la mort du démon Asaq qui se fait tuer par Ninurta, le vent du sud. La mort du démon provoque un désastre à Sumer qui fait déborder les flots :

[Le désastre empêche] l'eau douce de s'épandre dans les champs et les jardins.
Le Tigre n'a plus de crues,
Et l'eau qui coule dans son lit n'est plus bonne.[3]

La famine qui s'ensuivit fut terrible. Elle s'accompagna de crises majeures dans le climat et l'occupation du pays. Selon Claude Schaeffer :

2 S. N. Kramer, *op. cit.*, p. 120.

3 *Ibid.*, p. 227.

> Ces crises successives par lesquelles s'ouvrent et se ferment les principales périodes du IIe et IIIe millénaire n'ont pas été provoquées par l'action de l'homme. Au contraire, comparés à l'amplitude de ces crises générales et à leurs effets profonds, les exploits des conquérants et les combinaisons des hommes d'État paraissent bien modestes.[4]

Ne doutant de rien, Gilgamesh veut œuvrer pour la restauration d'Uruk, sa ville ravagée. Il a également l'ambition de faire passer son nom à la postérité. C'est ce qu'il dira au Soleil, Utu, après s'être lamenté de la dévastation de son peuple.

Ô Utu ! Je voudrais te dire un mot !
À ma parole prête l'oreille !
Dans ma ville, l'homme meurt !
Le cœur est oppressé ! L'homme périt ! Le cœur est lourd !
J'ai jeté un coup d'œil par-dessus le mur,
Quant à moi, mon sort sera le même !
En vérité, il en est ainsi !
L'homme le plus grand ne peut toucher le Ciel !
L'homme le plus large ne peut couvrir la Terre !
La brique et le sceau n'ont pas encore amené le terme fatal
Dans ces lieux où des noms n'ont pas été élevés,
Je voudrais élever mon nom !
Dans ces lieux où des noms n'ont pas été élevés,
Je voudrais élever les noms des dieux ![5]

C'est ainsi que s'amorce l'épopée de Gilgamesh. Après avoir vécu la mort de son peuple, il part dompter une nature qui le dépasse, et sa quête d'immortalité peut commencer.

4 C. Schaeffer, *Stratigraphie comparée et chronologie de l'Asie Occidentale*, Oxford University Press, 1948, p. 567.

5 S. N. Kramer, *op. cit.*, p 231.

Figure 41. *La tablette de Yale.*

Figure 42. *Uruk – vase rituel orné : Gilgamesh, taureaux, oiseaux. Début du* IIIe *millénaire.*

En cherchant du bois sur le continent originel, il rencontre Humbaba, un monstre terrible, qui gardait alors la forêt de cèdre :

Objet de terreur pour les mortels, Humbaba,
Son rugissement est le bruit d'un flot d'orage,
Sa bouche est un abîme de feu,
Et son souffle est mortel.[6]

Le retour à Sumer fut sans doute triomphal. Gilgamesh et Enkidu ont abattu Humbaba et les monstres des enfers. On leur attribue aussi la victoire contre le déluge Abubi qui avait ravagé Uruk avec la force d'une charge de taureau : « Au premier ébrouement du Taureau s'ouvrit une crevasse, Et deux cents, trois cents habitants d'Uruk y furent précipités ».[7]

Des sculptures immortaliseront l'image des deux héros domptant le taureau jusque dans notre art médiéval.

Le rescapé du déluge

Au cours de ses voyages, Gilgamesh rencontre Utanapisti. C'est son ancêtre du temps du déluge, qui vit encore sur le continent d'origine, ayant acquis l'immortalité propre à cet endroit. Celui-ci lui révèle un grand secret.

Le texte évoque alors un épisode biblique bien connu : celui de Noé. Utanapisti est un rescapé du déluge grâce à l'arche qu'il a construite sur les conseils d'Ea (ou Enki), le dieu des Eaux. Utanapisti a, dans le passé, déjà su écouter les conseils prodigués par ce dieu tout-puissant :

Ô roi de Shurupak, fils de Ubar-Tutu,
Démolis ta maison pour te faire un bateau !
Renonce à tes richesses pour te sauver la vie !
Détourne-toi de tes biens pour te garder sain et sauf !

6 G. Contenau, *Le déluge babylonien*, Payot, 1952, p. 64.

7 J. Bottéro, *L'Épopée de Gilgamesh*, Gallimard, 1992, p. 130.

Mais embarque avec toi des spécimens de tous les animaux.
[...] Alors Enlil fera pleuvoir sur vous.[8]

Tout ce que le dieu lui ordonna, Utanapisti l'exécuta :

Au lendemain, tout ce que je possédais, je l'en chargeai :
Tout ce que j'avais d'argent, tout ce que j'avais d'or,
Tout ce que j'avais d'animaux domestiques de toutes sortes,
J'embarquai ma famille et ma maisonnée entière,
Ainsi que gros et petits animaux sauvages
Et tous les techniciens.[9]

Utapanisti prévoit sept ponts et neuf compartiments. Il met à bord des bœufs, des moutons, de la cervoise, de la bière fine, de l'huile et du vin. Quand la coque est glissée à l'eau jusqu'à être immergée aux deux tiers, le déluge arrive alors avec une brusque violence :

Un nuage noir s'éleva du fond du ciel,
Le dieu Adad y grondait !
Le dieu Nabu, le dieu Marduk, le précédaient.
Ils vont, les porte-trônes, par monts et par vaux !...
La fureur d'Adad remplit les cieux !
Tout ce qui était clarté devint ténèbres !
Le déluge rapide s'étend sur tout le pays !
Comme dans une bataille, il fond sur les gens !
Le frère ne voit plus son frère,
Les gens ne se reconnaissent plus ![10]

8 J. Bottéro, *op. cit.*, p. 186.

9 *Ibid.*, pp. 186-9.

10 G. Contenau, *Le déluge babylonien, op. cit.*, p. 94.

Les malheureux dieux tentent de trouver refuge sur les hauteurs célestes, dans les montagnes, en s'éclairant de torches.

Les Anunnaki, porteurs de torches,
De leur éclat illuminent la contrée…
Dans les cieux, les dieux prennent peur du déluge !
Ils fuient, ils montent au ciel du dieu Anu !
Ils s'accroupissent comme des chiens !
Ils se couchent ![11]

Ishtar se désole :

Est-ce que moi, vraiment, j'ai enfanté mes gens pour que,
Comme les petits des poissons, ils remplissent la mer ?
Les dieux, les Anunnaki, pleurent avec elle !
Ils sont assis, pleurant ! Leurs lèvres sont fermées !
Six jours et six nuits le vent souffle !
Et l'ouragan du déluge s'abat sur le Pays ![12]

Au bout de sept jours, le vent et les eaux se calment :

Le septième jour arrivé, tempête, ouragan et déluge cessèrent.
La mer se calma, et s'immobilisa !
Ouragans et déluge s'étant interrompus !
Je regardai alentour : le silence régnait !
Tous les hommes avaient été transformés en argile ![13]

11 G. Contenau, *Le déluge babylonien*, *op. cit.*, p. 95.

12 *Ibid.*

13 J. Bottéro, *op. cit.*, p. 191.

Utanapisti offre alors un sacrifice au sommet de la montagne, en disposant sept foyers à encens. Il concasse des roseaux, du cèdre et du myrte. Il fait un vœu pour cuire les viandes après les rites d'offrande. « Les dieux sentirent l'odeur, les dieux sentirent la bonne odeur ! » Les survivants, parmi les Anunnaki, affamés après une semaine de jeûne, furent heureux de pouvoir se restaurer.

3.11 La Bible

L'originalité de la Bible tient à plusieurs facteurs :

- Les filiations généalogiques sont détaillées et d'une richesse exceptionnelle, permettant une assez bonne chronologie historique, contrairement à l'imprécision et aux incertitudes que révèlent les écrits des grandes civilisations : la tradition orale des Hébreux est plus fiable que les écrits les plus anciens.
- Le peuple hébreu est resté coupé, séparé des hautes cultures du Proche-Orient, et cette ségrégation fondamentale a empêché les contaminations égyptienne ou mésopotamienne : des dieux n'ont pas été inventés pour personnaliser les événements majeurs survenus à plusieurs moments cruciaux historiques. Tout est attribué à un Dieu unique, Yahweh, qui protège ou châtie Israël, qui punit toujours ses voisins ennemis.
- Les Hébreux avaient une vocation de nomades ou de petits cultivateurs, et n'ont été ni constructeurs, ni artistes comme leurs voisins, ni marins : vivant sous la tente ou dans des abris naturels, ils ont pu observer la nature et ses bouleversements avec une bonne précision, sans affabulations, et ont mieux réussi à subsister que les habitants des grandes villes sujettes à des destructions massives.
- D'esprit pratique et non philosophique, ils n'ont pas cherché à expliquer rationnellement et symboliquement les phénomènes exceptionnels venus bouleverser leur vie, comme celle des peuples voisins, n'y voyant que la seule volonté de Yahweh.

L'Exode : Moïse fait sortir les Hébreux d'Égypte

Abraham se situerait env. 1800 et l'Exode env. 1240 av. J.-C. Abraham vécut 175 ans, Isaac son fils 180 ans, et le fils de ce dernier, Israël ou Jacob, 147 ans. Douze enfants – douze tribus – sortirent d'Israël, dont Joseph.

Sept années de sécheresse ayant succédé à sept d'abondance sont prophétisées par Joseph, qui sut interpréter le rêve du pharaon voyant sept vaches grasses suivies de sept maigres. Devenu intendant du pharaon, Joseph installe les gens de sa famille en Égypte, ce qui indispose les Égyptiens.

Moïse, petit-fils d'Israël, s'émeut de voir son peuple maltraité, et Yahweh envoie au pharaon douze plaies : corruption des eaux du Nil provoquant la mort des poissons, invasion de moustiques et de taons, apparition de tumeurs bourgeonnant en pustules, tonnerre, grêle terrible mêlée de feu brisant toute les plantes et tous les arbres des champs – l'orge en épi et le lin en fleurs sont perdus mais froment et épeautre plus tardifs ne le sont pas – invasion de sauterelles détruisant toute verdure, épaisses ténèbres pendant trois jours, mort des premiers-nés, « grande clameur dans tout le pays d'Égypte, telle qu'il n'y en a pas eu et qu'il n'y en aura plus de semblable » (Exode 11, 6).

Le 14 du mois de Nisan, premier mois de l'année, au milieu de la nuit, Yahweh « passa, cette nuit-là, par le pays d'Égypte » (Exode 12, 12). Toutes les maisons des Égyptiens s'effondrent.

« Toutes les armées de Yahweh sortirent du pays d'Égypte » : « six cent mille fantassins, une multitude de gens d'origines diverses partie avec eux, et aussi des troupeaux considérables de brebis et de bœufs » (Exode 12, 37-38, 41). « Six cents chars d'élite et tous les chars d'Égypte » (Exode 14, 7) partent à la poursuite des Hébreux, et ne parviennent pas à les rejoindre à cause d'une « nuée », lumineuse la nuit.

Les Hébreux « vinrent camper devant Pi-Hahirot, entre Migdol et la mer, en face de Baal-Sephon » (Exode 14, 2). « Yahweh refoula la mer par un vent impétueux d'orient. » Il « mit la mer à sec » (Exode 14, 21).

Les Hébreux traversent. La cavalerie égyptienne s'engage « dans le lit mis à sec, à la dernière veille de la nuit, les roues de leurs chars se bloquèrent » (Exode 14, 25). Au « point du jour », « les eaux, en revenant, couvrirent les chars, les cavaliers et toute l'armée du pharaon » (Exode 14, 28).

Environ deux siècles et demi plus tard, David, env. 1000 av. J.-C., évoque l'Exode. « La terre fut ébranlée et trembla, les fondements des montagnes s'agitèrent et furent ébranlées » (Psaume 18, 7).

La fumée montait de ses narines, et un feu dévorant sortait de sa bouche.
Il en jaillissait des charbons embrasés.
Il inclina les cieux, et descendit, une nuée épaisse était sous ses pieds. [...]
Il s'enveloppa de ténèbres comme d'un voile, des eaux sombres et de nuages comme d'une tente.
De l'éclat qui le précédait s'enflammèrent des charbons ardents.
Yahweh tonna dans les cieux, le Très-haut fit retentir sa voix.
Il lança ses flèches. Il multiplia ses foudres.
Alors, le lit de la mer apparut, et les fondements de la terre furent mis à nu.
(Psaume 18, 8-15)

Il s'élance d'une extrémité des cieux et sa course aboutit à l'autre extrémité.
(Psaume 19, 7)

La voix de Yahweh au-dessus des eaux ! Le Dieu de majesté fait entendre son tonnerre.
La voix de Yahweh avec puissance ! La voix de Yahweh avec majesté !
La voix de Yahweh brise les cèdres, Yahweh brise les cèdres du Liban !
Il fait bondir le Liban comme un veau, et le Sinon [mont Hermon] comme le petit du buffle.
La voix de Yahweh fait jaillir des flammes de feu.
La voix de Yahweh fait trembler le désert, Yahweh fait trembler le désert de Qadech.
La voix de Yahweh secoue les chênes et dépouille les forêts.
(Psaume 29, 3-9)

L'événement eut lieu au milieu de la nuit, avec des flammes de feu jaillissant du sol : il n'y a pas de précision concernant la modification dans la marche apparente des étoiles, bien plus difficiles à observer que le soleil, de jour.

La mise en route à haute vitesse du sol égyptien, par rapport à l'atmosphère inerte, explique le son puissant et majestueux dont le tonnerre donne une petite idée, ainsi que les roches enflammées crachées par les volcans éveillés, qui deviennent des projectiles comparables à des flèches. On comprend que les chênes soient secoués et les forêts dépouillées, en même temps que les récoltes saccagées.

Compressions et dépressions variant sous terre, les monts du Liban et l'Hermon sont bousculés, bondissant « comme un veau ou comme le petit du buffle » (Psaume 29, 6). Yahweh « rassemble comme en une outre les eaux de la mer. II met dans des réservoirs les flots de l'Abîme, quand grondent tes cataractes » (Psaume 33, 7). « Tous tes flots et tes vagues ont passé sur moi ! » (Psaume 42, 7).

La mise en route du sol, par rapport à l'océan inerte, fait que ce dernier est bousculé et s'entasse à l'intérieur des terres dans les cuvettes, comme en de grands réservoirs.

« Aussi sommes-nous sans crainte, si la terre est bouleversée, si les Montagnes chancellent au sein de l'océan, que ses eaux bouillonnent en mugissant, et dans leur furie, ébranlent les Montagnes [...] Les nations s'agitent, les royaumes s'ébranlent. Il fait entendre sa voix, et la terre se fend. » (Psaume 46, 2-6). « Yahweh des armées est avec nous ! Dieu monte au milieu des acclamations, Yahweh monte au son de la trompette ! » (Psaume 47, 6).

C'est ainsi que tu as préparé la terre, abreuvant ses sillons, tu l'as amollie par tes ondées, tu as béni ses germes.
Tu as mis sur l'année la couronne de tes bienfaits, et sur tes sentiers, ruisselle la graisse [...]
Les pâturages du désert se couvrent de froment. On pousse des cris et on chante.
(Psaume 65, 10-12)

Un changement climatique fait succéder l'humidité à la sécheresse, de riches cultures à de maigres pâturages. Et la fraîcheur à la chaleur :

La terre fut ébranlée, les cieux eux-mêmes se liquéfièrent [...]

Tu répandis, ô Dieu, une pluie généreuse en faveur de ton héritage,
et tu le réconfortas, alors qu'il était épuisé […]
Lorsque le Tout-puissant dispersait les rois, la neige tombait sur le Salmon.
(Psaume 68, 8-10 et 14)

Il leur avait donné à boire comme des flots, en abondance […]
Du roc il avait fait jaillir des ruisseaux et il avait fait couler l'eau en torrents.
Voici qu'il a frappé le rocher, que les eaux ont coulé et que les torrents se sont répandus.
(Psaume 78, 15-16 et 20)

Les eaux séjournaient sur les montagnes ! Devant ta menace, elles s'enfuirent.
Au bruit de ton tonnerre, elles reculèrent épouvantées.
Elles franchirent les montagnes et descendirent par les vallées.
Tu leur as fixé une limite qu'elles ne doivent pas dépasser. Elles ne reviendront pas couvrir la terre.
(Psaume 104, 6-9)

En mer, au large, lors d'une courte et rapide rotation de la lithosphère, sur le moment, tout sera resté tranquille. Mais sitôt après l'événement, de vastes oscillations ont dû apparaître.

Des marins au long cours paraissent avoir échappé à ces dangers, comme David le dit :

Ils étaient descendus sur la mer dans des navires, pour se livrer au négoce, sur les vastes eaux.
Ceux-là ont vu l'œuvre de Yahweh et ses merveilles dans les abîmes marins.
Il dit, et il fit élever un vent de tempête qui souleva les vagues.
Ils montaient jusqu'aux cieux, ils descendaient au plus profond. Leur âme se fondaient dans l'infortune.

Ils tournoyaient, ils chancelaient comme des hommes ivres, et toute leur habileté était sans effet.
(Psaume 107, 23-27)

Les masses d'eau de mer qui se virent emprisonnées à l'intérieur des terres, séchèrent, déposant de grandes masses de sel. Puis, en contradiction apparente, l'humidité l'emporte.

Yahweh « a changé les fleuves en désert, et les sources d'eau en sol aride, le pays fertile en plaine de sel [...] Il a changé le désert en étang, et la terre aride en sources d'eau. » (Psaume 107, 33-35)

David chantera inlassablement les hauts faits de Yahweh, devant lesquels l'homme avec son orgueil, les hautes civilisations avec leurs trésors merveilleux, se retrouvent dépouillés et réduits à presque rien.

À sa vue, la mer s'enfuit.
Les montagnes bondirent comme des béliers et les collines comme des agneaux.
Qu'as-tu, mer, pour t'enfuir ?
Qu'avez-vous, montagnes, pour bondir comme des béliers ? Collines, comme des agneaux ?
Tremble, ô terre, devant la face du Seigneur !
(Psaume 114, 3-7)

Si Yahweh n'avait été pour nous, alors les eaux nous auraient submergés [...] Le torrent aurait passé sur nous.
Alors auraient passé sur nous les eaux bouillonnantes.
(Psaume 124, 2-5)

Le Livre de la Sagesse de Salomon dit : « Alors que les méchants pensaient écraser la nation sainte », lors de la fuite d'Égypte sous Moïse, « ils furent dispersés, saisis d'une horrible épouvante et troublés de fantômes. Les réduits où ils se renfermaient ne les préservaient pas de la crainte ».

La nuit était arrivée au milieu de sa course rapide,
ta parole toute-puissante s'élança du haut du ciel,
comme un guerrier impitoyable, sur une terre vouée à l'extermination.
Mais ta colère ne dura pas longtemps.
Lorsque déjà les morts étaient tombés en tas les uns sur les autres, il arrêta sa colère.
L'exterminateur se retira, il en fut effrayé.
Car il suffit de faire l'expérience de la colère.
(17, 2-20 ; 18, 4-6-11 ; 15-23-25)

La création tout entière était à nouveau modifiée dans ses lois.
(19, 6)

Arrêt du Soleil et de la Lune, sous Josué

Comme les Amorrhéens « fuyaient devant Israël, à la descente de Béthoron, Yahweh lança du ciel de grosses pierres jusqu'à Azéqa, et ils moururent [...] Plus nombreux furent ceux qui moururent par les pierres de grêle que ceux qui furent tués par l'épée des enfants d'Israël » (Josué 10, 11).

Alors Josué parla à Yahweh, le jour où Yahweh livra les Amorrhéens aux enfants d'Israël, et il dit à la vue d'Israël :

Soleil, halte sur Guibéon ! Et toi, lune, sur la vallée d'Aiialon !
Et le soleil s'arrêta, et la lune resta là, jusqu'à ce que la nation se fut vengée de ses ennemis. Cela n'est-il pas écrit dans le livre du juste ? Et le soleil s'arrêta au milieu du ciel, et ne se hâta pas de se coucher, presque un jour entier.
(Josué 10, 12-13)

La durée d'un événement exceptionnel si brutal et si soudain, avec des pierres enflammées précipitées comme une grêle brûlante vers le sud-est, par suite de la grande vitesse prise par le sol vers le nord-ouest, est impossible à estimer par les survivants. Le temps en est nécessairement exagéré : plutôt qu' « un jour entier », quelques heures, sans doute.

Par inertie, les eaux des fleuves sont sorties de leur lit comme pour le Jourdain :

Quand les porteurs de l'Arche arrivèrent au Jourdain, et que les pieds des prêtres qui portaient l'Arche s'enfoncèrent dans l'eau sur le bord – car le Jourdain déborde par-dessus toutes ses rives tout le temps de la moisson –
Alors les eaux qui descendent d'en haut s'arrêtèrent ;
Elles s'élevèrent en un monceau, à une très grande distance près de la ville d'Adam, qui est à côté de Sartan ; Et celles qui descendent vers la mer de l'Araba, la mer salée, furent complètement coupées.
(Josué 3, 15-6)

Après plusieurs heures, quand toute la nation, c'est-à-dire quatre mille hommes, eurent traversé le Jourdain, « les eaux du fleuve retournèrent à leur place et se répandirent comme hier et avant-hier par-dessus toutes ses rives » (Josué 4, 18).

Le glissement de la croûte terrestre eut une composante vers le sud pour que les eaux du Jourdain s'accumulent en amont. L'événement majeur survenu sous Josué, soit env. 1200 av. J.-C., se traduisit donc en Palestine par un mouvement du sol vers le sud-ouest. Le climat froid et humide y connut un terme.

Deux rotations de la lithosphère se sont donc succédé à une cinquantaine d'années d'intervalle, dans la deuxième moitié du XIIIe siècle avant notre ère.

L'Ecclésiaste

On y trouve deux descriptions, non pas contradictoires, mais opposées, de deux brusques modifications survenues dans le passé dans la marche apparente du soleil, donc observées de jour : « Le Soleil, par sa main, n'a-t-il pas rétrogradé ? Et un jour ne fut-il pas comme deux ? » (46, 4).

Cela survint au temps de Josué, env. 1200 avant notre ère, et les Grecs et Latins en firent le mythe de Phaéton. « Grand est le Seigneur, qui l'a fait [le Soleil], Et sur son ordre, il précipite sa course ». (43, 5).

Cela correspond au récit de Sénèque, dans son *Thyeste*, où le soleil, au cours d'un après-midi, a brusquement hâté sa course pour s'aller coucher, au temps de Phébus, « père » de Phaéton, donc à une époque antérieure restant à préciser.

Isaïe

Sous Ezéchias, au VIIIe siècle avant notre ère, Isaïe annonce un événement majeur.

> *Car Yahweh des armées aura un jour, contre tout orgueil et toute hauteur,*
> *et contre tout ce qui s'élève, pour l'abaisser !*
> *Contre tous les cèdres du Liban, hauts et élevés, et contre tous les chênes de Bachan !*
> *Contre toutes les hautes montagnes et contre toutes les collines élevées !*
> *Contre toute tour éminente et contre toute muraille forte !*
> *Contre tous les vaisseaux de Tarchich, et contre tout ce qui charme les yeux !*
> (Isaïe 2, 12-16)

> *La hauteur du mortel sera humiliée, et la superbe de l'homme sera abaissée ! Et Yahweh sera élevé, lui seul, en ce jour-là, quand il se lèvera pour épouvanter la Terre.*
> (Isaïe 2, 17)

> *Et maintenant, je vous ferai connaître ce que je vais faire, moi, à ma vigne : j'en ferai un lieu abandonné, et elle ne sera plus ni taillée, ni bêchée.*
> *Et je commanderai aux nuées de ne plus répandre de pluie sur elle ! [...]*
> *Car dix arpents de vigne ne produiront plus qu'un bath,*
> *un homer de semence ne produira qu'un épha.*
> (Isaïe 5, 5-6 et 10)

> *C'est pourquoi il sera déporté, mon peuple, et sa multitude séchera de soif !*
> (Isaïe 5, 13)

Le climat, humide jusque-là, deviendra donc sec, comme à présent.

Et la lumière s'obscurcit en de profondes ténèbres ! Les fondements des seuils tressaillaient au bruit de la clameur !
Et je dis : « Jusqu'à quand ? Seigneur ! ». Il répondit : Jusqu'à ce que les villes soient dévastées et sans habitants, que les maisons soient sans personne,
et que la terre soit ravagée, devenue un désert !
(Isaïe 6, 10-12)

Yahweh frappera d'anathème la langue de la mer d'Égypte,
et il lèvera la main contre le fleuve, de son souffle ardent !
Et en le frappant, il en formera sept canaux, et on passera sans se déchausser.
(Isaïe 11, 15)

Le Nil, comme tous les fleuves, sera donc vidé de son eau, les sept bouches du delta restant à sec au point qu'on pourra passer en gardant ses sandales.

Poussez des hurlements, car proche est le Jour de Yahweh ! […]
Voici que le Jour de Yahweh vient, cruel, plein de courroux et d'ardente colère, pour réduire la Terre en désert, et en exterminer les pêcheurs.
Car les étoiles du ciel et leurs constellations ne font plus briller leur lumière,
le soleil s'est obscurci à son lever, et la lune ne fait plus luire sa lumière […]
C'est pourquoi j'ébranlerai les cieux, et la terre chancellera sur sa base,
par le courroux de Yahweh des armées, au Jour de sa colère ardente !
(13, 6, 9-10, 13)

Et il adviendra à Babylone, la perle des royaumes, l'orgueilleuse parure des Chaldéens, le bouleversement dont Dieu frappa Sodome et Gomorrhe,
Elle ne sera plus jamais habitée !
(Isaïe 13, 19-20)

Les eaux de la mer tariront, et le fleuve s'épuisera et se dessèchera.
Les canaux d'Égypte baisseront, et se dessécheront. Joncs et roseaux se flétriront.
Les prairies le long du Nil, sur le bord du Nil, tout ce que fait pousser le Nil, s'affaissera et disparaîtra !
(Isaïe 19, 5-7)

Soyez dans la stupeur, habitants de la côte, négociants de Sidon, parcourant la mer !
Tes messagers sur les grandes eaux ! Car la mer a parlé ! [...]
Répands-toi dans ton pays comme le Nil, fille de Tarchich : il n'y a plus de digue !
Yahweh a étendu sa main sur la mer, il a ébranlé les royaumes, il a décrété contre Canaan la destruction de ses forteresses.
(Isaïe 23, 2-3,10-11)

Difficile d'être plus précis. La latitude a brusquement augmenté, le climat est devenu plus sec. Dans son mouvement vers le nord, la terre a soulevé des masses d'eau qui l'ont recouverte.

En ce temps-là, Ezéchias fut malade à la mort. Le prophète Isaïe, fils d'Amos, vint le trouver et lui dit : « Ainsi dit Yahweh : donne tes ordres à ta maison, car tu vas mourir, et tu ne vivras pas ».
Ezéchias tourna son visage contre le mur et pria Yahweh en ces termes : « Ah ! Souviens-toi, ô Yahweh, que j'ai marché devant ta face avec fidélité et cœur loyal, et que j'ai fait ce qui est bien à tes yeux ». Et Ezéchias pleura des larmes abondantes.
Isaïe n'était pas arrivé à la cour du milieu, que la parole de Yahweh lui fut adressée en ces termes :
« Retourne, et dis à Ezéchias, prince de mon peuple : "Ainsi dit Yahweh, le Dieu de David ton père : j'ai entendu ta prière, j'ai vu tes larmes. Voici que je te guéris. Dans deux jours, tu monteras à la maison de Yahweh. J'ajouterai à tes jours quinze années. Je te délivrerai, toi et cette ville, de la

main du roi d'Assyrie. Je couvrirai cette ville à cause de moi, et à cause de David, mon serviteur" ».
Isaïe dit : « Prenez un gâteau de figues ». On le prit, on l'appliqua sur l'ulcère, et il guérit.
Ezéchias dit à Isaïe : « Quel sera le signe que Yahweh me guérira, et que je monterai dans deux jours à la maison de Yahweh ? »
Isaïe dit : « Voici le signe que te donnera Yahweh, que Yahweh accomplira la parole qu'il a dite. L'ombre avancera-t-elle de dix degrés, ou reculera-t-elle de dix degrés ? »
Ezéchias répondit: « C'est peu de chose pour l'ombre d'avancer de dix degrés – mais bien que l'ombre recule en arrière de dix degrés. »
Alors Isaïe le prophète invoqua Yahweh, qui fit reculer l'ombre en arrière de dix degrés, sur les degrés d'Achaz, sur les degrés où elle était descendue.
(Rois 20, 1-11)

Isaïe tient un propos identique :

« Voici que je vais faire reculer en arrière l'ombre, des degrés qu'elle a descendus sur les degrés d'Achaz, de dix degrés. » Et le Soleil recula de dix degrés sur les degrés qu'il avait descendus.
(Isaïe 38, 8)

L'ombre du soleil était observée avec soin chaque jour à midi vrai, quand elle était projetée vers le nord vrai par le gnomon, sur un cadran. La longueur de l'ombre était maximale au solstice d'hiver, minimale au solstice d'été.

Cette ombre ayant commencé à reculer situe l'époque en juillet et août. Le recul de dix degrés signifie une augmentation de la latitude de dix degrés.

La baie d'Hudson, située à présent 30° au sud de sa position précédente au pôle Nord, indique – sauf dérive relative de l'Amérique par rapport à l'Europe – que la latitude de Jérusalem dut alors augmenter de 18°. L'imprécision est minime, compte tenu de l'inexactitude à la fois du texte hébreu, et surtout du point estimé de la baie d'Hudson ayant quitté le pôle Nord.

Juillet ou août, au cours d'une nuit à Jérusalem env. 700 avant notre ère, est donc la date de la dernière rotation de la lithosphère.

Le Livre d'Isaïe regorge d'indications précises et logiques accompagnant nécessairement un brusque et rapide glissement de la croûte terrestre, par rapport à la mer et à l'atmosphère restées en arrière par inertie, avec de grandes masses marines prenant un mouvement relatif à la terre, et des vents exceptionnels. Les fleuves sont vidés de leur eau, la terre chancelle sur sa base, le sol se fend et laisse sortir une lave brûlante et sulfureuse, l'ouragan frappe comme de la grêle, renverse, sonne telle une trompette ou une voix de tonnerre. Des masses d'hommes meurent d'un coup.

L'événement eut bien lieu de nuit, sinon Hésiode et tous les auteurs grecs ou latins auraient avec ensemble décrit le comportement apparent du soleil et de la lune, eux qui ont rapporté avec tant de soin les souvenirs antérieurs de plusieurs dérèglements anormaux et dramatiques dans la marche apparente des astres. « Yahweh, comme un héros, se met en campagne. Comme un guerrier il excite son zèle. Il pousse un cri de guerre, un cri éclatant. Il s'élance en héros contre ses ennemis ! [...] Je dévasterai montagnes et collines, et je dessécherai toute leur verdure. Je changerai les fleuves en îles, et je mettrai les lacs à sec » (Isaïe 42, 13-15).

Le « cri de guerre », la « trompette », le « cri éclatant », la « voix majestueuse », le « grand bruit », le « rugissement de lion », la « clameur », le « grondement », la « rumeur », la « parole toute puissante », le « tonnerre », étaient le bruit d'un vent apparent dix fois supérieur à celui d'une tempête ou d'un ouragan, avec un effet cent fois supérieur.

Les Grecs lui donneront un nom significatif : Io, ou Ia, et les latins feront de Io-pitar leur Jupiter. Pour les Hébreux, ce nom terrifiant sera imprononçable, IAHWEH, ou IEOUAH, qui donnera Yahweh, ou Jéhovah.

Amos

Les actions des hommes sont responsables de l'événement majeur survenu au temps d'Isaïe, au VIIIe siècle avant notre ère :

> *À cause de cela, la terre ne tremblera-t-elle pas ? Et ses habitants ne seront-ils pas tous en deuil ? Elle se gonflera tout entière comme le Nil, Elle s'agitera et s'affaissera comme le Nil d'Égypte.*
> *Il arrivera, en ce Jour-là, oracle de Yahweh, Je ferai se coucher le soleil en plein midi ! Et j'enténèbrerai la terre en un jour serein !*
> (Amos 8, 8-9)

Deux solutions sont possibles pour tenter de situer chronologiquement dans l'Histoire grecque et hébraïque le jour où le soleil, dans son mouvement apparent, est brusquement allé se coucher alors qu'il était déjà arrivé à sa culmination, donc au début de l'après-midi.

Le jour fut alors raccourci, et la nuit vint beaucoup plus tôt que prévu. Cela exige, dans l'est de la Méditerranée, une brusque et rapide dérive du sol avec une composante vers l'est, augmentant son mouvement habituel.

- Ou bien cela daterait du milieu du XIIIe siècle avant notre ère, env. 1250 av. J.-C., où la pâque juive, située au 14 du mois de Nisan, date qui change le soir, se serait produite en une nuit venue à s'établir prématurément.
  Le déluge de Deucalion, dont les Grecs commémoraient le souvenir avec la fête des Anthestéries, le 13 du mois Anthesterion – même mois, mais la date du 13 n'ayant pas changé avant le matin suivant cette nuit mémorable. Les Égyptiens situent ce même événement au 13 du mois de Tut, pour des raisons identiques. Sénèque ferait allusion à cet événement dans son Thyeste, au temps de Phébus.
- Ou bien ce mouvement apparent imprévisible du soleil vers l'ouest, cette brusque et rapide dérive des terres vers l'est, dans la Méditerranée orientale, se sera passée env. 700 av. J.-C.

La nuit venant à tomber d'un coup, peu de contemporains auront eu la chance de voir le soleil disparaître à l'ouest aussi vite. Le lendemain seulement, après le cataclysme, on constatera que l'ombre du soleil à midi sur le cadran d'Achaz aura reculé de dix -ou quatorze- degrés, que l'armée de Sennachérib aura perdu cent quatre-vingt cinq mille hommes, et que le climat perdra une précieuse humidité pour devenir plus sec.

Amos décrit comme Isaïe les bouleversements alors survenus.

Le Seigneur Yahweh touche la terre, et elle fond. Elle se gonfle tout entière comme le Nil, et elle baisse comme le fleuve d'Égypte.
Il appelle les eaux de la mer, et il les répand sur toute la face de la terre.
(Amos 9, 5-6)

Car voici que je commanderai, et je secouerai la maison d'Israël parmi les nations, comme on secoue avec le crible.
(Amos 9, 9)

3.12 Nouvelle chronologie

Il est désormais établi que l'ère quaternaire a connu trois centres de glaciations au voisinage du pôle Nord. Mais les grandes civilisations gardent des stigmates et des souvenirs d'au moins quatre événements majeurs, qu'ils se nomment chaos, déluge, ou colère des dieux.

La mémoire hébraïque est une véritable mine d'informations quant à la chronologie des événements intervenus avant notre ère. Avec sa suite continue de chroniques, il est possible d'établir une chronologie relativement fiable, au moins jusqu'à Abraham. D'Adam jusqu'à Noé, les vies sont étrangement longues de plusieurs siècles, jusqu'à neuf cents ans. Le calcul des âges était-il jadis lunaire, et non annuel, en suivant les cycles solaires ? Quoi qu'il en soit, l'humanité tout entière daterait d'environ quatre mille ans avant notre ère.

Ainsi peut-on situer les événements les plus récents env. 1250, 1200 et 700 avant notre ère.

À la lumière des révélations de la Bible, mais aussi des nombreuses concordances des textes de l'antique littérature mondiale et des cartes les plus anciennes, nous pouvons alors proposer une nouvelle chronologie de l'humanité. Celle-ci offre un éclairage neuf et surprenant sur les positions géographiques des continents. Elle permet de renforcer l'hypothèse selon laquelle ces continents se sont successivement déplacés à la suite d'au moins quatre événements majeurs.

Le continent originel, situé aux confins du monde, entouré par le fleuve-océan, est bien le continent antarctique, la *Terra Australis* dont les cartes anciennes montrent qu'il était situé juste au sud du tropique du Capricorne. Il a laissé quelques rares souvenirs d'une période heureuse, le climat étant assez chaud et humide pour permettre culture et élevage.

Le Sumérien Enki appareille pour fonder les premières villes saintes à l'embouchure de l'Euphrate et du Tigre. Il gagne la mer Rouge et remonte le Nil pour s'établir dans la vallée de l'Indus.

Les pôles devaient alors se situer quelque part en région actuellement tropicale. Et cela se passait sans doute au XIIIe millénaire avant notre ère.

Les villes apparaissent, avec une quantité d'artisans variés, et des temples en forme de pyramides tronquées à étages, ou ziggurats, en souvenir de la montagne originelle. Le golfe Persique est relié à l'Indus, au Nil et à la Crète, par des marins expérimentés venus de l'île de Dilmun, ou de Pount, et y retournant.

Un événement majeur survient, ravageant les rivages de l'océan Indien, Ziusudra étant prince d'Uruk, alors en escale à Dilmun où il s'établit. Le déluge Abubi détruit villes et plantations de Sumer, et embarque l'arche de Noé sur l'Ararat, noyant toute la terre adamique, la Adamah. Il place Dilmun au voisinage du pôle Sud.

La terre des dieux Anunnaki se retrouve à l'intérieur du cercle polaire : la nuit y sévit, avec le froid glacial saisissant fleuves et océan, avec les forêts arrachées et enfouies sous le sol avec de nombreux humains.

Comme le montrent les cartes anciennes, l'Amérique du Sud est alors au voisinage immédiat de la terre de la Reine-Maud, la mer de Weddell étant fermée par les terres formant à présent la terre de Graham et le chapelet d'îles s'étirant jusqu'à la Patagonie : les Sandwich du Sud auraient constitué un point triple commun aux plaques Amérique du Sud, Afrique, et Antarctique.

Depuis ce déluge, le Yukon se trouvait au pôle Nord, l'embouchure du Hoang-Ho de la Chine du Nord se trouvait par 25° nord au voisinage du tropique, sous un climat chaud, tout comme le sud du Japon. Mexico était environ à 42° nord et le Yutacan était d'une quinzaine de degrés plus au nord qu'à présent. Il y faisait donc plus frais.

Le climat équatorial de l'Égypte du Nord, de Sumer et du Sahara s'explique par le passage de l'équateur sur le delta du Nil, le fond du golfe Persique. Les survivants du continent austral doivent gagner des rivages voisins du cercle polaire, et vivre de la pêche, cultures et élevage étant dès lors impossibles.

Parties du continent austral, des expéditions ont alors pu gagner la Chine, à l'époque des Hia, et le Japon lors de l'art Jomon. D'autres ont pu longer l'Amérique et créer les premières civilisations nazca et olmèque.

Le tropique passait par Paris et Varsovie. L'Europe était envahie de fauves

Figure 43. *L'Afrique, 1500-1250 av. J.-C.*

tropicaux. Lions, tigres, hippopotames, rhinocéros, singes, *homo sapiens* vivaient dans la région des îles de l'Égée à la Provence. La Crète, la Troade, la Grèce en étaient à l'âge de bronze. La navigation était intense jusqu'en Baltique. L'Égypte s'épanouissait sous l'Ancien Empire. De superbes temples se construisaient à Sumer, Elam dans l'Indus. La navigation était très développée.

Des caravanes et des pays naissaient à l'intérieur des terres. Les migrants d'Europe abandonnaient l'agriculture pour la construction, l'élevage, la pêche. Ils devenaient également cavaliers. Le brassage de tous ces peuples a donné naissance à des langues apparentées, dites indo-européennes.

Puis un événement a mis fin à cette ère de développement. Il eut vraisemblablement lieu env. 1250 av. J.-C., le 14 du mois de Nissan pour les Hébreux, au 13 du mois de Tut selon les Égyptiens, pendant les Anthestéries selon les Grecs. Toutes les dates avancées situent le cataclysme pendant le mois du solstice de printemps. À cette période, un événement majeur a amené une chape de glace sur l'Europe septentrionale. En Chine, le climat reste plus chaud que de nos jours, les Tchéou remplacent les Chang, ils sont moins raffinés et plus violents.

Toutes les côtes sont ravagées, la grande navigation à travers les océans disparaît, la rame remplace la voile, le cabotage devient commercial et guerrier, les peuples se bousculent pour se faire une place au soleil.

Les Hébreux secouent le joug égyptien à l'occasion de cette pâque juive tombée du ciel : ils errent pendant quarante ans à travers d'anciens déserts devenus humides et froids.

Le Sahara se couvre de lacs, de fleuves et de forêts.

La vie reprend dans l'Indus, en Mésopotamie, et en Égypte sous le Moyen Empire. À la périphérie de l'Europe, Achéens, Ioniens, Doriens envahissent l'Égée. Ils forment une aristocratie de chevaliers, rudes et rustres.

En Crète et en Grèce, c'est l'époque mycénienne. On construit les palais de Tyrinthe, de Mycènes et d'Argos pour se protéger du froid. Les constructions mégalithiques méditerranéennes relèvent du même but. La vie en Méditerranée s'épanouit surtout en Afrique.

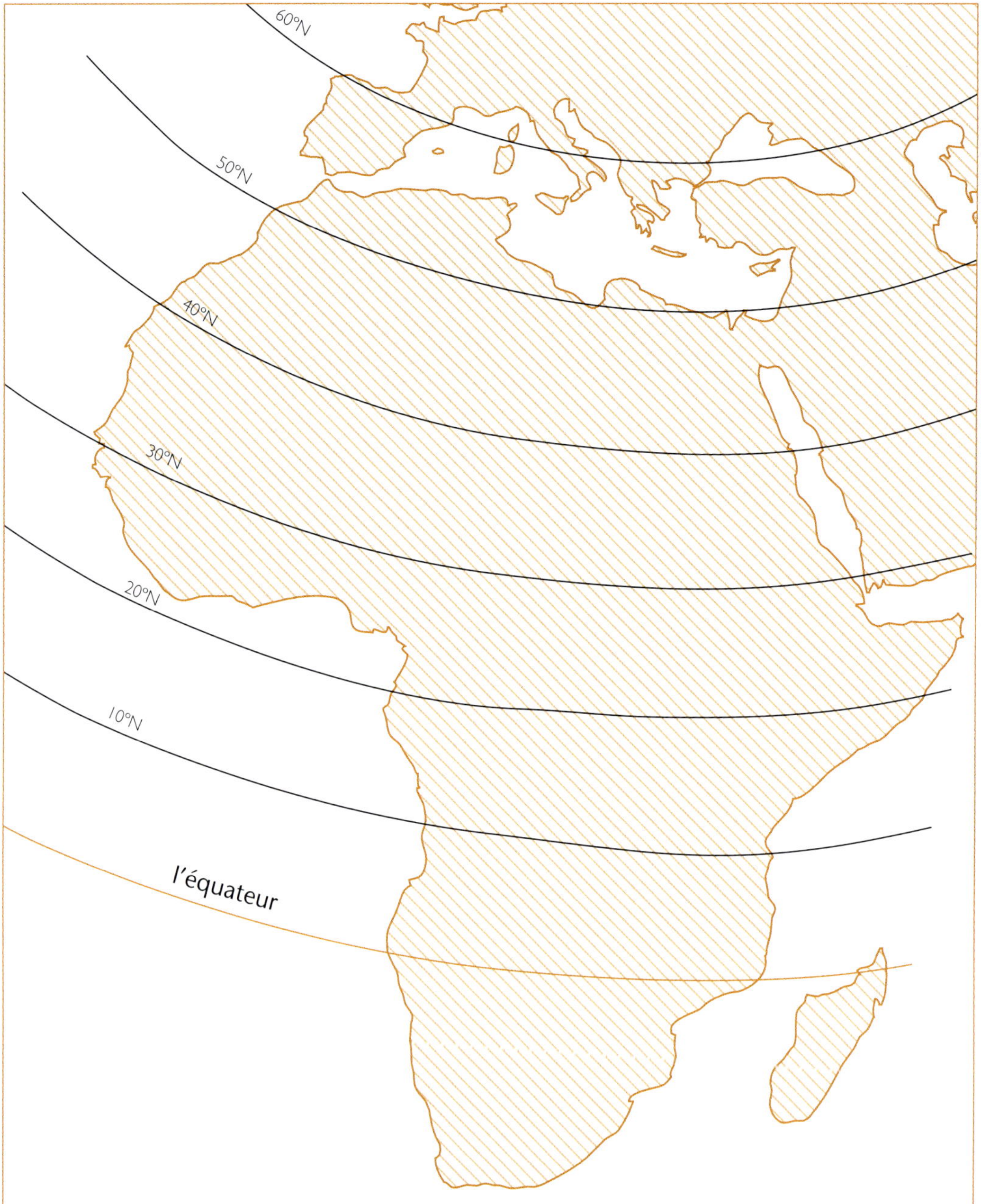

Figure 44. *L'Afrique, 1250-1200 av. J.-C.*

En mer Noire, au pied du Caucase, les établissements sont prisonniers des froids et des tempêtes : Légende de Prométhée se faisant ronger le foie.

Les Scandinaves subissent le terrible hiver de Fimbul. Les survivants se terrent dans des conditions effroyables.

Ninive, le Caire, Tamanrasset sont à 50° nord, Athènes, Naples, Barcelone à 60° nord. La seule Méditerranée méridionale continue à être active et peuplée. Grande et Petite Ourses se baignent dans la mer.

Le Moyen Empire sera court. Cet âge sera violent, les invasions de barbares nombreuses.

Vers 1200 av. J.-C., au temps de Josué, le sol de la Palestine glisse brusquement vers le sud-ouest. La latitude de Jérusalem passe de 48°N à 14°N. Un événement majeur démolit à nouveau les villes et les empires. C'est le déluge de Phaéton, à la suite duquel Grande et Petite Ourses culminent au plus haut du ciel.

L'ouest de la Norvège glisse jusqu'à l'extrême est de la baie d'Hudson, à la frontière entre le Canada et les États-Unis.

La Chine du Nord, à l'embouchure du Hoang-ho, passe d'une latitude 30°N à 7°N. Le climat de la Chine est resté chaud, tropical ou équatorial, étant donné ses positions géographiques, d'où son surnom de « Chine éternelle ». Contrairement à la plupart des autres régions du monde, l'empire du Milieu n'a pas à proprement parler connu de révolution climatique. Les fauves des régions torrides sont restés fidèles au poste.

Le Mexique et le Guatemala ont pratiquement atteint leur position actuelle, à 15°N. L'Espagne, la France et la Baltique connaissent un optimum climatique et se trouvent à 40°N. Les températures de l'Europe septentrionale sont nettement plus chaudes qu'aujourd'hui.

Le nord est orienté vers le nord-ouest actuel. À Gibraltar, l'ouest passe par les Canaries et près du cap Vert. Les îles de cet archipel recevront le nom d'Hespérides, des nymphes du couchant. Les récits grecs et romains les identifieront au couchant, en direction de l'Antarctique, au pied d'Atlas.

Les terrasses de cultures scandinaves et britanniques s'orientent vers le sud-est actuel. La navigation reprend peu à peu vers l'Angleterre et la Baltique dans un climat hivernal moins rigoureux que celui que nous

Figure 45. *L'Afrique, 1200-700 av. J.-C.*

connaissons. Le pas de Calais est alors ouvert. Il n'est plus nécessaire de contourner l'Irlande et l'Écosse pour chercher de l'ambre dans une Baltique qui connaît un climat doux.

Le trentième parallèle passe alors par la Mauritanie, la Tunisie et l'Ukraine. Le Sahara devient désertique dans sa partie orientale, mais non occidentale qui reste encore assez humide.

Le tropique passe par Tamanrasset, Tripoli, entre la Grèce et l'Égée, près de Byzance. Le dixième parallèle passe par Assouan et Babylone.

Le climat est équatorial en Égypte et en Mésopotamie, tropical en Grèce. Les lions se plaisent de nouveau en Europe du Sud-Est.

Les bouleversements dus au dernier cataclysme sont tels que l'on est en plein dans un âge obscur. Les Phéniciens qui se rendent aux Açores sont plus commerçants qu'artisans et marins.

Des cartes sont recopiées. Au Moyen Âge, elles serviront de modèles aux portulans. Selon Charles Hapgood, ces très anciennes cartes omettent de représenter l'Amérique du Nord qui est alors glacée. Les îles britanniques et la Scandinavie sont entourées de glaciers. Les cartographes disposent pourtant de documents représentant le Groenland et l'Antarctique sans calotte glaciaire. Les époques se bousculent avec ces changements radicaux de climat.

Env. 700 av. J.-C., sous Ezéchias, au temps d'Isaïe, se produit à nouveau un brusque déplacement de continents. Le centre de glaciation se trouvait en baie d'Hudson. Cette région a dérivé jusqu'à sa position actuelle depuis le pôle Nord.

À Jérusalem, l'ombre du soleil à midi avait commencé à reculer. Elle reculera en réalité de 18° et non de 10° comme nous le dit le texte biblique. La latitude de Jérusalem passera de 14 à 32°.

À la suite de ce cataclysme, la terre connaît ses conditions climatiques actuelles. En Sibérie, les latitudes ont brusquement augmenté de 30°.

Les mammouths de Sibérie gèlent, après avoir été entraînés dans des collines de muckite avec quantité de bêtes et d'arbres. Ils y sont conservés par le froid qui s'installe. L'Alaska connaît le même sort.

L'Europe et la Chine se refroidissent un peu, avec le climat actuel. Le Sahara occidental se désertifie.

En Antarctique, les Polynésiens se font surprendre par ce froid et par la nuit polaire au mois de juillet. Ils se retrouvent à quelques degrés seulement du pôle Sud. Ils sont sans doute parmi les derniers à quitter alors le continent originel, jusque-là encore partiellement habitable.

Grèce et Italie renaissent pour une époque désormais historique, une chronologie devient enfin fiable, avec une étonnante floraison d'écrivains objectifs, documentés et parfois précis. Les civilisations refleurissent après un ou deux siècles de temps obscurs, de combats et de chaos.

Il faudra plus de deux millénaires pour qu'on redécouvre des échanges transocéaniques, l'immense océan Pacifique et le continent antarctique – la *Terra Australis* devenue *Inhabitabilis*, *Nondum Cognita*, ce Pount où personne n'est jamais allé.

Tels sont les résultats les plus cohérents de cette nouvelle chronologie.

Le recensement des textes fondateurs des anciennes civilisations s'est avéré très précieux pour notre recherche sur l'origine des peuples polynésiens. Nous savions déjà, par l'étude des parentés anthropomorphiques, sanguines et génétiques entre les habitants des continents qui bordent l'océan Pacifique, que les Polynésiens ne venaient ni d'Asie, ni d'Afrique, ni d'Amérique, ni même d'Australie. La culture polynésienne semble avoir « omis » d'emporter trop d'éléments culturels de base des continents dont elle aurait pu provenir.

En examinant les textes d'origine de la culture polynésienne, nous avons découvert que leur terre d'origine est un continent qu'il nous est, même aujourd'hui, avec les puissants moyens techniques dont nous disposons, difficile d'approche et qui demeure impossible à vivre : l'Antarctique.

L'origine polaire des Polynésiens est inscrite dans ses textes primordiaux. Sans cesse, on se souvient d'une nuit sans fin, d'un soleil capricieux qui jamais ne revient. Les hommes vivent dans des cavernes obscures et se protègent du froid.

Cette mythologie, inattendue pour une région aujourd'hui tropicale, raconte les difficultés que les voyageurs ont rencontrées lorsqu'ils ont voulu quitter leur terre d'origine.

En progressant dans le recensement des textes des plus grandes civilisations, nous avons constaté des similitudes frappantes. Celles-ci ne permettent pas d'attribuer une sorte de paternité à un tel foyer de culture plutôt qu'à tel autre... si ce n'est au continent antarctique ! En effet, chaque civilisation, à sa manière propre, pointe du doigt ce continent extraordinaire.

Le marae polynésien, cette pyramide tronquée à étages, est présente partout dans l'architecture des lieux saints des Mésopotamiens, avec ses ziggourats, les temples chinois et les teoccali d'Amérique du Sud. Cette construction figure la montagne originelle, axe du monde, également récurrente dans la littérature originelle mondiale.

Le continent que quittaient tous ces hommes affamés s'appelait Hava-Hiki chez les Polynésiens, Pount chez les Égyptiens, Ogygie chez les Grecs, Airyana-Vaêjo chez les Indiens, Xibalba chez les Mexicains.

L'Antarctique était, avec de solides voiliers, à un mois de navigation de tous les futurs grands foyers de civilisations. De nombreuses poteries, autant de dessins et de gravures montrent des embarcations, comme la merveilleuse barque de Chéops. Les échanges de sceaux et d'objets raffinés, des cartes du monde fort bien hydrographiées, attestent l'existence de navires importants, montés par de grands marins et parcourant les trois océans dès le IIe millénaire avant notre ère – autrement dit après la guerre des dieux et les tragiques cataclysmes évoqués dans tous ces précieux textes fondateurs.

La marche apparente des astres a changé plusieurs fois, en particulier env. 700, 1200 et 1250 avant notre ère. Les peuples laissent le témoignage d'étoiles et de constellations entières qui apparaissent soudainement ou qui au contraire disparaissent à jamais. Comme l'a dit Albert de Lapparent de façon excellente : « il ne faudrait pas croire que l'axe des pôles fut nécessairement assujetti à garder, relativement à la surface terrestre, une position fixe ».[1]

Les pôles ont effectivement muté en des lieux situés à des positions fort diverses et ce, nous l'avons vu, dans un passé qui ne peut être que récent. Les cartes d'Antarctique disponibles dès le XVIe siècle et montrant ce continent libre de toute glace ainsi que les découvertes d'un biotope inadapté aux régions polaires le prouvent sans que le doute soit permis.

Les bouleversements issus d'un tel événement sont décrits dans les anciens témoignages de toutes les civilisations. Après une crise de ce type, les climats sont changés ainsi que les altitudes des terres.

Des failles apparaissent suite à de fortes poussées orogéniques. Après une courte période de violence, avec des vents exceptionnels et surtout plusieurs sorties de la mer bousculée, qui escalade les rivages et les montagnes, un équilibre est retrouvé. Les continents ayant changé d'axe, les repères astronomiques sont devenus caducs. La marche apparente des astres a semblé déréglée.

Les contrastes du grand continent austral sont sans fin. Tout savoir vient peut-être de cette terre où, jadis, le climat était agréable. Plantations, vergers,

1 A. de Lapparent, *Traité de géologie*, Masson, 1906, t. I.

industrie, artisanat, écriture, métallurgie s'y sont développés, mais ceux qui en débarqueront seront affamés comme des bêtes sauvages. Ce qui était Eden et Paradis s'est transformé en Hadès, Tartare, Érèbe, Chéol. Ce qui était l'origine de la vie est désormais synonyme de maladies, souffrance, lutte, désespoir, faim, abandon, solitude et mort.

Ce continent illustre à merveille les lois de la nature et la précarité de l'homme. De brusques crises terrestres brouillent les cartes et perturbent l'existence des peuples. Il semble improbable que même si on parvenait un jour à démonter leurs mécanismes, on puisse prévoir leur déclenchement. L'homme se retrouve impuissant, reconnaît la fragilité de son pouvoir sur le monde, le ridicule de ses forces. Cela lui suffit-il à retrouver un peu de modestie ? Le visage des Goudea, le silence méditatif des tiki polynésiens, les figurines à pupilles dilatées regardant une nuit inhabituelle ne sont-ils pas emblématiques de l'homme conscient de sa propre faiblesse face aux gigantesques forces de la nature ?

Les hommes cherchent aussi bien la société que la solitude. Ne sont-ils pas en cela semblables aux mécanismes vivants, aussi grégaires et sélectifs ? La mer et l'air s'étagent eux-mêmes en niveaux distincts. Des masses homogènes se séparent brusquement de leurs voisines.

Les terrains font de même, ainsi que le magma moyen des profondeurs terrestres. N'y a-t-il pas une similitude irréductible à tous les éléments de la Terre ? La matière se divise en minéraux grégaires. Chacun affirme son identité avec ceux de son espèce, recherche tout de même la compagnie des autres, y montre son originalité et son incompatibilité, sa solidarité aussi bien que son individualité, son conformisme et sa singularité. Les sociétés, les nations, les individus, pareillement à la matière, relèvent d'attractions et de répulsions, c'est-à-dire de contradictions vitales.

Les domaines végétaux sont capables d'inventions : nous n'en finissons pas de nous émerveiller de leur intelligence. Mais qu'en est-il de la matière ? Ses voies sont tout aussi fabuleuses, même ses buts demeurent inaccessibles à l'homme. La plupart du temps, nous nous contentons d'admirer l'harmonie et la beauté de ses phénomènes. Ainsi en est-il des aurores australes, des teintes des glaciers et du spectacle de la mer en marche.

Face à la nature, l'homme eut pourtant le grand mérite d'inventer le voilier. Pour le marin, cet instrument magnifique prouve l'humilité dont on peut se rendre capable face à la puissance des éléments naturels. Mon regretté ami Éric de Bisschop disait : « La voile ? Ça fait honneur à la mer ».

À la fin de ces pages, tout reste encore à découvrir ou à comprendre. Des fouilles archéologiques devraient un jour permettre de révéler les premières apparitions de civilisations sur terre. Les trouvera-t-on sur une haute montagne, près de l'axe du monde des anciens ? Retrouvera-t-on un temple richement décoré, une série de terrasses qui l'entourent ? Parviendra-t-on à déterrer des villes, d'autres rochers gravés, des ports, des écrits ouvrant les portes du savoir et de la vérité, nous donnant le fin mot de l'énigme australe ?

Je le souhaite de tout cœur.

Africanus (Julius), *The Anti-Nicene Fathers*, éd. A. Roberts et J. Donaldon, 1896.

Argod R., *Nouveau regard sur les migrations polynésiennes*, Éditions Haere po no, Tahiti, 1997.

Aubert de la Rue E., *Terres françaises inconnues*, Société Parisienne d'Édition, Paris, 1930.

Baillif N., *La Perse millénaire*, Arthaud, 1958.

Beckwith M., *Hawaiian Mythology*, University of Hawaii Press, Honolulu, 1970.

Beckwith M., *The Kumulipo*, University of Hawaii Press, Honolulu, 1972.

Bessmertny A., *L'Atlantide*, Payot, 1951.

Bibby G., *Des cavernes à l'Europe des Vikings*, Librarie Plon, collection « D'un monde à l'autre », 1958.

Bibby G., *Le millénaire retrouvé : De l'an 2000 à l'an 1000 avant J.-C.*, Éd. Plon, collection « D'un monde à l'autre », 1961.

Bisschop (de) É., *Vers Nousantara*, Éditions de la Table ronde, 1962.

Bodrogi T., *L'art de l'Océanie*, Gründ, Paris, 1961.

Bond C. et Siegfried R., *Antarctique, océan et continent aux splendeurs sauvages*, Florilège, 1988.

Bosch-Gimpera P., *Les Indo-Européens*, Payot, 1961.

Bottéro J., *L'Épopée de Gilgamesh*, Gallimard, 1992.

Buck P., *Les migrations des Polynésiens : Les Vikings du soleil levant*, Payot, 1952.

Buckland W., *Geology and Mineralogy considered with reference to natural theology*, Lea and Blanchard, Philadelphia, 1837.

Bushnell G. H. S., *L'art de l'Amérique précolombienne*, Larousse, 1965.

Bushnell G. H. S., *Les premiers Américains*, Sequoia-Elsevier, Bruxelles, 1968.

Caillot E., *Mythes, légendes et traditions des Polynésiens*, Leroux, Paris, 1914.

Camps G., *Introduction à la Préhistoire : À la recherche du paradis perdu*, Seuil « Points Histoire », 1982.

Cartes et Figures de la Terre, Centre Georges Pompidou, CCI Paris, 1980.

Champdor A., *Babylone*, Éditions Attinger-Albert Guillot, 1957.

Champeaux (de) G. et Sterckx D. S., *Le Monde des Symboles*, Éditions Zodiaque, St-Léger Vauban, 1966.

Charbonneaux J., *L'Art égéen*, Éd. Van Oest, Paris, 1929.

Chauviré R., *Histoire de l'Irlande*, PUF, 1949.

Childe G., *Le mouvement de l'Histoire*, Arthaud, 1961.

Chuvin P., *La mythologie grecque*, Fayard, 1992.

Contenau G., *La civilisation phénicienne*, Payot, 1949.

Contenau G., *Le déluge babylonien*, Payot, 1952.

Contenau G., *Les civilisations anciennes du Proche-Orient*, PUF, 1960.

Creel H. G., *La naissance de la Chine*, Payot, 1937.

Cuvier G., *Discours sur les révolutions de la surface du globe*, Paris, 1828.

Daly R. A., *Our mobile earth*, Scribners, New York, 1926.

Dana J. D., *Manual of Geology : Treating of the Principles of the Science with Special References to American Geological History*, Philadelphia, 1863.

Dante Alighieri, *La Divine Comédie*.

Dumézil G., *Les dieux souverains indo-européens*, Gallimard, 1977.

Durant W., *Histoire de la civilisation*, Payot, 1947.

Effenterre (van) H., *La seconde fin du monde*, Éditions des Hespérides, 1974.

Ellis W., *Journal of William Ellis*, Tuttle Cy, Rutland, 1979.

Erman G. A., *Travels in Siberia*, Longman, 1848.

Eschyle, *Tragédies*, Tome 1 : *Les Suppliants*, *Les Perses*, *Les Sept contre Thèbes*, *Prométhée enchainé*, éd. et trad. P. Mazon, Les Belles Lettres, Collection des Universités de France, Paris, 1941.

Euripide, *Tragédies complètes*, édition de M. Delcourt-Curvers, Gallimard, 1962.

Evola J., *Révolte contre le monde moderne*, Bibliothèque de l'Âge d'homme, 1982.

Favier J., *Les Grandes Découvertes*, Fayard, 1991.

Fornander A., *An account of the Polynesian race*, Tuttle Cy, Rutland, 1969.

Fouchet M.-P., *Nubie*, La Guilde du Livre, 1965.

Frankfort (de) H., *La Royauté et les dieux*, Payot, 1951.

Gabriel-Leroux J., *Les premières civilisations de la Méditerranée*, 10e édition, PUF, 1983.

Galanopoulos A. G. et Bacon E., *L'Atlantide, la vérité derrière la légende*, Albin Michel, 1969.

Garelli P. et Leibovici M., *La Naissance du monde*, Collection « Sources orientales », Éditions du Seuil, 1959.

Geikie A., *Text Book of Geology*, Macmillan, 1893.

Gerlache (de) A., *Quinze mois dans l'Antarctique*, Leprat, 1943.

Girard R., *Le Popol-Vuh*, Payot, 1954.

Graeve (de) M. C., *The ships of the ancient Near East*, Leuven, 1981.

Granet M., *La Civilisation chinoise*, Albin Michel, 1948.

Granet M., *La Pensée chinoise*, Albin Michel, 1950.

Grimal P. (éd.), *Mythologies des montagnes, des forêts et des îles*, Larousse, 1963.

Hapgood C., *Les mouvements de l'écorce terrestre*, Payot, 1962.

Hapgood C., *Les Cartes des anciens rois des mers*, Éditions du Rocher, 1981.

Herman Z., *Peuples, Mers, Navires*, Édition des Arts et Métiers Graphiques, Tel-Aviv, 1964.

Herrmann P., *L'homme à la découverte du monde*, Plon, 1961.

Hésiode, *Théogonie, Les Travaux et les Jours*, éd. et trad. P. Mazon, Les Belles Lettres, 1928.

Heyerdahl T., *American Indians in the Pacific*, Allen & Unwin, London, 1952.

Hibben F. C., *The lost Americans*, Crowell, New York, 1946.

Hibben F. C., *Evidence of early man in Alaska*, American Antiquity, 1940.

Homère, *Hymnes homériques*, trad. P. Mazon, Librairie Garnier, 1937.

Homère, *L'Odyssée*, trad. Dacier, éd. Henri Béziat.

Honoré P., *L'Énigme du dieu blanc précolombien*, Plon, 1962.

Hrozny B., *Histoire de l'Asie antérieure*, Payot, 1947.

Hugot H.-J., *Le Sahara avant le désert*, Éditions des Hespérides, 1974.

Huntington E., *Climate Pulsations*, Hylluingskrift, 1935.

Iselin H., *Légendes des cités perdues*, Éditions Lanore, 1955.

Izett J., *Maori Lore: The traditions of the Maori People*, Government Printer, Wellington, 1904.

Jeannel R., *Au seuil de l'Antarctique*, PUF, 1941.

Jéquier G., *Histoire de la civilisation égyptienne*, Payot, l913.

Kirkinen H. et Sihva H., *Le Kalevala, épopée finlandaise et universelle*, Publication orientaliste de France, 1985.

Klindt-Jensen O., *Le Danemark*, coll. « Mondes anciens », Arthaud, 1960.

Kolpaktchy G., *Livre des morts des anciens Égyptiens*, Dervy, Paris, 1991.

Kramer S. N., *L'Histoire commence à Sumer*, Arthaud, 1957.

Kühn H., *L'Ascension de l'Humanité*, Buchet/Chastel, 1958.

Kühn H., *L'Éveil de l'Humanité*, Buchet/Chastel, 1956.

La Bruyère R., *Contes et légendes de l'océan Pacifique*, Éd. Pierre Roger, 1930.

Lapparent (de) A., *Traité de géologie*, Masson, 1906.

Lavachery H., *Île de Pâques*, Éditions Bernard Grasset, 1935.

Laval P. H., *Mangareva*, Librairie Geuthner, 1938.

Le Danois E., *Le Rythme des climats dans l'histoire de la terre et de l'humanité*, Payot, l950.

Lefebvre G., *Romans et Contes égyptiens de l'époque pharaonique*, Librairie d'Amérique et d'Orient, Adrien Maisonneuve, 1988.

Lenormant Fr., *Histoire ancienne de l'Orient*, A. Lévy, 1882.

Lenthéric C., *Les villes mortes du golfe du Lyon*, Plon et Cie, 1876.

Lhote H., *À la découverte des fresques du Tassili*, Arthaud, 1958.

Lhote H., *Les chars rupestres sahariens*, Éditions des Hespérides, 1982.

Lissner I., *Ainsi vivaient nos ancêtres*, Buchet/Chastel, 1957.

Lorius C., *Glaces de l'Antarctique*, Éditions Odile Jacob, 1991.

Loverdo (de) C., *Les dieux aux épées de bronze*, Julliard, 1966.

Lydekker R., « Mammoth Ivory », *Smithsonian Institution Annual Report 1899*, Government Printing Office, Washington D.C., 1901.

Lyell C., *Principles of geology*, John Murray, London, 1875.

Ma Ting Ying, *Research on the past climate and continental drift*, vol 5 : « The shifting in pole positions with diastrophisms since the end of cretaceous », vol 7 : « Alteration of sedimentary facies on the ocean bottom, and shortness of the period of diastrophism, after a sudden total displacement of the solid earth shell », Taipei, 1952-1955.

Macmillan Brown J., *Peoples and problems of the Pacific*, Fisher & Unwin, London, 1931.

Malaurie J., *Ultima Thule*, Éditions Bordas, Paris, 1990.

Maringer J., *L'homme préhistorique et ses dieux*, Arthaud, 1958.

Martial R., *Vie et constance des races*, Éditions Mercure de France, 1939.

McCready G., *Common-Sense Geology*, Pacific Press, California, 1946.

Meeks D. et Favard-Meeks C., *La Vie quotidienne des dieux égyptiens*, Hachette, 1993.

Métraux A., *L'île de Pâques*, Gallimard, 1941.

Miller K., *Continents in Collision*, Time-Life, 1983.

Morgan (de) J., *La Préhistoire orientale*, Librairie Geuthner, 1926.

Mouly R. P., *L'île de Pâques, ile de mystère et d'héroïsme*, Lemiale, Bruges, 1949.

Muck O. H., *L'Atlantide, légendes et réalité*, Plon, 1976.

Muller M., *Contributions to the Science of Mythology*, 1897.

Mythologie de la Méditerranée au Gange, Larousse, 1963.

Mythologie grecque et romaine, Larousse, 1985.

Oosterwyck-Gastuche (van) C., *Le radiocarbone, face au Linceul de Turin*, F. X. de Guibert, 1999.

Ovide, *Les Métamorphoses*, éd. et trad. G. Lafaye, Les Belles Lettres, Paris, 1980.

Pauthier G., *Livres sacrés de l'Orient*, Firmin Didot, 1840.

Périot M., *Les brachycéphales*, Marcel Leconte, 1954.

Pichon J.-C., *L'homme et les dieux*, Robert Laffont, 1965.

Plutarque, *Œuvres morales*.

Poignant R., *Mythologie océanienne*, Odège, 1967.

Pomerol C., *La dérive des continents*, Doin, 1980.

Posnansky A., *Tiahuanacu: The Cradle of American Man*, J. Augustin, New York, 1945.

Powell G. E, *Les Celtes*, Arthaud, 1961.

Ramnoux C., *La nuit et les enfants de la nuit*, Flammarion, 1959.

Reppe X., *Aurore sur l'Antarctique*, Nouvelles éditions latines, 1957.

Rivet P., Les *origines de l'Homme américain*, Gallimard, Paris, 1957.

Rivet P., *Sumérien et Océanien*, Collection linguistique, Société de linguistique de Paris, 1929.

Salet G., *Hasard et certitude : le transformisme devant la biologie actuelle*, Éditions Scientifiques Saint-Edme, Paris, 1972.

Schaeffer C., *Stratigraphie comparée et chronologie de l'Asie Occidentale*, Oxford University Press, Oxford, 1948.

Segalen V., *Les Immémoriaux*, Plon, 1956.

Sénèque, *Tragédies*, éd. et trad. F. R. Chaumartin, Les Belles Lettres, 1999.

Sertima (van) I., *Ils y étaient avant Christophe Colomb*, Flammarion, 1976.

Smith P., *Hawaiki: The Original Home of the Maori (1921)*, 4e éd., Whitcomb & Tombs, Wellington, 1976.

Snorri Sturluson, *L'Edda : Récits de mythologie nordique*, traduit, introduit et annoté par F. X. Dillman, coll. « L'aube des peuples », Gallimard, 1991.

Suggs R. C., *Les Civilisations polynésiennes*, La Table ronde, 1962.

Summers R., *Zimbabwe, mystère rhodésien*, Éditions Planète, 1971.

Taquet P., *L'Empreinte des dinosaures*, Éditions Odile Jacob, 1994.

Tarling D. H. et M. P., *La dérive des continents*, Doin, 1980.

Teuira H., *Tahiti aux temps anciens*, Société des Océanistes, Paris, 1951.

Tilak L. B. G., *Origine polaire de la tradition védique*, Arché, Milan, 1979.

Tournay R., *L'Épopée de Gilgamesh*, « Littératures anciennes du Proche-Orient », Éditions du Cerf, 1994.

Velikowsky I., *Les Grands bouleversements terrestres*, Stock, 1955.

Velikowsky I., *Mondes en collisions*, Stock, 1950.

Velikowsky I., *Peoples of the Sea, Ramses II and his time, Oedipus and Akhnaton*, Abacus, 1977-8.

Vernet M., *La Grande Illusion de Teilhard de Chardin*, Éd. Gedalge, Paris, 1964.

Vernus P. et Yoyotte J., *Dictionnaire des pharaons*, Éditions Noêsis, 1998.

Victor P.-E., *Pôle Sud*, Hachette, 1958.

Villaret B., *Arts anciens du Pérou*, Éditions du Pacifique, 1978.

Villaret B., *Île de Pâques, nombril du monde*, Arthaud, 1970.

Villaret B., *Le Mexique aux 100 000 pyramides*, Berger-Levrault, 1963.

Warren W. F., *The Cradle of the Human Race at the North Pole, A Study of the Prehistoric World*, Houghton Mifflin Publishing Co., Boston, 1886.

Wendt H., *À la découverte des peuples de la terre*, Arthaud, 1962.

Westphal M. et Pfaff H., *Paléomagnétisme et magnétisme des roches*, Doin, 1986.

Wilhelm R., *Histoire de la civilisation chinoise*, Payot, 1931.

Wolff W., *Naissance du Monde*, La Baconnière-Neuchatel, 1956.

p. 2, Figure 1 © Periplus Publishing London Ltd – source : Robert Argod

p. 4, Figure 2 © cliché Musée de Tahiti et des îles Te Fare Iamanaha / Collection Société des Études Océaniennes, photo : Mr Bosmel ;
Figure 3 © Photo RMN – H. Lewandowski, Louvre

P. 17, © Periplus Publishing London Ltd

p. 18, Figure 4 © The British Museum

p. 27, Figure 5 © Bishop Museum

p. 28, Figure 6 © Bishop Museum

p. 33, Figure 7 © Periplus Publishing London Ltd – source : Robert Argod

p. 42, Figure 8 © The British Museum

p. 57, Figure 9 © Periplus Publishing London Ltd – source : Robert Argod

p. 63, Figure 10 © Periplus Publishing London Ltd – source : Robert Argod

p. 74, Figure 11 © Photo RMN – Gérard Blot, Louvre

pp. 78-9, Figure 12 © The Bridgeman Art Library

p. 84, Figure 13 © Mimmo Jodice / Corbis

p. 105, Figure 14 © Photo RMN – Louvre

p. 106, Figure 15 © akg-images, London / Erich Lessing

p. 108, Figure 16 © The British Museum

p. 126, Figure 17 © The Bridgeman Art Library

p. 136, Figure 18 © Periplus Publishing London Ltd – source : Robert Argod

p. 138, Figure 19 © Periplus Publishing London Ltd – source : Robert Argod

p. 152, Figure 20 © The British Museum

p. 153, Figure 21 © Stiftsbibliothek St Gallen

p. 155, Figure 22 © Bibliothèque nationale de France

pp. 156-7, Figure 23 © Bibliothèque nationale de France

p. 161, Figure 24 © Archivo Oronoz de Madrid

pp. 162-3, Figure 25 © Bibliothèque nationale de France

p. 164, Figure 26, avec l'aimable autorisation de Barbara Lenz

p. 165, Figure 27 © Periplus Publishing London Ltd – source : Robert Argod

p. 167, Figure 28 © Musée de Topkapi Sarayi

p. 169, Figure 29 © Bibliothèque nationale de France

p. 170, Figure 30 © Bibliothèque nationale de France

p. 186, Figure 31 © Periplus Publishing London Ltd – source : Robert Argod

p. 188, Figure 32 © Periplus Publishing London Ltd – source : Robert Argod

p. 202, Figure 33 © The British Museum

p. 208, Figure 34 © Stofnun Árna Magnússonar á Íslandi

p. 217, Figure 35 © AKG London

p. 226, Figure 36 © Fliegel Jezerniczky Expeditions. Dessin d'après une photographie d'Andràs Zboray 1993 (Tin Tazarift)

p. 229, Figure 37 © Fliegel Jezerniczky Expeditions. Photographe : András Zboray 1991 (Jabbaren)

p. 230, Figure 38 © Fliegel Jezerniczky Expeditions. Photographe : András Zboray 1991 (Jabbaren)

pp. 232-3, Figure 39 © Periplus Publishing London Ltd – source : Robert Argod

p. 270, Figure 40 © Photo RMN – H. Lewandowski, Musée des arts asiatiques – Guimet, Paris

p. 277, Figure 41 © Yale Babylonian Collection

p. 278, Figure 42 © The British Museum

p. 300, Figure 43 © Periplus Publishing London Ltd – source : Robert Argod

p. 302, Figure 44 © Periplus Publishing London Ltd – source : Robert Argod

p. 304, Figure 45 © Periplus Publishing London Ltd – source : Robert Argod

p182 - asthénosière

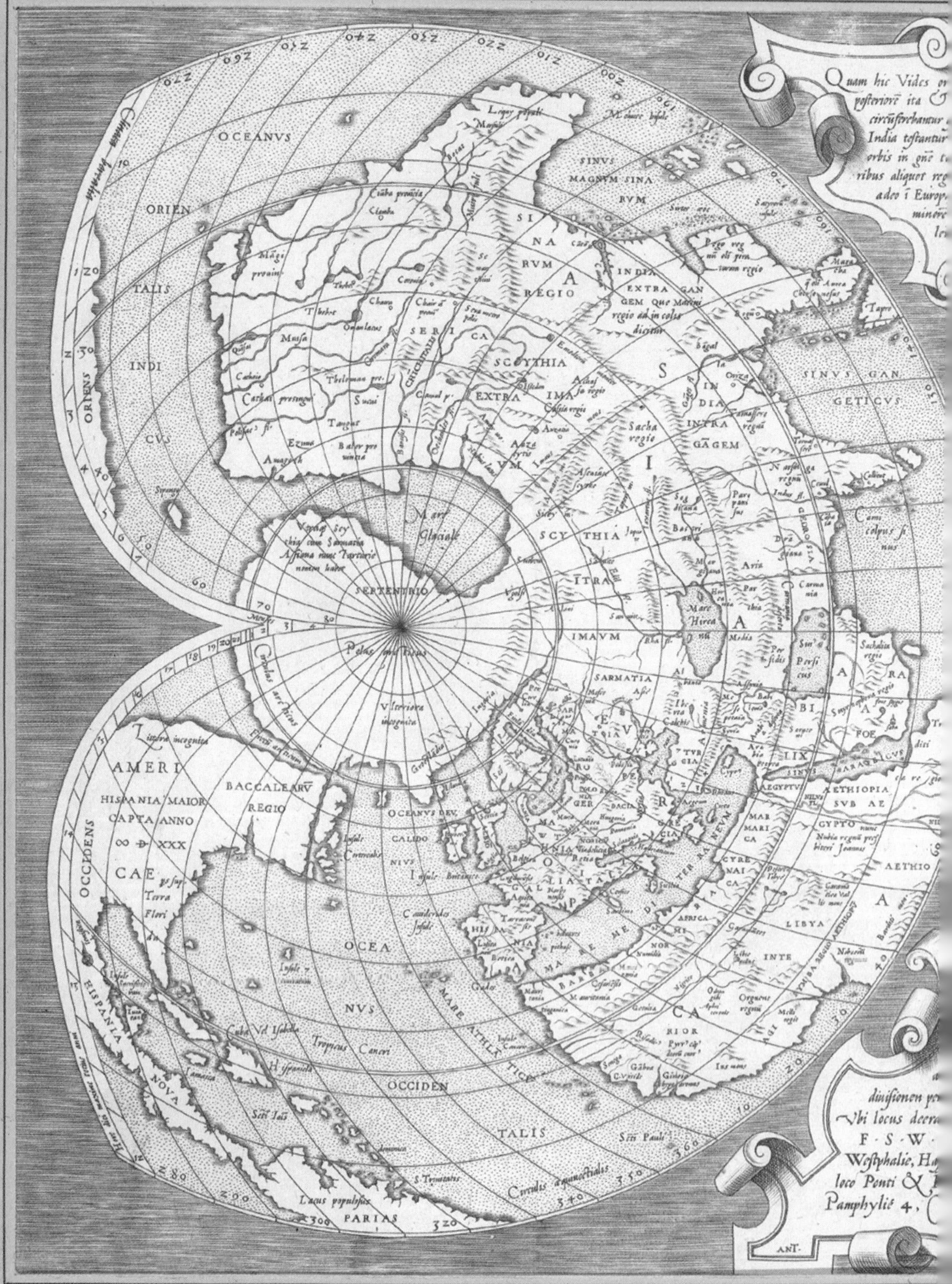

Quam hic Vides
posteriore ita
circũferebantur
India testantur
orbis in quo
ribus aliquot reg
adeo i Europ
OCEANVS
ORIEN
TALIS
INDI
CVS
ORIENS
SINVS
MAGNVM SINA
RVM
SI
NA
RVM
REGIO
INDIA
EXTRA GAN
GEM
SERI
CA
SCYTHIA
EXTRA
IMA
S
I
A
IN
DIA
INTRA
GAGEM
SINVS GAN
GETICVS
Mare Glaciale
SCYTHIA
ITRA
IMAVM
Mare Hirca
SEPTENTRIO
Polus arcticus
Circulus arcticus
Vlteriora incognita
SARMATIA
EVROPA
TVRCIA
ITALIA
HISPANIA
GALLIA
AFRICA
AEGYPTVS
AETHIOPIA
SVB AE
GYPTO
LIBYA
MARMARICA
CYRENAICA
AETHIO
INTE
BARBARIA
MARE MEDITERRANEVM
AMERI
CAE
HISPANIA MAIOR
CAPTA ANNO
∞ D XXX
BACCALEARV
REGIO
OCCIDENS
Terra Flori
OCEANVS DEV.
CALIDO
NIVS
Insule Britanice
OCEA
NVS
MARE ATHLATICVM
Tropicus Cancri
OCCIDEN
TALIS
HISPANIA
NOVA
Cuba vel Isabella
Hispaniola
Iamaica
Circulus aequinoctialis
PARIAS
Lacus populosus
S. Trinitatis
Scti Pauli
diuisionem po
Vbi locus deera
F · S · W ·
Westphalie, Ha
loco Ponti &
Pamphylie 4,
ANT.